KB052736

세 상 을
밝 히 는
지식교양

· · ·

세계를 바꾼
아홉 가지 단어

세 상 을
밝 히 는   **세계를 바꾼 아홉 가지 단어**
지식교양   권력에서 문명까지, 세계를 바꾼 인문학 키워드

초판 1쇄 펴낸날 2010년 10월 15일
초판 2쇄 펴낸날 2013년 3월 25일

지은이 | 한국철학사상연구회
펴낸이 | 이건복
펴낸곳 | 도서출판 동녘

전무 | 정락윤
주간 | 곽종구
편집 | 윤현아 이정신
책임편집 | 구형민
미술 | 조하늘 고영선
영업 | 김진규 조현수
관리 | 서숙희 장하나

인쇄·제본 | 영신사
라미네이팅 | 북웨어
종이 | 한서지업사

등록 | 제 311-1980호 1980년 3월 25일
주소 | (413-756) 경기도 파주시 문발동 파주출판도시 532-5
전화 | 영업 (031)955-3000 편집(031)955-3005
전송 | (031) 955-3009
블로그 | www.dongnyok.com
전자우편 | editor@dongnyok.com

ISBN 978-89-7297-625-7 04100 978-89-7297-623-3 (세트)

세상을 밝히는 지식교양

권력에서 문명까지,
세계를 바꾼 인문학 키워드

세계를 바꾼
아홉 가지 단어

한국철학사상연구회 지음

동녘

차례

들어가는 글 • 6   글쓴이 소개 • 335

1 권력

누군가 우리를 지켜보고 있다

생각 속으로 | 권력에 대한 두 가지 견해 – 마키아벨리 대 푸코 • 12
고전 속으로 | 니콜로 마키아벨리와 미셸 푸코 • 20
역사와 현실 속으로 | 워터게이트, 국민교육헌장, 교실 안 CCTV • 29
가상토론 | 정당한 권력은 가능한가? • 34

2 진보

지키는 자와 넘어서려는 자

생각 속으로 | 전통을 지킬 것인가, 억압을 깰 것인가? • 48
고전 속으로 | 에드먼드 버크와 칼 마르크스 • 57
역사와 현실 속으로 | 뉴라이트와 진보주의 • 65
가상토론 | 새는 좌우 양 날개로 하늘을 난다 • 74

3 민족

국가와 민족은 허구인가?

생각 속으로 | 희고, 검고, 노란 열린 공동체는 불가능할까? • 88
고전 속으로 | 백범 김구와 베네딕트 앤더슨 • 97
역사와 현실 속으로 | 한·중·일 역사 논쟁과 다인종·다문화 현상 • 106
가상토론 | 민족은 상상의 산물인가, 실체인가? • 112

4 전통

근대가 만든 과거

생각 속으로 | 전통은 과연 근대화의 '적' 일까? • 124
고전 속으로 | 캉유웨이와 유길준 • 133
역사와 현실 속으로 | 〈황비홍〉과 〈YMCA 야구단〉, 유교자본주의론 • 142
가상토론 | 서양을 어떻게 받아들일 것인가? • 148

5 소비

너는 얼마짜리야?

생각 속으로 | 우리는 어떤 사회에 살고 있는 걸까? • 160

고전 속으로 | 앙리 르페브르, 존 갤브레이스, 장 보드리야르 • 168

역사와 현실 속으로 | 된장녀, 자상한 아버지, 소비사회 • 179

가상토론 | 우리는 가짜를 팔고 사는 걸까? • 184

6 합리성

내 마음속의 계산기

생각 속으로 | 실용이성이 합리성과 만날 수는 없을까? • 196

고전 속으로 | 막스 베버와 리쩌허우 • 204

역사와 현실 속으로 | 제국주의, 중화주의, 천민자본주의 • 213

가상토론 | 기독교와 유교는 공존할 수 없을까? • 219

7 오리엔탈리즘

파란 눈에 비친 노란 얼굴

생각 속으로 | 함께하기 위해 넘어야 할 산, 오리엔탈리즘과 옥시덴탈리즘 • 234

고전 속으로 | 에드워드 사이드와 이언 바루마·아비샤이 마갈릿 • 242

역사와 현실 속으로 | 아파트광고, 인도 신비주의, 옥시덴탈리즘 • 251

가상토론 | 동서양을 넘어선 하나의 지구는 불가능할까? • 258

8 환경

사라진 미래

생각 속으로 | 인류의 문명은 영원할 수 있을까? • 270

고전 속으로 | 한스 요나스와 피터 싱어 • 280

역사와 현실 속으로 | 투발루 섬과 우리의 밥상 • 286

가상토론 | 기후변화, 어떻게 대처할 것인가? • 292

9 문명

문명, 네 속엔 야만도 들어 있어!

생각 속으로 | 문명은 진정 인간을 인간답게 하는가 • 302

고전 속으로 | 새뮤얼 헌팅턴과 아마르티아 센 • 312

역사와 현실 속으로 | 아시아의 싱가포르, 인도의 간디 • 321

가상토론 | 광화문의 촛불, 문명의 표현인가 다른 정체성인가? • 326

BOOK 1

세상을 밝히는 지식교양 _ 인간을 이해하는 아홉 가지 단어
소수자에서 사이보그까지, 인간 존재를 묻는 철학 키워드

▶

1 | **소수자** | 세상을 향한 소수자들의 한걸음

2 | **인정** | 나를, 우리를 인정하라

3 | **가족** | 가족이라는 신화를 넘어

4 | **기술** | 기술적 이브의 출현

5 | **이기주의** | 인간의 본성, 이기적일까? 이타적일까?

6 | **욕망** | 내 속엔 내가 너무도 많아!

7 | **개인** | 나의 역사, 마음에서 몸으로

8 | **덕** | 다시 인간으로 돌아가는 길을 묻다

9 | **사이보그** | 사이보그지만 괜찮아

BOOK 3

세상을 밝히는 지식교양 _ 현실을 지배하는 아홉 가지 단어
빈곤에서 신자유주의까지, 자본주의를 움직이는 사회 키워드

1 | **빈곤** | 최저생계비로 한 달 살아봐!

2 | **소유** | 이 선을 넘어오지 마!

3 | **기업** | 기업사회를 넘어서

4 | **분배** | 각자에게 각자의 몫을!

5 | **정보** | 나는 접속한다, 고로 존재한다

6 | **공동체주의** | 정의로운 사회란 무엇인가?

7 | **저출산 고령화** | 평등하고 안정돼야 오래간다

8 | **노동** | 한 시간에 4,350원!

9 | **신자유주의** | 자유를 팝니다

세계를 바꾼
아홉 가지 단어을 찾아서

경제학자 장하준은 우리가 본격적으로 근대화를 시작한 1960년대부터 지금까지의 변화가 영국으로 따지면 거의 200년, 미국으로 따지면 150년에 이르는 긴 시기의 역사적 변화와 다를 바 없다고 말한다. 말하자면 우리는 5~6세대가 겪어야 할 역사를 한 세대 만에 다 경험한 것이다. 도대체 누가 이런 가공할 변화를 만든 것일까? 우리는 어느 날 갑자기 외세에 의해 문호를 열어야 했고, 다시 어느 날 갑자기 식민지가 되었으며, 급기야 원하지도 않던 분단과 참혹한 동족상잔의 비극까지 겪어야 했다. 선량한 조선의 백성들이 어느 날 한민족이 되었고, 할아버지 할머니의 삶과 생각은 갑자기 전통이라는 이름으로 불리게 되었다. 도대체 이런 무지막지한 변화는 어떻게 일어났고, 우리는 이 세계를 어떻게 마주해야 하는 것일까?

우리의 삶을 바꾸고 우리가 사는 세계를 지배하는 생각들은 어떤 것일까? 아니, 우리 뇌세포 속에 각인되어 있는 생각들, 세상을 바라보는 우리의 시선들은 어떤 것일까? 우리가 정말로 알아야 하는 것이지만, 교과서에는 정작 나오지 않는 것들 말이다. 세상을 정면으로 바라본다는 것은 결코 쉽지 않은 일이다. 제대로 본 것 같지만, 우리가 충분히 보지 못하고 또 바로 응시하지 못한 것들이 바로 권력, 진보, 민족, 전통, 소비, 합리성, 오리엔탈리즘, 환경, 문명 등이다.

이 단어들은 세계의 비밀을 이해하는 거울이나 프리즘이 아니다. 오히려 이 아홉 개의 단어는 하나하나의 시선이다. 지하철에서 피부색이 다른 어떤 사람을 바라보는 '민족'의 시선이거나, 거리를 가득 메운 여성들의 어깨에 걸려 있는 가방을 바라보는 '소비'의 시선이거나, 기와로 된 옛 건물들을 바라보는 '전통'의 시선이다. 이 단어들은 어쩌면 우리의 뇌세포에 각인된 카메라와 같은 것이다. 우리는 이 책에서 이런 시선들을 하나하나 살펴보기로 했다. 이 책은 우리가 정면으로 응시해야 하는 것들이지만, 그렇게 하지 못한 우리의 눈, 그 자체를 반성하는 사전이다.

혼자 읽는 아홉 가지 단어 사전 사용법

우리가 여기에 제시한 아홉 개의 단어는 20세기 이래 세계의 변화를 둘러싸고 벌어진 다양한 학문적 논의에서 가장 두드러진 쟁점이 되었던 개념들 가운데서 고르고 추린 것이다. 사전이란 다른 책을 읽을 때 사용하는 보조 도구이다. 책을 읽다가 의미를 알 수 없는 단어가 나올 때 혼자서 찾아보는 것이 바로 사전이다. 그렇다면 이 '세계를 바꾼 아홉 가지 단어 사전'을 어떻게 활용해야 할까?

우리는 이 책을 독자들이 충분히 읽고 이해할 수 있도록 했으며, 우리가 살고 있는 세계를 이해하는 데 도움을 주고자 했다. 이 책의 구성과 각 영역의 의미는 다음과 같다.

의미 영역에 따른 구성	내 용
🌳 생각 속으로	각 단어의 역사적 기원과 의미 변화 그리고 가장 핵심적인 개념들을 다양한 예시를 들어가며 소개한다.
🎞 고전 속으로	각 단어와 관련하여 꼭 만나봐야 하는 근현대 철학자들과 그들의 저서 가운데 핵심 부분을 발췌해 소개하고 해설을 곁들였다. 독자들의 이해를 돕기 위해 필자가 판단하여 출전의 번역을 수정·보완하기도 했다.
⏲ 역사와 현실 속으로	각 단어와 관련된 현대적 사건이나 사용 용례를 소개하여 구체적인 역사와 현실 속에서 그 개념을 이해할 수 있도록 했다.
🏭 가상토론	각 단어와 관련된 철학자나 사상가 혹은 가상의 인물이 등장해 토론하는 상황을 가정하고, 이들의 대화 속에 단어와 관련된 개념과 배경지식 등을 담아 폭넓은 이해를 돕는다.

철학자 사르트르는 "개념이란 사유의 도구"라고 말한 바 있다. 즉 개념이란 우리가 생각하고 반성하고 판단하는 과정에 쓰이는 일종의 도구일 뿐이다. 마찬가지로 이 책 또한 세계를 바꾼 중요한 아홉 개의 단어를 담은 일종의 사전으로서 독자들에게 이용되기를 바라는 마음이다. 여기에 소개한 단어들은 중고등학교 과정은 물론 대학 교양과정에서 필수적으로 요구되는 핵심 단어들이다. 이 책이 다양한 교육 현장에서 그리고 많은 독자들이 스스로 찾아 읽고 활용할 수 있는 그런 사전이 되었으면 좋겠다.

이 책을 기획하고 진행하는 데에 많은 분들이 함께 고생했다. 먼저 20여 년을 우리의 취지와 함께했고 이 시리즈의 기획에 공감해주신 동녘출판사의 이건복 사장님, 함께 기획하고 귀찮은 일들을 일일이 챙겨준 신우현 선생님, 그리고 무엇보다 좋은 글을 써주신 필자 선생님들께 진심으로 감사드린다.

2010년 9월

한국철학사상연구회 회장 최종덕, 기획자 김시천

1

권 력

누군가 우리를 지켜보고 있다

박민미 (동국대학교 강사)

생각 속으로 | 권력에 대한 두 가지 견해 – 마키아벨리 대 푸코
고전 속으로 | 니콜로 마키아벨리와 미셸 푸코
역사와 현실 속으로 | 워터게이트, 국민교육헌장, 교실 안 CCTV
가상토론 | 정당한 권력은 가능한가?

생각 속으로

권력에 대한 두 가지 견해
– 마키아벨리 대 푸코

민주주의 사회에서도 권력이 필요할까?

'마키아벨리즘machiavellism'이라는 말이 있다. 이 말은 정치인들 사이에서 명분보다는 실리를 중시하고, 정권 유지를 위해서는 어떤 수단도 쓸 수 있는 정치인을 조롱하는 뜻으로 쓰인다. 그러나 마키아벨리Niccolo Machiavelli가 살았던 당시의 정치 상황을 고려하면, 정치사상사에서 그의 기여를 공정하게 평가할 수 있다. 당시 이탈리아는 도시들 간의 패권 다툼, 종교와 정치 간의 분쟁, 게다가 프랑스의 시도 때도 없는 침입 등으로 고통을 받고 있었다. 십자군 전쟁의 여파와 막강한 교황권의 영향력 아래에서 마키아벨리는 교황권을 눌러 종교의 권위에 예속되지 않고 신의 섭리에 의해 규정되지 않는 국가 이념을 확립하고자 했다.

마키아벨리는 중세기적 국가관을 완전히 탈피하여 신 아래 국가가 있는 것이 아니라, 인간이 스스로 국가를 일궜다는 근대적 국가관을 열어젖혔다. 국가는 신의 섭리가 아닌 그 자체의 존엄성 속에서 존재하며, 훌륭한 무력과 법률의 기초 위에서 탁월한 군주의 통치를 받을 때 굳건해진다고 믿었다.

국가가 신이 부여한 것이 아니라 인간 스스로 만드는 것이라면 만드는 사람과 함께 기술이 필요할 것이다. 마키아벨리는 《군주론Il Principe》에서 국가를 만드는 사람이 바로 군주라고 했고, 그런 군주에게 필요한 기술을 가르치고자 《군주론》을 썼다. 그리고 그 핵심이 현실정치를 올바로 아는 것이라고 보았다. 기존의 이상적인 정치로는 무질서를 끝낼 수 없고, 따라서 이상만으로는 국가를 만들 수 없다고 보았다. 이상적인 정치는 종교적 교의와 더불어 타인을 해치지 말라든가 이웃을 수단으로 삼지 말라는 등의 도덕적 실천을 가르치는데, 국가를 만들기 위해서는 전쟁이라든가 타인을 속이는 행위, 전투력과 같은 현실적 힘이 필요하다고 본 것이다.

그렇다면 국가가 굳건하게 건설되어 있는 지금 상황에서 여전히 《군주론》을 통해 배워야 할 가르침이 있을까? 마키아벨리가 판단하듯이, 만일 모든 인간이 선하지 않고 악하다면 우리는 어떻게 행동해야 할까? 만일 악한 적이 침략해올 때 우리는 어떻게 해야 할까? 개인들 사이에서도 '정당방위'라는 것이 인정되듯이, 적이 침략해올 때 국가 공동체를 지키기 위해서는 전쟁을 수행하는 것이 정당할 것이다. 그렇지 않고 모든 사람의 평화와 같은 도덕적 가치만을 수호하고자 한다면 이 공동체는 멸망하고 말 것이다. 마키아벨리는 바로 이러한 현실 논리를 생각하게 한다.

국가란 왜 중요한가? 이 질문에 답하기 위해서는 우선 국가가 무엇인지를 생각해야 한다. 국가는 일종의 정치 체계로서 구성원의 질서와 안전의 확립을 목적으로 한다. 법에 의해 유지되고, 영토라는 지리적 경계를 가지며, 주권을 보유한다. 따라서 많은 사상가들은 국가의 유지는 자연 법칙처럼 필요하다고 보았다. 국가의 유지가 구성원의 안전을 위해 절대적으로 필요하므로 아리스토텔레스도 국가의 유지를 위한 조치는 선악의 판단 대상이 될 수 없다고 논한 적이 있다. 이런 맥락에서 마키아벨리는 국가 유지에 필요한 권력의 중요성을 역설했다. 국가 유지라는 목적은 선악의 판단과 무관하며, 결과가 좋으면 어떤 행동이라도 비난받을 수 없다고 주장한 것이다. 따라서 국가 유지라는 목적을 위해서는 도덕성보다는 활력과 용기 등을 갖춘 통치자의 능력이 중요하다고 보았다. 그렇다면 국가는 질서 확립과 안전장치라는 차원에서 중요하다고 정리할 수 있다. 질서와 안전이 중요하다고 생각하면 국가의 중요성을 받아들여야 한다.

그러나 국가의 질서를 위해서 어떤 수단을 사용해도 무방하다는 원칙을 마키아벨리가 어떤 상황에서도 지켜져야 할 일반 원칙이라고 주장했을까? 그렇지는 않다. 마키아벨리가 《군주론》에서 논한 권력은 국가가 만들어지지 않은 무질서의 상황에서 국가를 만드는 데 필요한 군주의 권력이다. 마키아벨리도 국가가 만들어지고 난 다음에는 다수의 참여가 보장되어야 하고, 시민의 도덕적 판단이 존중될 때 국가가 더욱 굳건할 수 있다고 말했다.

이렇듯 《군주론》은 현실정치 앞에서 어떤 이론가도 솔직하게 말한 적이 없는 국가 유지의 중요성과 권력의 본모습을 보여준다. 그리고 역설적으로 솔직하게 그려진 그 모습을 보면서 그가 논하지 않은 것, 즉 권력이 도덕과 무관한 것이 되었을 때 어떤 끔찍한 일이 예견되는가를 말해준다.

권력은 도처에 있다!

권력의 일반적 정의는 '다른 사람을 꼼짝없이 내 뜻대로 행동하게 하는 힘'이라고 했다. 푸코Michel Paul Foucault는 이렇게 보면 마치 권력이 다른 사람을 무력화시키는 힘인 양 생각하게 될 것이라며, 권력은 다른 사람을 굴복하게 만드는 것이 아니라 어떤 개인을 사회의 필요대로 제조해내는 기술이라고 말한다. 그는 또 현대에는 무력에 전혀 의존하지 않고도 평화롭게 사람들의 예속을 이끌어내는 기술이 사회에 모세혈관처럼 퍼져 있다고 말한다. 그것이 바로 《감시와 처벌Surveiller et Punir : Naissance de la Prison》에서 말하는 '규율권력'이다.

규율이 일어나는 곳, 규율이 엄격한 곳으로 어떤 조직을 알고 있는가? 학교, 군대와 같은 곳이 거기에 속한다. 이때 규율의 내용은 무엇인가? '예의 바르게 행동하라', '질서정연하게 행동하라', '계획을 세워 행동하라', '목표에 도달하기 위해 시간표대로 움직여라', '벨소리와 같은 간결한 신호에 신속히 대응하라', '근면성실하게 생활하라', '최선의 결과를 낳도록 행동하라', '시험으로 성과를 측정하라', '시험으로 평가받은 후 경쟁자와 우열을 가려라', '우위를 점한 사람에게 더 많은 보상이 돌아갈 때 이것을 이의 없이 받아들여라' 등이다.

규율권력은 국가나 정치권력과 달리 어떤 집중된 권력이 아니다. 학교, 가정 등 삶의 현장 곳곳에, 우리 주변의 제도 속에 퍼져 있는 힘이다. 그래서 푸코는 이를 '미시 권력'이라고 말한다. 정치권력과 같이 거대한 힘이 아니라, 확연히 눈에 띄지 않지만 우리 몸을 강제하는 권력을 폭로한 것이다. 가령, 학교를 벗어날 수 없다면 받아들여야 하며, 각자가 억압받는다기보다는 성장하는 터전이라는 믿음을 받고 있는 힘이다. 그러나 이러한 미시 권력으로서 규율권력의 작용 속에서 사람들은 사회에 유용한 몸으로 길러진다.

규율권력의 모델은 '일망 감시 시설', 즉 '파놉티콘panopticon'이다. '파놉티콘'에서 'pan'은 '어디서나'를 뜻하고 'opticon'은 '보는 것'을 뜻한다. 즉 '어디서나 보는 것'이라는 뜻이다. 무엇을 보냐면 사회 구성원 각자를 본다.

파놉티콘이란 본래 1700년대 말 제러미 벤담이라는 공리주의 철학자가 설계한 감시 시설로서, 독방에 갇혀 있는 죄수들 모두를 감시탑 꼭대기에 있는 감시자 한 명이 한눈에 감시할 수 있는 감옥의 설계도이다. 푸코는 파놉티콘이 현대의 규율권력의 시각적 모델이라고 보았다.

누가 보는가는 문제되지 않는다. 감시자 자리에는 누구든 설 수 있기 때문이다. 파놉티콘은 1700년대 말에 공리주의 철학자 제러미 벤담Jeremy Bentham이 설계한 감시 시설로서, 독방에 갇힌 죄수들 모두를 감시탑 꼭대기에 있는 감시자 한 명이 한눈에 감시할 수 있는 감옥의 설계도이다. 푸코는 파놉티콘을 현대 규율권력의 시각적 모델로 보았다. 학교, 군대, 병원 등에 바로 이러한 권력 체계가 작동하고 있다는 것이다. 그런데 누가 감시자가 되든, 감시하고자 하는 모든 사람을 볼 수 있는 바로 그 설계 자체가 규율권력이라는 것이다.

조지 오웰George Orwell은 1948년에 쓴 소설 《1984》에서 이미 감시사회를 그린 바 있다. 이 소설에는 감시사회의 기술로 '텔레스크린'이 등장한다. 그것은 서로 보면서 통신하는 오늘날의 화상 통신이다. 감시사회에 대한 상상은 푸코가 '파놉티콘'이라는 이름으로 다시 한 번 폭로했다. 감시자와 감시받는 사람이 서로 볼 수 있는 텔레스크린보다, 감시자는 드러나지 않으면서 감시받는 사람은 언제나 관찰되는 일방적인 파놉티콘이 더욱 끔찍한 감시사회의 모습이다. 불행히도 이것은 상상으로만 그치지 않고 오늘날 CCTV, 인터넷 실명제 의무화 등으로 구현되었다. 첨단 기술 이외에도 평생 시험으로 평가받아야 하는 삶, 일거수일투족이 수행평가로 측정되는 세상을 규율권력이 구현하고 있다.

민주주의 사회에서 전체주의가 나온 까닭은?

권력은 필요할까? 만일 질서나 안정이 필요 없고, 그것을 유지할 국가도 필요 없다고 보는 사람이라면 권력이 필요 없다고 대답할 수 있다. 그러나 대부분의 사람들은 국적을 가지고, 경찰이나 군대의 보호를 받으며, 분쟁이 발생할 때 법에 호소하면서 살아간다. 권리를 침해당하거나 분쟁을 조정할 장치가 없다면 우리의 삶은 매일 싸움으로 얼룩질 것이다. 그런데 오늘날 사람들이 깨닫고 있는 것은 국가나 법이 완전하지는 않다는 것이다. 완전하지 않다는 것은 모든 사람에게 국가나 법이 공평해 보이지 않는다는 뜻이다. 그런데 만일 완전하지 않은 것이 계속 유지된다면, 어떤 사람 혹은 집단은 끊임없이 피해에 시달릴 것이다.

지금까지 인류가 만들어낸 최선의 정치 이념인 민주주의는 주권이 국민에게 있다는 것을 선포하고, 모든 사람의 자유와 평등을 기본 이념으로 삼는다. 모든 사람은 선거권과 피선거권을 가지며, 동등한 권리를 가지고 정치에 참여할 수 있다. 민주주의적 권력은 만인에게 있고 만인으로부터 나온다. 오늘날에는 민주주의적 권력만이 정당하다.

그러나 국민으로부터 권력을 위임받은 자가 권력을 위임해준 국민 위에 군림하는 현상이 없는가? 민주주의 사회라고 선포된 사회는 진정으로 만인이 자유롭고 평등한가? 사실상 소수만이 자유롭고 대다수는 부자유하며, 소수만이 재산을 가지고 대다수는 가난하며, 소수만이 권력을 가지고 대다수는 그 권력에 복종하고 있는 불평등 사회가 아닌가?

근대 민주주의의 출발로부터 250여 년의 역사가 흐른 20세기 초반, 인류는 파시즘fascismo이라는 거대한 폭력적 정치와 마주쳤다. 파시즘은 당시 이탈리아, 독일, 일본 등의 정계를 지배했다. 파시즘은 조국에 대한 감정과 민족적 단합을 고취시킴으로써 국가의 목적을 개인의 목적보다 우선시하는 정치 운동이었다. 개인보다 국가의 이익이 앞서는 사회, 소수의 지도자에게 권력이 집중되는 사회를 다른 말로 전체주의 사회라고 한다.

서구 민주주의 사회에서 왜 이러한 전체주의가 싹텄을까? 서구를 휩쓴 세계 경제 대공황이 그 결정적 원인이다. 인플레이션, 실업자 증가, 임금 삭감, 무역 감소 등의 경제적 위기가 유럽을 휩쓸었을 때, 이것을 타개할 방법으로 국가와 민족의 번영이라는 기치 아래 대중을 결집시키는 파시즘이 등장한 것이다. 파시즘은 혈통이 다른 사람들을 적으로 간주하여 무자비하게 탄압하고, 전쟁을 일으켜 식민지로 삼는 일을 서슴지 않았다. 이러한 이념 아래에서 유대인 대학살과 같은 사건이 일어난 것이다.

파시즘을 겪은 인류는 역사에 대한 반성을 하기에 이르렀고, 이후 극단적 민족주의와 국가를 우선시하는 전체주의가 아니라 민주주의적 의식과 제도를 활성화하기 위한 온갖 노력을 기울이게 되었다. 그리고 여기서 그치지 않고 일상적인 관례나 제도 속에 타인을 복종시키고자 하는 사고, 개인보다 전체를 우선시하는 사고가 없는지를 반성하기에 이른다. 미셸 푸코의 권력 비판은 바로 '우리 안의 파시즘'에 대한 반성이다. '우리 안에 타인의 행동을 결정하고자 하는 욕구는 없는가? 내 안에 파시즘이 있는 것은 아닌가?'

푸코는 아무리 평화로운 제도 속에도 타인의 신체를 자신의 뜻대로 결정하고자 하는 권력이 흐르고 있다는 점을 파악했다. 따라서 권력이 과도하게 집중되는 것을 막고, 무해해 보이는 제도에 대해서도 타인의 의사와 신체를 조종하는 권력이 작동하는 것은 아닌지 감시하는 장치가 필요하다. 결국 민주주의적 권력이 관건인 것이다.

민주주의 사회가 제대로 운영되기 위해서는 민주주의적 절차와 장치 들이 마련되어야 한다. 입법권력, 행정권력, 사법권력이 국민을 외면하는 부당한 권력으로 흐르지 않도록 하는 장치들이 필요한데, 권력자의 임기 제한과 투표 제도 등이 바로 그러한 장치 중 하나다. 그리고 여론을 만드는 다양한 언론 제도와 비판의 자유를 보장하는 제도가 확립되어야 한다. 이 밖에 푸코의 지적처럼 눈에 보이지 않는 통제 장치들이 있다는 점도 생각하면서, 자유를 제약하는 장치들을 직시하여 그것들이 영향력을 발휘하지 못하도록 저항해야 한다.

니콜로 마키아벨리와 미셸 푸코

니콜로 마키아벨리 Niccolo Machiavelli (1469~1527)

마키아벨리는 이탈리아 피렌체에서 태어났다. 법률가였던 아버지가 파산하자 어려운 형편 때문에 독학으로 지식을 쌓았다. 당시 이탈리아는 피렌체 공화국, 베네치아 공화국, 밀라노 공국, 나폴리 왕국, 교황령의 5개 주요국을 포함해 30여 개의 작은 국가로 분열되어 있었다. 29세 때 관직에 나간 마키아벨리는 피렌체 공화정에서 외교 업무를 담당했다. 하지만 그의 공직생활은 그리 길지 못했다. 정치와 외교에 꿈을 가지고 있었으나 정작 그를 유명하게 만든 것은 외교 업적이 아니라 군주에게 바친 조언서 《군주론》(1532)과 은둔하면서 쓴 《전술론Dellarte della guerra》(1521), 《로마사 논고 Discorsi sopra la prima deca di Tito Livio》(1531), 《피렌체사Istorie Fiorentine》(1532)였다. 《군주론》이 주목을 받은 이유는 '현실정치'와 '정치기술'이라는 견해 때문이었다. 이전의 사상가들이 정치의 기초를 정당성에서 찾고 명분을 강조해온 반면, 마키아벨리는 명분보다 실리를 추구하기 위해 다양한 정치기술을 사용할 수 있어야 한다는 견해를 누구보다 먼저 강조한 사람으로 기억된다.

니콜로 마키아벨리, 강정인 옮김, 《군주론》,
까치글방, 2003.

군주가 몰두해야 할 일 : 전쟁의 기예

군주는 오로지 전쟁, 전술 및 훈련에만 몰두해야 한다. 통치자는 무릇 그
래야 한다. 전쟁을 잘 이끌고, 전술을 잘 쓰고, 전투 훈련을 열심히 하면
태어날 때부터 군주로 태어난 사람인 경우는 군주의 지위를 끝까지 유지
할 수 있을 것이고, 평범한 사람으로 태어났더라도 군주가 될 수 있다. 거
꾸로 생각하면 이렇다. 만일 군주가 무력이 아닌 다른 일에 더 몰두하면
필시 자신의 지위를 잃게 될 것이다. 전쟁의 기예를 완전히 익혀야만 국가
를 얻게 된다. 따라서 전쟁의 기예를 이해하지 못한 군주는 자기가 이끄는
군인들로부터 존경받지 못하게 된다는 점을 잊지 말아야 한다. 군주는 항
상 전쟁이라는 주제를 생각해야 한다. 지금을 평화로운 시기라고 생각한다
면, 이 평화로운 시기에 전쟁 때보다 더 몰두해서 행동과 학습을 통해 이
러한 기예를 익혀야 할 것이다.

군주여! 두려움의 대상이 돼라

군주는 자신의 백성을 통일시키고 충성하도록 할 수 있다면, 잔인하다는
평판 따위는 신경 써선 안 된다. 왜냐하면 살인이나 도적질을 낳는 무질서
를 관대하게 방치하는 것보다, 몇몇을 시범적으로 처벌함으로써 질서를 세
우는 군주가 실제로는 훨씬 더 자비로운 군주이기 때문이다. 전자는 모든
사람들에게 해를 끼친다는 점을 잊지 말자. 반면에 살인하고 도둑질한 사
람을 처형한다면, 군주가 명령한 처형은 단지 특정한 개인들에게만 해를
끼칠 뿐이다. 그런데 군주가 사랑을 받는 것과 두려움의 대상이 되는 것
중 어느 편이 더 나은가에 대해, 둘 다를 원해야 한다는 것이 나의 답이다.

그러나 한 사람이 사랑을 받으면서 동시에 두려움의 대상이 되기는 어렵기 때문에 굳이 둘 중에 하나를 선택해야 한다면, 나는 사랑을 받는 것보다는 두려움의 대상이 되는 것이 훨씬 더 안전하다고 생각한다. 일반적으로 사람은 배은망덕하고, 변덕스럽고, 기만적이고, 겁이 많고, 탐욕스럽다. 인간은 이익을 취할 기회가 있으면 언제나 자신을 사랑한 자를 저버린다. 그러나 처벌의 공포에 대한 두려움은 결코 실패하는 일 없이 당신을 보호할 것이다.

여우의 꾀와 사자의 힘을 갖춰라

군주는 여우와 사자의 기질을 선별해서 받아들여야 한다. 왜냐하면 사자는 스스로를 함정에서 지켜내지 못하고, 여우는 늑대로부터 스스로를 지켜내지 못하기 때문이다. 따라서 함정을 발견하기 위해서는 여우가 되어야 하고, 늑대를 겁주려면 사자가 되어야 한다. 단순히 사자의 힘에만 의지하는 자는 사태를 제대로 파악하지 못한다. 따라서 현명한 군주는 약속을 지키는 것이 그에게 유리하지 않을 때, 그리고 약속을 하게 한 이유가 더 이상 없을 때, 그 약속을 지킬 수 없으며 지켜서도 안 된다. 만일 모든 인간이 정직하다면 나는 이런 조언을 하지 못했을 것이다. 그러나 인간은 악하며, 당신과 맺은 약속을 지키려고 하지 않기 때문에 당신도 그들과 맺은 약속에 구속되어서는 안 된다. 게다가 약속을 왜 못 지켰는지 구실은 항상 댈 수 있다. 이 점에 관해서 오늘날, 가령 얼마나 많은 평화조약과 협정이 신의 없는 군주들에 의해서 파기되고 무효화되었는지를 무수하게 보여줄 수 있다. 여우의 기질을 가장 잘 채택한 자들이 가장 큰 성공을 거두었다. 그러나 여우다운 기질을 잘 위장하는 법을 알아야 한다. 군주는 능숙한 기만자이며 위장자여야 한다. 또 인간은 매우 단순하고 눈앞의 필요에

목매달기 때문에, 능숙한 기만자는 기만당할 수밖에 없는 사람들을 항상 쉽게 발견할 것이다.

마키아벨리의 《군주론》은 '이상적인 정치'가 아니라 '현실정치'의 관점에서 쓴 글이다. 이 점이 《군주론》을 고전으로 만든 결정적 요인이다. 마키아벨리의 주장은 여러 가지 방식으로 요약할 수 있지만, 여기서는 단적으로 다음 세 가지 주장으로 요약한다. 첫째, 군주는 강력한 군대를 창설하고 유지해야 한다. 둘째, 군주는 시민과 국가 등 공공의 이익을 위해서 정당하지 않은 방법도 쓸 수 있다. 셋째, 성공적인 군주는 강하면서 교활해야 한다.

마키아벨리는 군주에게는 다른 어떤 능력보다 군사력이 중요하다고 주장했다. 사실 《군주론》은 전체가 군사에 관한 내용이다. 용병의 위험성, 민병대의 필요성, 훈련과 군사의 배치 방법 등이 상세히 기술되어 있다. 군사력이 사회 안정의 핵심이라고 본 것이다. 마키아벨리는 자신의 모국 피렌체가 고난을 겪은 것은 군사력을 갖추지 못한 탓이라고 생각해서 탁월한 군주의 제1조건으로 강한 군사 지도력을 꼽았다.

그리고 마키아벨리가 '현실정치', '정치기술'의 대명사로 꼽히게 된 것은 그의 주장 가운데 "공공의 이익이라는 목적을 위해서는 정당하지 않은 방법도 사용할 수 있어야 한다", "강하면서 교활한 군주가 이상적인 군주이다"라는 논란이 될 만한 내용이 담겨 있기 때문이다. 이러한 주장은 이전의 사상가에게서 찾아보기 힘든 내용이다. 고대 그리스의 플라톤이나 동양의 맹자 등은 이상적인 통치를 논할 때 한결같이 '덕'의 정치를 내세웠으며, 인간의 선한 본성을 일깨울 수 있는 정치가 바람직한 정치라고 주장했다. 그러나 마키아벨리는 근본적으로 인간의 본성을 선하다고 보지 않았다. "인간은 약속을 지키지 않는 생물이다", "자기 행동을 포장하는 법과 사기꾼이 되는 법을 알아야 한다", "기만하는 자는 항상 기만하는 자를 찾아내기 마련이다"라고 언급하며 인간을 악하고 교활한 본성을 가진 존재로 보았다.

이처럼 악하고 교활한 존재들 속에서 훌륭한 통치를 하려면 통치자 자신이 더 악하고 교활해져야 한다는 것이 마키아벨리의 생각이었다. 그는 악한 사람들로 가득 찬 세상에서 공공의 목적을 위해서는 몇몇 악행을 시범적으로 무자비하게 처벌해 더 이상 나쁜 짓을 하지 못하게 하는 것이 통치자의 덕이라고 생각했다. 고대 사상가들의 생각과 달리 마키아벨리에게 통치자의 덕이란 국가의 안녕과 질서를 위해서 무자비하고 기만적인 결단력과 야망을 갖추는 것이었다.

미셸 푸코 Michel Foucault (1926~1984)

프랑스의 후기구조주의 사상가이자 철학자. 프랑스의 엘리트 교육 기관인 고등사범학교에서 철학과 심리학을 공부했고, 《광기의 역사Histoire de la folie à l'âge classique》(1961)로 철학박사 학위를 받았다. 푸코가 관심을 기울인 문제는 심리학이나 의학 등의 학문이 정상인과 비정상인을 임의로 나누고 특

정인들을 사회에서 배제하는 데 기여한다는 논증이었다. 주요 저서로는
《말과 사물Les Mots et les Choses》(1966), 《감시와 처벌Surveiller et Punir》(1975), 《성
의 역사Histoire de la Sexualite》(3권, 1976~1984) 등이 있다.

푸코는 《감시와 처벌》에서 감옥이 어떤 기능을 하는지를 분석하며, 과
거의 형벌은 능지처참처럼 잔인한 살육의 방식으로 행해졌지만 근대의 형
벌은 매우 유순해졌는데, 이것은 인본주의 때문이 아니라 권력의 기능이
변화했기 때문이라는 점을 논증했다. 푸코에 따르면, 사회는 제 기능을 유
지하기 위해서 단지 배제라는 소극적인 방식만이 아니라, 적극적인 기능을
하는 다양한 권력 장치를 가지고 있다. 그리고 사회 전체가 마치 감옥처럼
그 사회에서 필요로 하는 신체를 만들어내는 기능을 한다는 점을 폭로했
다. 푸코는 《성의 역사》 제4권은 출간하지 못한 채 1984년에 에이즈로 사
망했다.

> 미셸 푸코, 오생근 옮김, 《감시와 처벌—감옥의 역사》,
> 나남, 2003.

사회에 유용한 신체를 만드는 규율권력

규율권력의 주요한 기능은 사람들의 힘을 감소시키기 위해서가 아니라, 그
힘들을 전체적으로 배가시키고 사용할 수 있도록 함께 묶어두는 것이다.
혼란하고 쓸모없는 수많은 신체와 다량의 힘을 개별적 요소의 집합체, 즉
분리된 작은 독방들, 유기적인 자율체, 생성되는 정체성과 연속성, 조합적
인 부분들이 되도록 '훈련을 시킨다'. 규율은 개인을 '만들어낸다'. 즉 규율
은 특정한 권력의 기술로서, 개인을 권력 행사의 대상이자 권력 행사의 도
구로 만든다. 규율권력은 옛날에 능지처참을 하던 군주처럼 과도한 권력
행사로 만능의 위력을 뽐낼 수 있는 의기양양한 권력이 아니다. 계산적이

면서도 영원히 지속되는 경제적 관리에 의해 기능하는 조심성 있는 권력인 것이다. 주권자 혹은 거대한 국가 기구와 비교하면 이러한 기술들은 보잘것없는 양상을 띠고 부차적으로 보일 것이다. 그러나 바로 그러한 방식이나 과정들이 서서히 보다 주류적인 권력 형태들 속으로 침투해서 그 메커니즘을 변경시키며 그들 고유의 방식을 부과하게 되는 것이다.

시험을 통해 개인을 규격화하는 규율권력

시험은 감시하는 위계질서의 기술과 규격화하는 상벌賞罰의 기술을 결합한 것이다. 시험은 규격화하는 시선이고, 자격을 부여하고 분류하고 처벌하는 것을 가능하게 하는 감시이다. 그러므로 모든 규율 메커니즘 안에서 시험은 의례적으로 행해진다. 규율 절차의 심장부에 있는 시험은 사람들을 예속시키고, 예속된 사람들을 대상화한다. 학교는 전 학기에 걸쳐서 가르치는 작업을 배가시키는 끊임없는 일종의 시험 기관이 된다. 학생들이 서로 힘을 겨루곤 했던 그러한 시합은 이제 문제되지 않고, 성적을 측정하고 동시에 상벌을 줄 수 있게 하는 것이 점점 더 문제된다. '기독교 수도사 학교'에서는 학생들이 일주일 내내 시험을 치른다. 예를 들면 오전 중 첫 시험은 철자, 두 번째는 산수, 세 번째는 교리 문답, 저녁에는 글쓰기. 시험이란 것은 어떤 수업의 궁극적인 목적지를 표시하지 않는다. 그것은 수업의 기본적인 요소 중 하나이다. 그것은 끊임없이 반복되는 권력의 의례를 통해 권력 속으로 섞여 들어가 있다.

스스로 감시하게 하는 규율의 감옥

벤담의 일망 감시 시설파놉티콘은 주위가 원형의 건물에 에워싸고 있고 그 중심에는 탑이 하나 있다. 주위 건물은 독방으로 나누어져 있고 독방에는 두 개의 창문이 있는데, 하나는 안쪽을 향하여 탑의 창문에 대응하는 위치에 나 있고, 다른 하나는 바깥쪽에 면해 있어서 이를 통하여 빛이 독방 구석구석에 스며들어갈 수 있다. 중앙 탑 안에는 감시인을 한 명 배치하고, 각각의 독방에는 광인·병자·죄수·노동자·학생 등 누구든 가둘 수 있다. 그는 보이기만 할 뿐 보지는 못한다. 그는 정보의 대상이긴 해도 의사소통의 주체는 되지 못한다. 이러한 방 배치는 중앙의 탑과 마주하도록 하여 중앙 탑과 축을 이루는 가시성을 강제로 부과한다. 그러나 서로 분리되어 구획된 독방들은 옆에서는 서로 볼 수 없다는 것을 함축한다. 이러한 불가시성이 질서를 보증한다.

현실적인 예속화는 허구적인 관계로부터 기계적으로 탄생한다. 따라서 죄인에게 선행을, 광인에게 정숙을, 노동자에게 노동을, 학생에게 열성을, 병자에게 처방 준수를 강제하기 위해서 위력을 사용할 필요가 없다. 육중한 옛날의 '안보의 감옥' 대신에 단순하고 경제적인 '확실성의 감옥'의 기하학이 들어선 것이다. 가시성의 영역에 예속되어 있고, 또 그 사실을 알고 있는 자는 권력의 강제력에 대한 책임을 스스로 상정한다. 그리고 그는 그 강제력을 자발적으로 자기 자신에게 작용시킨다. 그는 권력 관계를 내면화하여 두 가지 역할을 동시에 한다. 자기 스스로 예속화의 원리가 되는 것이다. 바로 이런 사실 때문에 외부의 권력은 물리적인 무게를 경감할 수 있게 되고, 점차 무형적인 것이 되는 경향을 띤다.

해설

미셸 푸코는 《감시와 처벌》을 통해 현대의 '규율권력'을 비판하고 있다. 규율권력을 나타내는 시각적 모델이 '파놉티콘'이다. 이 파놉티콘은 제러미 벤담이 고안해낸 감옥 시설이다. 감옥이란 본래 범죄를 저지른 사람을 처벌하기 위한 공간이었다. 그런데 푸코가 볼 때 오늘날의 감옥은 처벌 기능만 하는 것이 아니라, 수감된 자들의 신체를 유용한 신체로 거듭나게 만드는 기술이 펼쳐져 있다고 보았다. 그리고 그러한 기술은 수감자들뿐만 아니라 이 사회 구성원 전체에게 해당된다고 주장한다.

파놉티콘의 핵심은 죄수가 '보이기만 할 뿐 보지는 못한다'는 데 있다. "독방에는 두 개의 창문이 있는데, 하나는 안쪽을 향하여 탑의 창문에 대응하는 위치에 나 있고, 다른 하나는 바깥쪽에 면해 있어서 이를 통하여 빛이 독방 구석구석에 스며들어갈 수 있다. 중앙탑 속에는 감시인을 한 명 배치하고, 각각의 독방에는 광인·병자·죄수·노동자·학생 등 누구든 가둘 수 있다." 이 말처럼 우리 사회에는 CCTV와 같이 구체적인 형태를 띠고 감시와 규율을 행하는 장치도 있고, 시험 제도와 같이 사람들을 끊임없이 평가하고 경쟁하게 하는 장치도 있다. 이러한 유무형의 장치를 시각적으로 상징하는 것이 곧 파놉티콘이다.

이러한 권력은 특정한 누군가가 소유한 것이 아니라 사회에 모세혈관처럼 퍼져 있다. 그리고 모세혈관처럼 퍼져서 지식, 체력, 생산력을 경쟁하게 만들고 저절로 사회가 돌아가게 만든다. 저항하고 싶지만 저항할 대상이 없고, 그래서 더욱 교묘한 권력이 바로 현대의 규율권력이라는 것이 푸코의 폭로다.

워터게이트, 국민교육헌장, 교실 안 CCTV

워터게이트 사건이 보여준 것들

워터게이트 사건은 1972년 6월, 닉슨 대통령이 재선에 성공하기 위해 비밀 공작반을 워싱턴의 워터게이트 빌딩에 있는 민주당 전국위원회 본부에 침투시켰다가 발각된 사건이다. 민주당의 선거 전략을 알아내기 위해 도청장치를 설치하려다 발각되어 수사를 받는 과정에서 닉슨 정권의 선거 방해, 부정 정치 헌금 수수, 탈세 등이 드러났다. 게다가 도청 사건이 백악관과 무관하다고 발뺌했으나 이 모든 것이 드러남으로써 여론의 불신이 극도에 달했다. 1974년 하원 사법위원회에서 대통령 탄핵 결의가 가결되어 닉슨 대통령은 임기를 마치지 못한 채 사퇴한다.

이 워터게이트 사건으로 인해 정치인의 비리 사건을 '○○게이트'라고 칭하는 관행이 생겼다. 민주주의 사회에서는 권력 유지를 위해서 수단과 방법을 가리지 않는 편법이 용인되지 않는다는 점을 보여준 사건이다. 대통령 임기제, 대통령 탄핵제도 등은 권력 남용을 방지함으로써 민주주의를 지키기 위한 제도적 장치들이다. '절대 권력은 절대 부패한다'는 말대로, 권력이 한곳에 집중되면 독재로 흐르는 것을 막을 수 없다. 따라서 마키아벨리의 주장처럼 군주에게 막강한 권력이 집중되기보다는 권력의 분산과 견제가 필요하며, 시민의 참여를 보장하는 제도적 장치가 필요하다.

'국민교육헌장' 폐지와 '국기에 대한 맹세' 수정

■

[국민교육헌장] 우리는 민족중흥의 역사적 사명을 띠고 이 땅에 태어났다. 조상의 빛난 얼을 오늘에 되살려 안으로 자주독립의 자세를 확립하고, 밖으로 인류공영에 이바지할 때다. 이에 우리의 나아갈 바를 밝혀 교육의 지표로 삼는다. 성실한 마음과 튼튼한 몸으로 학문과 기술을 배우고 익히며, 타고난 저마다의 소질을 계발하고 우리의 처지를 약진의 발판으로 삼아 창조의 힘과 개척의 정신을 기른다. 공익과 질서를 앞세우며 능률과 실질을 숭상하고, 경애와 신의에 뿌리박은 상부상조의 전통을 이어받아 명랑하고 따뜻한 협동정신을 북돋운다. 우리의 창의와 협력을 바탕으로 나라가 발전하며 나라의 융성이 나의 발전의 근본임을 깨달아, 자유와 권리에 따르는 책임과 의무를 다하며, 스스로 국가 건설에 참여하고 봉사하는 국민 정신을 드높인다. 반공 민주 정신에 투철한 애국애족이 우리의 삶의 길이며, 자유세계의 이상을 실현하는 기반이다. 길이 후손에 물려줄 영광된 통일 조국의 앞날을 내다보며, 신념과 긍지를 지닌 근면한 국민으로서 민족의 슬기를 모아 줄기찬 노력으로 새 역사를 창조하자.

[국기에 대한 맹세] 나는 자랑스런 태극기 앞에 조국과 민족의 무궁한 영광을 위하여 몸과 마음을 바쳐 충성을 다할 것을 굳게 다짐합니다.

■

과거 국민교육헌장이나 국기에 대한 맹세는 모두 국가가 국민보다 우위에 있다는 내용을 담고 있었다. '민족중흥'이라든가, 나라의 발전에 나의 발전이 종속되며 자유와 권리보다는 책임과 의무가 강조되는 국민교육헌장은 초중고 교과서의 맨 앞자리를 차지하고 있었다. 그러나 민주화 과정을 지나며 국민교육헌장은 1993년에 역사의 뒤안길로 사라졌다.

국기에 대한 맹세는 지금 "나는 자랑스러운 태극기 앞에 자유롭고 정의로운 대한민국의 무궁한 영광을 위하여 충성을 다할 것을 굳게 다짐합니다"로 내용이 바뀌었다. 국기에 대한 맹세를 하는 나라는 극소수다. 과거에는 군국주의 국가들이나 나치 등이 국기에 대한 맹세를 하곤 했었다.

개인의 자유와 권리가 있고, 그것을 지키기 위해 국가나 국가의 지도자가 있는 것이라는 생각이 민주주의의 핵심이다. 그런데 우리는 학교에서 일상적으로 하는 조회, 의식, 국경일 행사 등에서 애국가를 제창하고 국기

━━━━━ 국기에 대한 맹세를 하는 나라는 극소수다. 과거에는 군국주의 국가들이나 나치 등이 국기에 대한 맹세를 하곤 했었다. 우리는 학교에서 일상적으로 하는 조회, 의식, 국경일 행사 등에서 애국가를 제창하고 국기에 대한 맹세를 하는 과정에서 개인의 자유와 권리에 앞서는 국가의 실체를 느끼게 된다.

에 대한 맹세를 하는 과정에서 개인의 자유와 권리에 앞서는 국가의 실체를 느끼게 된다.

국가의 우위를 주장하는 것은 파시즘이라는 전체주의 사고와 쉽게 연결될 수 있다. 우리 사회에서는 민주주의 의식이 성장하면서 더 이상 국민교육헌장을 외지 않아도 되고, 국기에 대한 맹세도 수정되는 변화가 있었다. 이러한 의례는 국가라는 거대 권력과 학교의 규율 및 제도 속 미시 권력 간의 관계를 잘 보여주는 예이다. 학교의 조회에서 국가와 개인의 관계를 일상적으로 되뇌는 과정을 통해 우리는 자연스럽게 국가 권력의 절대성을 받아들이게 된다. 그러므로 이러한 의례를 없애거나 내용을 수정함으로써 민주주의 의식은 물론이고 국가와 개인의 관계까지 변화할 수 있다.

교실 안 CCTV 설치, 어떻게 볼 것인가

■

경기 용인의 한 외국어 고등학교가 모든 교실에 폐쇄회로(CCTV) 카메라를 설치해놓은 것으로 드러나 인권 침해 논란이 일고 있다. 5일 경기도 교육청과 H외고에 따르면, H외고는 지난해 2월 개교 당시 30개 모든 교실 천장에 CCTV 카메라를 설치했으며, 이 카메라는 교무실 교감 책상 뒤 모니터와 연결돼 있다. 이 학교 교감 등은 이 모니터를 통해 각 교실의 교사와 학생들의 수업 태도 등을 수시로 점검해온 것으로 밝혀졌다.

그동안 도내 일선 학교에 학교 폭력 예방 등을 위한 CCTV 카메라를 학교 건물 밖에 설치한 경우는 있으나 이같이 각 교실에 CCTV 카메라가 설치된 사례는 이 학교가 처음인 것으로 알려졌다. H외고 교감은 "이 CCTV는 학교 건물 건축 당시부터 설치돼 있는 것으로 학생들의 안전 관리와 방범용 등으로 활용하고 있다"며 "일반 고등학교와 달리 우리 학교 교실은 컴퓨터 등 각종 장비가 구비돼 있는 고급 교실이어서 방범을 위해 CCTV 설치는 필요하다"고 말했다. 하지만 이에 대해 일부 교사들은 학교 측에 CCTV 가동에 대한 불편함을 호소하며 가동 중지를 요청했던 것으로 알려졌다.

— 《뉴시스》, 2006. 7. 5.

■

개인의 사생활과 인권을 침해하는 감시 시설이 더 나은 교육 또는 범죄 예방이라는 목적 하에 사회 전체로 퍼져나가고 있다. 영국 런던에서는 각 개인이 감시 카메라에 노출되는 빈도가 1일 약 300회 정도라고 한다. 그렇다면 우리나라는 어떨까? 서울에서는 그 빈도가 하루 약 40회라고 한다. 그렇게 많은 감시 카메라가 있는 영국의 경우, 폭탄 테러를 예방하기 위해 감시 카메라를 더 늘려야 한다는 여론이 일기도 했다. 그러나 어떤 사람이 폭탄이 들었음 직한 큰 가방을 들고 전철을 타는 실험을 해본 결과, 어떤 제재도 받지 않았다는 것이 밝혀졌다. 실제로 범죄자를 잡는 목적이 아니라 모든 사람을 잠재적 범죄자로 간주해서 개인의 사생활이 없는 삶으로 몰아간다는 비판이 일어나는 것도 이러한 이유 때문이다.

한편 개인의 자율적·주체적 삶을 가로막는 교실 안 CCTV는 푸코가 말한 파놉티콘의 현실화에 다름 아니다. 서로 마주보는 시선이 아니라 어느 한쪽에게 감시의 시선이 허용되는 것은 일방적인 권력을 뜻하기 때문이다. 민주주의 사회에서 권력은 상호 소통해야 한다.

정당한 권력은 가능한가?

정민은 웹서핑 중 우연히 '필로버스'라는 사이트를 발견했다. 필로버스란 '필로소피+유니버스', 즉 '철학'과 '우주'의 합성어라고 소개되어 있었다. 궁금한 내용을 질문하면 그 문제에 대해 많이 고민한 철학자들이 너도나도 달려들어 답을 해주고 서로 논쟁하며 각자 의견을 피력하는 환상적인 사이트였다. 정민은 이날 '권력이 정당하다는 게 무슨 뜻인가'라는 단순한 질문을 올렸다. 그런데 질문을 올리자마자 마키아벨리, 푸코가 득달같이 달려드는 바람에 밤을 꼴딱 새고 말았다.

다음날 이 얘길 친구에게 했더니 도무지 믿질 않았다. "마키아벨리랑 푸코는 죽은 사람이거든!" 헐! 정민은 대체 누구랑 얘기한 걸까? 다음은 정민이 마키아벨리, 푸코와 함께 나눈 토론 내용.

마키아벨리와 현실정치

정민 저는 대한민국의 평범한 학생입니다. '정치' 교과서에서 말을 알아듣기는 하겠는데 도저히 뜻을 알 수 없는 게 있어서 질문을 하고 싶습니다.

누구 저 좀 도와주세요. "권력이란 타인의 행동에 대해 자신의 의사를 강제할 수 있는 힘을 말한다. 정치권력은 기업주가 근로자에 대해 갖는 권력, 부모가 자식에 대해 갖는 권력 등과는 차이점이 있다. 즉 정치권력은 강제력을 정당하게 동원할 수 있고 사회 구성원 전체에 적용되며, 권력의 소재와 관계없이 지속된다"는 말을 못 알아듣겠어요.

마키아벨리 반가워요, 정민 군. 이런 문제를 고민하다니, 대한민국의 왕자(군주론)의 영어 제목 'The Prince'에서 착안한 농담인가요? 내가 왕자 전문 과외 선생인데.

정민 저희 고모가 저를 '왕자님'이라고 부르긴 해요.

마키아벨리 그래, 뜻을 못 알아듣겠다는 건가요, 아니면 그 말이 납득이 안 된다는 건가요?

정민 그러니까요, 권력은 남을 자기 뜻대로 움직이는 힘이라는 거죠. 사장은 일하기 싫어하는 직원도 일을 하게 만들고, 부모는 공부하기 싫어하는 자식을 공부하게 만들고, 정치권력은 전체 사회 구성원들을 정당하게 뭘 하게 만든다는 거죠. 그럼 사장이나 부모는 정당하지 않고 정치권력만 정당하다는 건가요?

마키아벨리 참! 그 교과서, 대단히 교과서적이로군요.

정민 교과서라니까요. -_-;

마키아벨리 "권력은 타인의 행동에 대해 자신의 의사를 강제할 수 있는 힘을 말한다. 노동자에 대한 기업주의 권력이나 자녀에 대한 부모의 권력, 사회 구성원에 대한 정치권력 등이 있는데 어떤 권력이든지 정당성을 가지기 위해서는 권력의 대상을 도구로만 파악해서는 안 되고, 서로 이해관계를 조정하는 의사소통을 통해 동의를 구해야 한다. 동의를 통해 구성된 권력만이 정당성을 가지며, 정치권력은 정당성을 가져야만 한다"라고 떠들어대는 정치 이론가들이 있죠. 죄다 어린 왕자들에게 몹쓸 것을 가르친 거죠.

정민   그게 누군데요?

마키아벨리   '하' 누군데…… 아, 하버마스가 그랬지. 그 젊은이가 말이야, 내가 '권력유지술', '정치기술'이나 가르친다며 《인식과 관심Erkentnis and Interesse》에서 엄청 비판했더군.

정민   뭐라고 했는데요?

마키아벨리   내가 정치를 도덕이나 제도나 합법성에서 벗어나 백성으로부터 복종을 얻어내고 군주의 권력을 보강하는 조작 기술이라고 했다고 소개했는데, 이건 내 주장의 한 면만 본 거지요. 내가 왜 이렇게 말하는가 하면, 인간이란 본래 악하기 때문이에요. 사람은 거짓말을 일삼고 툭하면 약속을 어기지요. 난 어리석은 폭력이나 권력 남용을 옹호한 게 아니에요. 군주는 되도록 선을 잃지 말아야 하지만, 필요한 경우 악을 행할 줄도 알아야 한다고 했지요. 또 동포들을 살해하고, 친구를 배신하고, 딴마음을 품고, 무자비하고 불경스럽게 구는 것을 용기라고 해서는 안 된다, 이런 식으로 행하는 군주는 권력을 얻을지언정 영광은 얻지 못한다고도 했지요.

정민   마키아벨리 님의 말씀도 일리가 있습니다만, "악을 행할 줄도 알아야 한다"는 말은 교과서에서는 못 보던 얘기 같은데요? 그러니까 제 말은, 교과서에는 바람직한 말이 많이 나오는데요, 교과서에는 못 실릴 말씀 같네요.

마키아벨리   그러니까 사람들이 위선적이라는 거죠. 나는 플라톤 선배님이나 이상적인 국가 지도자를 논한 사람들이 위선적이라고 생각해요. 그런 사회를 어디서 볼 수 있단 말입니까? "국제 사회에는 영원한 적도 영원한 우방도 없다"는 말이 있지요? 이런 말이 나오는 이유가 뭡니까? 국제 사회에서 이루어지는 것도 정치예요. 그런데 국가 간에 어떤 일로 서로 협상할 때 어떤 정치인이든지 자국의 이익을 극대화하기 위한 결정을 내립니다.

사실 정당성이나 이상적인 기준보다는 이익을 위한 전략 또는 전술을 쓰는 거죠.

내가 《군주론》을 쓸 때 이탈리아는 여러 도시 간의 패권 다툼으로 사분오열된 상황이었고, 그때의 정치는 오늘날 국제 사회에서 볼 수 있는 정치 상황과 마찬가지였지요. 국제 사회에서 '협상 전략'이라든가 '협상 기술'이라는 말을 얼마나 많이 씁니까? 이것을 못 본 채 우방, 인류 평화 같은 생각에 사로잡혀 있다가 실리를 놓치는 것은 바로 현실정치를 몰라서 생기는 일들이지요.

정민 그래도 서로 이해관계가 다를 때에도 끝까지 대화로 풀어보려 하고, 무력은 끝까지 피하려 하지 않나요?

마키아벨리 끝까지 피해보려 하지만 무력도 하나의 수단으로 쓴다는 것이 바로 현실정치의 모습이라 이거지요. 다시 한 번 말하지만, 나는 있지도 않은 이상적인 사례에 호소하지 않아요. 내가 직접 겪어본 지도자 중에 그나마 정치 지도자로서 갖춰야 할 면모를 가장 근접하게 갖춘 사람이 있어요. 체사레 보르자Cesare Borgia라는 사람이지요. 보르자는 계획의 실행 능력, 전투력, 군대 통솔력, 냉정한 판단력, 백성에 대한 관대함 등을 높이 살 수 있어요. 물론 허풍스러울 때도 있고, 나태할 때도 있고, 느닷없이 화를 낼 때도 있었죠. 한마디로 보르자는 겉 다르고 속 다른 사람이었어요. 사자 같은 면과 여우 같은 면을 동시에 지닌 사람이었죠. 나는 너무 관대한 바람에 사회를 무질서에 빠뜨리고 살인이나 도둑질이 횡행하게 만드는 군주보다는 몇 번 잔인하게 굴어서 사회를 안정시키는 군주가 더 낫다고 생각해요. 그래서 보르자 같은 군주를 옹호합니다. 정당성 같은 이상적인 기준보다는 사회에 이익과 안정을 가져오느냐가 관건이라는 얘기죠.

정민 군이 그런 질문을 한 것은 현실정치에 정당성이 전혀 없어서 이해를 못한 것이라고 설명하고 싶습니다. 그래서 "권력이란 타인의 행동에 대해 자신의 의사를 강제할 수 있는 힘을 말한다. 기업이든 부모든 정치인이든, 권력자는 자신의 목적을 이루기 위해 어떤 수단도 사용할 수 있다. 권력을 정당화하는 것은 수단이 아니라 목적 자체이다. 그 목적을 달성하는 데에서 권력의 존재 이유가 확보된다"라고 고치겠습니다.

정치권력과 지식권력

푸코 안녕하십니까? 늦은 시간에 이 채팅방만 불이 켜져서 들어왔는데, 굉장히 재미있는 대화가 오가고 있어서 불쑥 끼어들었습니다.

마키아벨리 정말 반갑군요. 나를 좋아하는 푸코 씨.

푸코 좋아한다고 하기는 뭐합니다만……

마키아벨리 아, 참! 좋아하는 건 내 쪽이죠. 나를 좋아한다기보다 '나를 중요하게 본'으로 고치죠. 내가 말한 권력론을 많이 논하고 비판할 만한 가치가 있는 걸로 말했다는 의미에서 나를 중요하게 본 푸코 씨.

정민 저기…… 서로 아는 사이 같으신데 저만 잘 몰라서요.

푸코 정민 님은 제가 누군지 알려고 하기보다는 궁금했던 문제를 푸는 게 더 중요하지 않나요?

정민 어, 처음부터 채팅 내용 보셨어요?

푸코 사실, 우연히 들어온 척했지만 내 관심사가 '권력'이에요. 그래서 '필로버스' 사이트에 항상 '권력'이라는 키워드를 걸어놓고 누가 논의하기만 하면 잽싸게 들어와서 참견하곤 하죠. 하하!

정민 시간이 많으신가 봐요.

푸코 딸린 처자가 없어서요. 남자친구는 있지만…… 그건 그렇고, 정민 님은 마키아벨리 님의 주장이나 '권력의 정당성' 주장이 잘 납득이 되나요?

정민 사실, 마키아벨리 님의 주장은 현실적이긴 한데 바람직해 보이지 않아요. 아까 잠깐 말했잖아요. 교과서에 실릴 수 있는 주장 같지는 않다고요. 정치 교과서의 '정당한 권력' 이야기는 굉장히 바람직해 보여요. 민주주의 사회는 모든 국민에게 주권이 있고, 자유와 평등을 기본권으로 가진 사람들이 폭력이 아닌 대화와 토론을 통해 합의를 끌어내는 거니까요. 하지만 이건 교과서에만 있는 이야기지, 실제로 그런 것 같지는 않아요.

푸코 빙고! 내가 평생 주장해온 게 바로 그거예요. '정당한 권력'은 정말 그것이 가능하기만 하다면 민주주의 사회에서 그보다 더 바람직한 게 없을 거라고 생각해요. 그러나 우리 사회에는 전문가 출신의 관료에 의한 행정, 엘리트 정치인들에 의한 대의 정치가 이루어지고 있죠. 권력이 정당하려면 사람들의 동의가 필요한데, 보통 사람과 이들 전문가 간에 평등한 의사소통도 불가능하고, 보통 사람들의 의견을 일일이 취합해서 동의를 얻는 일도 불가능하지요.

정민 제가 지식이 짧으니까 우선 잘 못 알아들을 것 같아요. 하지만 전문가라도 제 눈높이에서 말해줘야 한다고 생각해요. 만일 어느 정도 눈높이에 맞춰 얘기해주면 많은 경우 전문가에게 설득될 것 같아요. 그렇더라도 정 납득이 안 되는 건 계속 이의를 제기할 것 같고요.

푸코 정민 님! 나는 '권력/지식'이라는 개념을 주장했어요. 현대 사회에서 정치권력은 마키아벨리 님의 주장처럼 '기술'을 씁니다. 나는 그 점에서 마키아벨리 님을 중요하게 다뤘죠. 《사회를 보호해야 한다Il faut défendre la société》 등의 강연집에서 마키아벨리 님을 자주 인용했어요. 그렇지만 현대

1970년대 출산 억제 포스터. 국가는 개인에게 직접 명령하지 않으면서도 국가에 필요한 건강한 신체를 가진 인구를 유지하기 위해 '아이를 늦게 낳으면 기형아가 나올 확률이 높다'라는 의학 지식을 활용해 국가에 필요한 사람을 생산해내게 한다.

사회에서는 마키아벨리 님이 말한 것보다 훨씬 교묘한 권력 기술을 쓰고 있어요. 또 마키아벨리 님이 말한 것처럼 그 기술은 군주 개인이 쓰는 것이 아니라 사회에 그물망처럼 퍼져 있어요. 그런데 그 그물망을 이어주는 것이 바로 지식입니다. 전혀 폭력이나 억압으로 보이지 않으면서도 영향력은 훨씬 더 크고 강력하죠. 나는 이것을 '권력/지식'으로 표현했어요.

권력은 영원히 지속되는가?

정민 지식이란 게 '지식in' 같은 데서 얻는 그런 지식 말인가요?
푸코 단편적인 정보보다는 좀더 체계를 갖춘 분과 학문을 뜻해요. 사회학, 정치학, 생물학, 의학 같은 것이죠. 예를 들어 의학을 볼게요. 정민 님은 아프면 병원에 가서 의사의 진찰을 받습니다. 이때 의사의 처방은 전문가의 처방이기 때문에 함부로 거스를 수가 없어요. 그리고 의사가 앞으로 삼시 세끼 밥을 꼬박꼬박 먹고 끼니때마다 채소를 꼭 먹으라고 권하면 건강을 위해 그대로 행할 거예요. 여기까지는 별 문제가 없으니 당연하게 받아들이겠죠. 그런데 이렇게 전문성을 인정받은 의사들의 입을 빌려 대중매체에서 매일매일 건강과 관련된 조언들을 쏟아냅니다. 늦게 결혼하는 사람이 많아지고 출산율이 낮은 때에는 아이를 늦게 낳으면 기형아가 태어날 확률이 높아진다는 통계를 발표합니다. 이런 것이 바로 '권력/지식'입니다. 국가권력이 개인에게 건강하려면 어떻게 하라거나, 아이를 낳으라 마라 직접 명령하지 않으면서도 건강한 신체를 가진 일정 수의 인구를 유지하기 위해 의학이라는 지식을 활용하여 국가에 필요한 사람을 생산해내는 것이지요.

정민 그래도 정치인은 임기가 있고 관료도 교체되고 하니까 정책이 계속 바뀌잖아요. 관료를 바꿀 수 있는 정치인을 국민이 뽑으니까 마음에 들지 않는 정책을 국민이 바꿀 수 있는 것 아닌가요? 그래서 결국 권력은 국민에게 있는 것이고요.

푸코 정치인은 바뀌지만 분과 학문들은 항상 있죠. 국가라는 것도 항상 있고요. 국가는 각각의 정치인들이 지탱하기도 하지만 여러 제도들을 통해 유지됩니다. 그리고 그 제도들을 뒷받침하는 것이 다양한 지식이고요. 병원, 감옥, 군대, 학교 같은 것이 국가를 유지하는 대표적인 제도들입니다. 정민 님도 학교를 다니죠? 그 학교에서 뭘 배우나요? 정민 님은 학교에서 지식을 배운다고 생각할 거예요. 그러나 그 못지않게 경쟁심을 체화하게 될 겁니다. 중간고사, 기말고사, 수시로 보는 쪽지시험을 통해 알게 모르게 지식도 늘지만, '나는 몇 등이야', '나는 전교 혹은 전국에서 몇 퍼센트 안에 들었어'라고 스스로를 끊임없이 확인하게 됩니다. 친구들과 스스로를 등수라는 잣대로 평가하여 우열을 가릴 겁니다. 그리고 선생님은 그 등수를 기준으로 학생들을 '될 놈'과 '안 될 놈'으로 구분할 겁니다.

《어린 왕자》에서 말한 '친구의 의미'가 배부른 소리로 들린다면, 정민 님은 이미 사회를 경쟁 일변도로 만들어서 더 나은 인재를 걸러내려는 권력에 종속된 겁니다. 모세관처럼 퍼져 있는 권력의 작동이지요. 나는 정민 님이 궁금해했던 문장을 이렇게 고치고 싶습니다. "권력이란 타인의 행동에 대해 자신의 의사를 강제할 수 있는 힘을 말한다. 권력은 기업, 가정, 학교 등 제도 어디에나 있다. 신민을 제조해내는 권력은 사회 구성원 전체에 모세관처럼 퍼져 행사되며 권력의 소재와 관계없이 지속된다."

푸코·마키아벨리 정민 님, 누구 말이 더 그럴듯하죠?

정민 어어…… 제가 아직 배운 것도 짧고, 경험도 적어서요. 좀더 크면 답할게요. 지금은 졸리기도 하고요. 단순하게 질문한 건데 생각거리를 아주 많이 얻었어요. 두 분 고마워요. 잊지 않을게요. 또 뵙죠. 안녕~

푸코 오 르부아Au revoir~

마키아벨리 치 베디아모Ci vediamo~

책

■ 마이클 화이트, 김우열 옮김, 《평전 마키아벨리》, 이룸, 2006.

마키아벨리 평전이자 그의 저서에 대한 해설을 담고 있다. 저자는 마키아벨리가 《군주론》을 발표할 당시에도 정작 군주들의 비판을 받았던 불편한 저서였고, 오늘날까지도 비평가들의 혹평에 시달리고 있다고 전제한다. 그러나 마키아벨리의 냉혹한 주장이 진실에 가깝기 때문에 그가 받았던 수많은 비판은 오히려 위선이고, 정작 그 자신은 정직하고 순수했던 것이 아닌가 하는 관점으로 기술하고 있다.

■ 양운덕, 《미셸 푸코》, 살림, 2003.

푸코의 '권력에 대한 계보학적 분석'에 집중하여 그의 철학을 소개하고 있다. 미시권력의 다양한 장치와 테크놀로지를 추적함으로써 푸코가 진리와 이성에 바탕을 둔 계몽주의적 이해와 달리, 사람들의 일상생활에 작용하고 있는 미시권력의 그물망에 주목하여 권력을 추적, 폭로하고 있음을 《감시와 처벌》, 《성의 역사 1》에 대한 해설을 통해 보여주고 있다.

영화

■ 오우삼, 〈적벽대전 2〉, 2009.

《삼국지》 중 한 장면인 적벽대전을 중심으로 조조, 주유, 제갈량 등의 지략이 어떻게 충돌하고 갈등하는가를 보여주는 작품이다. 《군주론》의 보조 교재로 《삼국지》만 한 것은 없으며, 다양한 판본의 《삼국지》와 함께 볼 만한 영화이다.

■ 스티븐 스필버그, 〈마이너리티 리포트〉, 2002.

서기 2054년 워싱턴, 범죄가 일어나기 전 범죄를 예측해 범죄자를 처단하는 최첨단 치안 시스템 '프리크라임'을 상상한 영화이다. 프리크라임은 범죄가 일어날 시간과 장소, 범행을 저지를 사람을 미리 예측해내고, 이를 바탕으로 미래의 범죄자를 체포하는 감시 장치이다. 범죄 예방을 목적으로 감시 사회를 구축해가는 경찰 장치가 문제없이 작동할 수 있는가를 다시 한 번 생각하게 한다.

웹사이트

■ www.emachiavelli.com

마키아벨리의 대표적 저서인 《군주론》, 《루카의 카스트루초 카스트라카니의 인생》, 《전술론》 등의 영어 판본을 자유롭게 열람하고 내려받을 수 있는 사이트다.

■ foucault.info/documents

미셸 푸코의 저작 중 영어 번역본 일부를 자유롭게 열람하고 내려받을 수 있는 사이트다. http://foucault.info/에서는 저작뿐 아니라 푸코가 '콜레주 드 프랑스'에서 했던 강연의 육성 녹음 자료도 자유롭게 내려받아 들을 수 있다.

다큐멘터리

■ 중국중앙방송CCTV, 〈대국굴기 – 영국 제1부〉, 2006.

스페인, 포르투갈, 네덜란드, 영국, 프랑스, 독일 등 서구 열강의 흥망성쇠를 보여주는 다큐멘터리. 우리나라에서는 2007년 EBS에서 방영되었다. 특히 영국편 제1부는 영국이 어떻게 스페인과 네덜란드를 물리치고 해양대국으로 발전했는지를 보여준다. 강대국 도약의 발판을 마련하고자 했던 엘리자베스 1세 여왕의 지략이 《군주론》에서 군주의 그것과 닮아 있다.

■ 피터 조셉, 〈시대정신〉, 2007.

미국에서 2007년 인터넷에 공개된 다큐멘터리로 총3부작이다. 자신의 이익을 위해 전 세계를 움직이는 특정 집단이 종교, 테러리즘, 미디어를 통해 허상을 만들어낸다고 폭로한다. 이러한 허상이 곧 '시대정신'이라는 것이다. 같은 제목의 책으로도 번역되었다.

2

진보

지키는 자와 넘어서려는 자

여현석 (안양대학교 외래교수)

생각 속으로 | 전통을 지킬 것인가, 억압을 깰 것인가?
고전 속으로 | 에드먼드 버크와 칼 마르크스
역사와 현실 속으로 | 뉴라이트와 진보주의
가상토론 | 새는 좌우 양 날개로 하늘을 난다

전통을 지킬 것인가, 억압을 깰 것인가?

보수주의는 희망의 메시아인가

서양 근대 사회는 중세와 단절된 새로운 사회이며 혁명의 시대였다. 종교 개혁, 인간의 재발견을 추구한 르네상스, 과학혁명, 산업혁명 등을 기반으로 한 근대 사회는 급격한 사회적 변화를 경험했다. 특히 중세 봉건 체제의 모순을 극복하고자 유럽 전역에서 근대적 시민혁명이 발생했다. 1789년에 발생한 프랑스 혁명은 근대 시민혁명의 상징이며, 신분제 질서와 중세 농업 체제를 넘어서 새로운 자본주의 체제를 성립시킨 사회혁명이었다. 프랑스 혁명은 자유, 평등, 박애의 이념을 중심으로 절대 왕정을 전복하고 산업자본가를 중심으로 한 새로운 사회 체제와 사상을 추구한 혁명이었다. 귀족, 기독교 지배 세력, 일부 자유주의자들은 프랑스 혁명을 매우 불온한 혁명으로 간주하고 자신들의 구체제를 수호하고자 했다.

영국의 정치가 에드먼드 버크Edmund Burke는 프랑스 혁명의 급진성과 과격성을 비판적으로 바라보면서 보수주의conservatism 정치 철학을 탄생시켰다. 버크는 명예혁명 등으로 점진적인 사회 변화를 추구하던 영국에 프랑스 혁명의 급진적 사상이 전파되는 것을 염려했다. 그래서 《프랑스 혁명에 관한 성찰》이라는 저서를 통해서 프랑스 혁명의 급진성을 비판하고, 전통과 권위에 근거한 온건하고 점진적인 사회 변화를 주장했다. 즉 버크의 보수주의 이념은 근대적 사회 혁명에 대한 반발과 대응으로 출발한 것이다.

정치 이념으로서의 근대 보수주의는 이념적이고 의식적인 형태의 전통주의로서, 18세기 중반 이후 유럽의 구체제ancien regime에 대한 다양한 혁명적 도전에 대응한 이념이다. 특히 버크가 제시한 보수주의는 계몽주의enlightenment의 합리성과 프랑스 혁명에 대한 대항으로 출현한 것이다. 보수주의는 일반적으로 인간의 본성에 기반을 둔 기질상의 보수주의와 연관성이 있으며, 혁명 세력의 도전이나 공격에 대응하여 출현하게 된 반작용적 사상이라고 할 수 있다.

보수주의란 일반적으로 과거의 권위를 받아들이고, 아직 알려지지 않은 미래의 것에 비해서 현재 알려진 것을 선호한다. 그리고 현재와 미래를 과거와 결부시키는 경향이 있는 기질, 정치적 입장 및 정치 이념상의 가치 체계를 지칭하는 말이다. 근대 보수주의 이념을 대표하는 버크는 인간과 사회에서 과거의 역사와 전통, 관습과 관행 같은 이미 알려진 경험적인 것을 중시한다. 그리고 인간의 합리적 이성보다는 비합리적인 편견을 중시한다. 진보주의progressivism의 사상적 기반인 합리주의가 인간 이성을 절대적으로 신뢰한 반면에, 보수주의는 인간 이성 능력의 유한성과 모순성을 강조한다. 그리고 보수주의는 인간의 선천적 불평등함과 사악함을 인정하고 제도화된 기독교에 근거한 도덕질서를 강조한다. 보수주의는 평등보다 자유를 강조하고 진보의 불확실성을 비판한다. 그리고 무지한 다수의 정치적 지배를 불신하고 소수의 엘리트 정치를 주장한다. 결국 버크로 대표되는 근대 보수주의는 사회 변화 발전의 필요성을 인정하면서도 매우 소극적이고 점진적이며 안정적인 사회 변화를 추구하는 기존 지배 체제 중심의 이념이다.

근대 보수주의의 맥을 잇는 20세기의 현대 보수주의는 자유주의와 깊은 연관성을 맺고 있다. 20세기 사회주의 혁명에 대한 반발과 자본주의 체제를 수호하기 위하여 전통적인 근대 보수주의와 자유주의가 사상적 결합을 시도한다. 즉 보수주의의 자유주의화, 자유주의의 보수화가 현대 보수주의의 특징이다. 결국 현대 보수주의는 사회주의에 대립하여 자유주의 사회와 자본주의 체제를 옹호하고자 한다. 현대 보수주의는 신자유주의 이념을 바탕으로 급속하게 세계화를 실현하고 있으며, 그 중심에는 미국이 있다. 미국은 레이건, 부시 정권 이래 세계 지배 질서의 중심에 있으며, 냉전시대 이후 새롭게 보수주의 이념을 전 세계에 관철시키고 있다. 미국의 보수주의는 네 가지 흐름이 있다.

첫째, 전통적 보수주의자들은 사유재산의 절대성을 강조하고 전통적인 도덕적 질서의 유지를 주장한다. 이들은 사회 공동체의 통합을 위하여 극단적 개인주의를 비판하고 무제한적 자유 경쟁에 소극적이다.

둘째, 개인주의적 보수주의자들은 자본가 중심의 경제 체제와 무한 경쟁의 근거인 개인의 자유를 강조한다. 이들은 시장에 대한 국가의 간섭을 비판하면서 작은 정부 큰 시장을 주장한다. 그리고 사회적 빈곤을 해결하기 위해 국가가 지출하는 사회 복지 비용을 줄일 것을 주장한다. 국가의 복지정책이 아니라 개인들의 자선으로 빈곤을 해결할 것을 제시한다.

셋째, 미국의 신보수주의neoconservatism(일명 네오콘neocon)는 1980년 레이건 정부의 출범을 계기로 구체화된 대내외 정책의 사상적 경향이다. 신보수주의는 호전적인 반공정책, 테러와의 전쟁, 전통적인 도덕적 가치의 수호와 회복, 국가의 시장 개입 축소와 시장 경쟁의 강화, 노동의 유연성 강화, 복지제도의 축소, 과감한 민영화와 규제 철폐 등을 주장한다. 신보수주의는 문화적 측면에서 기독교 우파와 더불어 이혼, 동성애, 마약, 낙태, 도박, 포르노, 상업방송의 과잉화 등을 비판한다.

넷째, 기독교 우파는 1960년대 신좌파 운동에 대한 반발로 출현하여 1970년대 이후 영향력을 발휘하기 시작했다. 기독교 우파는 1960년대 이후 발생한 높은 이혼율과 범죄율, 빈곤층 확대, 애국심 쇠퇴, 광범위한 마약 사용, 낙태의 합법화, 포르노를 위시한 성적 타락 등을 미국의 병리 현상으로 비판하면서 미국 사회의 도덕적 타락을 극복하고자 한다. 이들은 기독교 근본주의에 근거해서 미국이 기독교 국가로서 초기의 정체성을 회복할 것을 강하게 주장한다. 기독교 우파는 경제적 측면에서는 개인적 보수주의와 더불어 작은 정부를 지향하지만, 사회문화적 영역에서는 정부의 적극적 역할을 주장한다.

프랑스 혁명에 대한 비판적 대응으로 시작된 근대 보수주의는 미국을 중심으로 한 현대 보수주의로 변화하면서 현재는 전 세계 정치와 경제의 흐름을 주도하고 있다. 미국의 신자유주의적 보수주의는 전 세계 정치와 경제의 규범으로서 막대한 영향력을 행사하고 있다. 보수주의의 세계화는 미국 중심의 자본주의 체제의 위기를 극복하고자 하는 정치적·경제적·군사적 전략이라고 할 수 있다. 현대 보수주의는 자유민주주의와 자본주의 체제의 안정적이고 점진적인 변화와 발전을 추구한다는 점에서는 긍정적이다. 그러나 미국이라는 초강대국 중심의 일방적이고 획일적인 세계 질서 재편이라는 측면에서는 전 세계적 저항과 비판에 직면하고 있다.

진보주의는 진보적인가

20세기 말 소련을 중심으로 한 사회주의 국가들이 패망한 이후 일본계 미국 정치사상가인 프랜시스 후쿠야마Francis Fukuyama는 《역사의 종말End of History》이라는 저서에서, 이제 사회주의와 자유민주주의의 이념 대결은 자유민주주의의 승리로 끝났으며, 자유민주주의와 자본주의 체제는 역사의 최후의 체제라고 선언했다. 즉 사회주의의 패망, 자유민주주의와 자본주의의 승리를 통하여 진화의 과정으로서 역사의 진보는 완성되었다는 것이다. 후쿠야마의 이 선언은 사회주의권의 패망과 진보주의의 몰락을 상징적으로 표현하는 것이었으며, 이후 전 세계적으로 인정되는 듯했다. 그리고 인류의 역사적 진화는 완성되었기에 이제 인간은 모두 자유민주주의와 자본주의 체제 속에서 안정적으로 행복과 평화를 누리며 살게 될 것으로 전망되었다.

그러나 21세기에 들어서서도 세계 여러 곳에서 전쟁이 지속되고 있으며, 남미와 유럽을 중심으로 사회주의와 사회민주주의를 주장하는 정치 세력이 권력을 장악하고 있다. 그리고 이들 진보주의 세력은 미국을 중심으로 한 보수주의 세력과 대결을 펼치고 있다. 후쿠야마의 주장과는 달리 보수주의와 진보주의의 대결은 아직도 종료되지 않은 것이다. 과연 진보주의 사상과 그 세력은 21세기 역사의 새로운 희망이 될 수 있을까?

산업혁명과 프랑스 혁명은 근대 사회의 출발을 알리는 핵심적 상징이었다. 혁명의 시대는 새로운 사회 변화의 가능성과 역사의 진보에 대한 희망을 인류에게 보여주었다. 중세의 봉건 질서를 무너뜨리고 자유와 평등에 근거한 새로운 체제의 형성은 근대인들에게 역사적 희망이자 과제였다. 근대인들은 이 혁명의 시대 속에서 인간과 역사를 재발견하기 시작한 것이

다. 사회와 역사가 퇴보와 정체를 넘어서 진보한다는 역사에 대한 진보주의적 관점은 이탈리아의 역사철학자인 비코Giambattista Vico와 독일의 계몽주의 철학자들인 칸트Immanuel Kant, 헤겔Georg Wilhelm Friedrich Hegel, 마르크스Karl Marx 등이 주장한 것이다.

비코는 인류의 역사를 신의 시대, 영웅의 시대, 인간의 시대로 구분하면서 세 시대는 역사 속에서 순환을 반복한다고 주장한다. 그리고 인간은 역사의 변화를 인식할 수 있으며, 역사의 변화에는 일정한 운동 법칙이 존재한다고 보았다. 그는 또 역사의 순환과 반복의 원동력은 인류의 정신이라고 주장했다. 비코의 역사철학은 계몽주의 역사철학에 영향을 끼쳤다. 계몽주의는 인간 이성에 대한 신뢰를 바탕으로 인류의 역사가 이성적인 방향으로 진보한다는 낙관적 특징을 보였다. 칸트의 진보적 역사철학은 세 가지 특징을 보여준다. 첫째, 역사에는 일정한 발전 법칙이 있다는 법칙주의. 둘째, 역사는 이성의 힘에 의해 점차 이성적인 방향으로 나아간다는 이성주의. 셋째, 역사는 점차 좋은 방향으로 발전한다는 진보주의. 헤겔은 사회와 역사의 발전을 변증법적으로 해석하면서 역사의 진보적 변화 발전을 강조했다. 헤겔의 역사철학은 네 가지 특징을 보여준다. 첫째, 역사는 변증법적으로 운동하고 변화한다. 사회와 역사는 모순, 즉 대립과 갈등으로 인해 끊임없이 변화하면서 더 좋은 방향으로 발전한다. 둘째, 역사에는 발전 법칙이 존재하며, 역사는 이성적인 방향으로 나아간다. 셋째, 역사는 인간의 자유가 확대 발전하는 과정이며 자유의 실현이야말로 역사의 궁극적 목표다. 넷째, 역사는 영웅적 인물을 활용하여 시대적 발전을 이끌어간다.

마르크스도 계몽주의적 역사관을 갖고 있었다. 그는 칸트와 헤겔처럼 역사에 대한 법칙주의와 진보주의를 수용했다. 그런데 헤겔이 역사의 발전을 이성이라는 절대정신의 자기전개 혹은 자기실현으로 해석하는 관념론적 역사관을 제시했다면, 이와 반대로 마르크스는 역사의 변화 발전을 변증법적·유물론적으로 해석하는 유물론적 역사관을 제시했다. 마르크스의 유물론적 역사철학은 다섯 가지 특징을 보여준다. 첫째, 역사에는 발전 법칙이 있으며 변증법적으로 발전한다. 둘째, 사회의 물질적 생산활동인 경제적 토대가 법률이나 사회제도 같은 정신적 상부구조를 결정한다. 셋째, 근대 자본주의는 자본가와 노동자의 이해관계가 적대적이어서 대립과 갈등, 즉 계급투쟁이 필연적으로 발생한다. 넷째, 자본주의는 과도한 이윤 추구라는 필연적 속성 때문에 주기적인 경제 불황과 공황을 겪는다. 이 때문에 경제적 착취를 당하는 노동자 계급에 의한 사회주의 혁명은 필연적이다. 다섯째, 사유재산의 폐지와 공동생산 공동분배의 경제적 사회 구성체를 형성함으로써 인간 소외를 극복하고 인간 해방의 역사를 실현할 수 있다.

역사를 사회경제적 현실 속에서 해석하는 마르크스의 진보 사상은 다수의 억압받는 노동자, 농민 들에게 커다란 희망을 심어주고 많은 공감을 불러일으켰다. 그리고 20세기 초에 소련을 중심으로 한 동유럽, 남미, 아시아, 아프리카 지역에서 사회주의 혁명이 성공하는 데 커다란 영향을 끼쳤다. 그러나 노동자, 농민의 억압과 착취를 극복하고자 한 진보적인 사회주의 혁명은 마르크스의 예견과는 달리 소수 공산당 지배층의 독재 체제로 전락하고 말았다. 이러한 현실 사회주의의 진보적 사회 발전에 대한 배신은 자유주의적 보수주의를 강화하는 데 영향을 끼치게 되었다.

이후 1968년에 프랑스에서 새로운 진보주의 혁명이 등장한다. 그리고 이 혁명은 프랑스를 벗어나 전 유럽과 북미, 아시아 지역에도 커다란 영향을 끼쳤다. 이른바 '68혁명'으로 표현되는 이 새로운 혁명은 기존의 노동자 중심의 권력 장악을 위한 정치 투쟁에서 벗어나 보다 광범위한 사회문화적 혁명을 추구한다. 즉 68혁명은 국가와 자본가에 대한 노동자의 정치, 경제 투쟁 중심의 활동에서 벗어나 여성, 소수자, 인권, 문화적 다양성, 환경 문제 등에 관심을 보였다. 68혁명은 사회의 다양한 분야로 진보주의의 활동 영역을 넓히는 주요한 계기가 되었다. 68혁명은 소련 등의 구진보주의와 구분되는 새로운 진보주의 운동이었다. 새로운 진보주의는 기존 사회 체제에서 발생하는 모든 분야의 억압과 낡은 관습, 제도에 맞섰으며 현대 진보주의 운동에 커다란 영향을 끼쳤다.

현대 신진보주의는 옛 사회주의권의 낡은 진보주의를 거부하는 동시에 소수를 위한 형식적 자유와 평등이 아니라, 다수의 구체적이고 실질적인 자유와 평등을 추구한다. 진보주의는 보수주의와의 대결과 경쟁을 통해서 보수주의가 빈곤과 복지 문제 등 사회경제적 평등 문제를 좀더 적극적으로 수용할 수 있게 만들었다. 그러나 진보주의는 사회주의권의 패배로 인하여 사회정치적 대안 권력이 아니라 단지 비판 세력으로 머무는 한계를 보여주고 있다. 진보주의는 사회의 변화에서 언제나 좋은 결과를 낳는 것은 아니며 또한 역사 발전의 필연적 현상은 아니다. 그러나 인간의 존엄성과 평등을 억압하는 모든 곳에서 언제라도 인간 해방의 이념으로 새롭게 등장할 것이다.

에드먼드 버크와 칼 마르크스

에드먼드 버크 Edmund Burke (1729~1797)

아일랜드 출신의 정치가이자 철학자. 보수주의 사상을 이론적으로 정립한 대표적인 보수주의 정치가이다. 프랑스 혁명의 오류와 위험성을 분석한 보수주의의 고전 《프랑스 혁명에 관한 성찰Reflections on the Revolution in France》 (1790)을 저술했다. 버크는 이 책에서 프랑스 혁명정부와 계몽주의, 합리주의를 비판함으로써 보수주의 사상의 이론적 기반을 마련했다. 그의 보수주의 사상은 냉전시대 이래 진보적·사회주의적 사상에 대한 비판의 이론적 근거가 되고 있다. 급진적 사회 변화를 비판하고 안정적 사회 진화를 고민하는 사람들에게 버크의 보수주의는 이론적 위안을 줄 수 있을 것이다. 《숭고와 아름다움의 이념의 기원에 대한 철학적 탐구》(1757), 《자연적 사회의 옹호론》(1756), 《미국의 조세제도에 대한 연설》(1774), 《식민지들과의 화해에 대한 연설》(1775) 등의 저서가 있다.

에드먼드 버크, 이태숙 옮김,
《프랑스 혁명에 관한 성찰》, 한길사, 2008.

국가는 시민의 어버이다

더욱 부끄럽게도, 그것이 편견이기 때문에 우리는 그것을 더욱 소중히 여긴다는 사실을 고백한다. 더 오래 지속된 편견일수록, 더 일반적으로 만연되어 있는 편견일수록, 바로 그 이유 때문에 우리는 그러한 편견을 소중히 여긴다. 우리는 사람들이 각자 저마다 자신들의 사적인 이성에 입각해 살고 교류할까봐 두렵다. 왜냐하면 각 개인이 가진 이성의 양은 적기 때문에 오랜 세대에 걸쳐 축적된 국민 전체의 이성과 지혜를 각자가 이용함으로써 더 훌륭한 결과를 얻을 수 있다고 생각하기 때문이다.

현명한 편견에 의하여 우리는 무모하게도 성급히 저 연로한 어버이 같은 전통과 역사의 표상인 기존의 국가 제도를 조각조각 잘라내고, 그런 다음 독초와 광포한 주문의 힘으로 국가의 체질을 변화시키고 혁신할 수 있다는 희망을 품고, 마법사의 냄비에 던져 넣는 그러한 나라의 시민들을 공포의 눈으로 바라보도록 배웠다.

필요할 때면 언제나 우리를 도와주는 것이 정부의 권한은 아니다. 그럴 수 있다고 생각하는 것은 정치가의 헛된 주장에 불과하다. 국민이 정부를 지탱하는 것이지 정부가 국민을 지탱하는 것은 아니다. 많은 악을 막는 것이 정부의 권한이지만, 정부는 이 문제나 다른 문제에서도 어떤 긍정적인 효과를 미치는 일을 거의 할 수 없다.

사회는 사실 일종의 계약이다. 단순히 일시적인 이익을 목표로 한 하급 계약들은 임의로 해소될 수 있다. 그러나 국가는 일시적이며 사라져버릴 성질인 저차원의 동물적 생존에 도움이 되는 물자에 관련된 동업partnership이 아니다. 그것은 모든 학문에서의 동업이며, 모든 기예에서의 동업이며, 모든 도덕과 모든 완성에서의 동업인 것이다. 그러한 동업이 목표로 한 것은 여러 세대를 거치더라도 성취될 수 없으므로, 그 동업은 단순히 살아 있는 사람들 사이의 동업으로만 그치지 않고, 살아 있는 사람들과 죽은 자들, 그리고 장차 태어날 사람들 사이의 동업이 된다. 개별 국가를 형성하는 각 계약은 하급의 본성을 상급의 본성과 연결시키고, 보이는 세계와 보이지 않는 세계를 결합시키는 영원한 사회의 위대한 원초적 계약의 한 조항에 불과하다.

해설

버크의 보수주의 사상은 인간의 합리적 이성에 근거해서 사회와 역사의 발전을 강조하는 계몽주의 사상에 대한 반발로부터 시작된다. 버크는 계몽주의가 주장하는 인간의 합리적 이성이 미래 사회의 불확실성을 온전하게 극복할 수 없다고 비판한다. 인간의 합리적 이성은 미래 사회를 온전하게 규정하고 설계하기보다는 오히려 사회적 혼란과 불안을 강화시킬 수 있다고 비판한다. 버크는 이러한 주장의 근거로 합리적 이성에 근거한 근대 유럽 사회 시민혁명의 혼란과 갈등을 단적으로 제시한다. 버크는 공동체의 안정적 발전은 개인들의 이성이 아니라, 오히려 역사와 전통을 통해서 오랫동안 축적된 집단적 지혜로써 가능하다고 강조한다. 역사적 전통과 규범은 한편으로는 편견으로 불릴 수 있지만, 인류의 발전을 통하여 역사적으로 정당성을 충분히 검증받았기 때문에 매우 소중하고 유용하다고 주장한다.

국가는 역사와 전통의 담지자이며 규범과 종교의 수호자이다. 따라서 국가는 전통적 규범과 제도, 종교를 통하여 시민들에게 평화와 안전을 제공하는 어버이 같은 존재다. 국가는 과거와 현재 그리고 미래의 시민 사회를 가능케 하는 공동체의 핵심적 존재 근거이다. 이러한 국가에 대해 합리적 이성을 근거로 급진적 혁명을 시도하는 것은 부친 살해죄를 범하는 것과 같다고 버크는 강하게 비판한다. 따라서 버크는 국가에 대한 개혁은 어버이를 대하듯이 매우 조심스럽게 점진적으로 시도되어야 한다고 주장한다. 혁명적 변화의 실패는 어버이 같은 국가에 대해서 돌이킬 수 없는 죄를 범하는 것과 같다. 불확실한 미래에 대한 어리석은 열망보다는 과거와 현재를 통해 검증된 전통적 지혜에 의존한 점진적 개혁이 보다 확실한 방법이라는 것이 버크의 생각이다. 버크는 개인들의 합리적 이성이 제시하는 불확실한 미래의 상황보다는 과거와 현재를 가능하게 했던 전통적 규범과 제도에 근거해서 점진적 변화를 추구하는 것이 국가 공동체의 보존과 시민들의 행복에 보다 확실하고 유용한 방법이라고 강조한다.

칼 마르크스 Karl Marx (1818~1883)

독일 출신의 철학자이자 경제학자. 헤겔과 포이어바흐Ludwig A. Feuerbach의 철학에 영향을 받았으나, 이후 두 사람의 철학을 비판적으로 극복하고 자신의 독창적인 이론인 역사유물론을 정립한다. 근대 자본주의 체제를 근본적으로 변혁하기 위하여 경제학 연구와 사회주의 혁명 활동을 적극적으로 벌였다. 엥겔스Friedrich Engels와 공동 저서를 펴내며 평생 친구이자 사회혁명가로 함께 지냈다. 그는 유럽에서 사회주의 혁명의 실패를 경험한 후 영국으로 이주하여 자본주의 체제를 비판적으로 분석하는 《자본론Das Kapital》(1867)을 저술했다. 그의 사상은 현실 정치와 더불어 철학, 정치학, 경제학, 역사학 등 여러 학문 분야에 광범위한 영향을 끼치고 있다.

《공산당 선언Manifest der Kommunistischen Partei》(1848), 《독일 이데올로기Die Deutsche Ideologie》(1846), 《임금노동과 자본Lohnarbeit und Kapital》(1849), 《정치경제학 비판Grundrisse der Kritik der Politischen Okonomie》(1859), 《헤겔 법철학 비판 서설Zur Kritik der Hegelschen Rechtsphilosophie》(1844), 《경제학—철학 수고Konomisch-Philophische Manuscripte》(1844), 《잉여가치 학설사Theorien ber Mehrwert》(1905~10) 등 수많은 저서가 있다.

칼 마르크스·프리드리히 엥겔스,
강유원 옮김, 《공산당 선언》, 이론과 실천, 2008.

국가는 자본가 계급을 위한 위원회일 뿐이다

지금까지 모든 사회의 역사는 계급투쟁의 역사다. 자유민과 노예, 귀족과 평민, 영주와 농노, 동업 조합의 장인과 직인, 요컨대 서로 영원한 적대 관계에 있는 억압자와 피억압자가 때로는 은밀하게, 때로는 공공연하게 끊임없는 투쟁을 벌여왔다. 그리고 이 투쟁은 항상 사회 전체가 혁명적으로 개조되거나 그렇지 않으면 투쟁하는 계급들이 함께 몰락하는 것으로 끝났다.

봉건 사회가 몰락하고 생겨난 현대 부르주아 사회 또한 계급 모순을 폐기하지 못했다. 이 사회는 다만 새로운 계급들, 억압의 새로운 조건들과 투쟁의 새로운 형태들을 낡은 것과 바꿔놓은 데 지나지 않았다. 그러나 우리 시대, 즉 근대 부르주아지의 시대는 계급 모순을 단순화했다는 점에서 특이하다. 사회 전체가 두 개의 적대 진영으로, 즉 서로 대립하는 두 계급인 부르주아지와 프롤레타리아트로, 즉 자본가 계급과 노동자 계급으로 더욱더 분열되고 있다.

자본가 계급, 즉 부르주아지는 대공업과 세계 시장이 형성된 이래 현대의 대의제 국가에서 마침내 독점적인 정치적 지배권을 쟁취했다. 현대의 국가 권력은 자본가 계급 전체의 공동 업무를 관장하는 위원회에 지나지 않는다.

자본가 계급은 역사에서 아주 혁명적인 역할을 해냈다. 부르주아지는 자신들이 지배권을 획득한 곳에서는 어디서나 모든 봉건적·가부장적·목가적 관계를 파괴했다. 부르주아지는 사람을 타고난 상전들에게 얽매어놓고 있던 온갖 봉건적 속박을 가차 없이 토막내버렸다. 그리하여 사람들 사이에는 노골적인 이해관계와 냉혹한 '현금 계산' 외에는 아무런 관계도 남지 않게 되었다. 부르주아지는 사람의 인격적 가치를 교환 가치로 해체했으며, 투쟁을 통해 얻어진 수많은 자유 대신에 단 하나의 파렴치한 자유, 즉 상거래의 자유를 내세웠다.

자본가 계급은 의사, 법률가, 성직자, 시인, 학자 들을 자신이 고용하는 임금 노동자로 만들어버렸다. 자본가들은 가족관계에서 사람의 심금을 울리는 정과 사랑 대신에 금전관계를 중심에 놓는다.

본래 정치권력이란 한 계급이 다른 계급을 억압하려고 사용하는 조직된 폭력이다. 만일 노동자 계급이 자본가 계급에 대항하는 투쟁에서 반드시 계급으로 한데 뭉쳐 혁명을 통해 스스로 지배 계급이 되고, 또 지배 계급으로서 낡은 생산관계를 폭력적으로 폐지하게 된다면, 그들은 이 생산관계와 아울러 계급적 대립의 존재 조건과 계급 일반 또한 폐지하게 될 것이며, 따라서 자기 자신의 계급적 지배까지도 폐지하게 될 것이다. 계급과 계급 대립으로 얼룩진 낡은 자본주의 사회 대신에 각자의 자유로운 발전이 전체의 자유로운 발전의 조건이 되는 연합체가 나타나게 될 것이다.

해설

마르크스는 근대 자본주의 체제가 자본가 계급과 노동자 계급으로 분리된 계급사회라고 규정한다. 자본주의 체제에서 자본가 계급은 생산수단을 소유하고 보다 많은 이윤을 창출하기 위하여 노동자 계급을 억압하고 착취한다. 이와 달리 노동자 계급은 오직 노동력만을 소유하고, 자신의 노동력을 자본가 계급에게 상품으로 팔아야만 생존할 수 있다. 노동자 계급은 자신이 생산한 이윤의 일부를 자본가 계급에게 착취당한다. 이러한 노동 조건은 노동자에게 이중의 소외를 발생시킨다. 즉 노동자 자신이 만든 상품으로부터의 소외와 비인간적 노동으로부터의 소외가 발생한다. 이러한 상황은 불가피하게 자본가 계급과 노동자 계급의 적대적 계급투쟁을 유발한다.

자본주의 체제에서 국가는 자본가와 노동자 사이에서 중립적 입장에서 갈등을 해결하기보다는 법과 경찰을 통하여 자본가만을 위한 제도적 폭력을 노동자에게 행사한다. 자본가만을 위한 국가의 일방적 권력 행사는 자본주의 국가의 본질적 특징이다. 따라서 마르크스는 국가를 자본가 계급을 위한 위원회라고 강하게 비판하는 것이다. 자본주의 체제는 중세의 봉건질서를 붕괴시킨 혁명적 체제이지만, 낡은 체제를 대신하여 모든 인간관계를 냉혹한 금전관계 중심으로 재구성했다. 모든 인간관계는 돈을 중심으로 재편된다. 따라서 자본주의 체제에서 모든 사람들은 직업이 무엇이든 간에 자유로운 노동의 즐거움과 자아실현의 해방감을 박탈당한다. 대신에 사람들은 자신의 노동을 상품으로 팔아야 하는, 즉 인격적 가치가 돈으로 전환되어야 생존할 수 있는 처지로 전락한다. 마르크스는 이러한 계급 간의 적대적 모순을 해결하기 위하여 자본주의의 외부, 즉 새로운 사회주의 체제를 제시한 것이다.

뉴라이트와 진보주의

보수주의, 철학의 빈곤과 욕망의 질주

2008년 상반기에 한국 사회는 두 가지 커다란 사회적 경험을 했다. 첫째는 1998년 이후 10년 만에 한나라당을 중심으로 한 보수주의 세력이 재집권을 한 것이다. 둘째는 이명박 보수주의 정권이 한미 FTA협정을 신속하게 처리하기 위한 방편으로 미국과 벌인 쇠고기 수입 협상 과정에서 일부 잘못을 했고, 협상에서 드러난 문제점을 비판하고자 수많은 시민들과 진보개혁 세력이 광장과 거리에서 촛불집회를 한 것이다. 이 두 사건은 한국 사회에서 보수주의와 진보주의의 대결 양상을 보여주고 있다. 이 사건들은 1945년 해방 전후 한국 사회의 이념적 지형과 깊은 연관성을 갖고 있으며, 향후 21세기 한국 사회에서 보수주의와 진보주의의 향방에 커다란 분수령이 될 것이다.

한국에는 진정 보수주의 이념과 보수주의자가 있는가? 2000년 이후 한국 사회를 살펴보면 이것은 매우 어리석은 질문처럼 보인다. 왜냐하면 김대중·노무현 정부로 상징되는 민주개혁 세력 혹은 범진보 진영이 정권을 담당한 1998년 이후 한나라당, 뉴라이트 등의 일부 사회단체, 일부 언론이 보수주의를 이념으로 표방하며 활발하게 활동하고 있고, 일정 수의 국민들이 이들의 이념적 성향을 지지하고 있기 때문이다. 한국 사회에서는 해방 이후 이승만, 박정희, 전두환, 노태우, 김영삼 정권이 자신들의 이념적 성격을 보수주의로 규정해왔다. 따라서 한국 사회에서 보수주의는 당연히 존재하며, 이를 부인하는 위의 질문은 대단히 도발적이며, 얼핏 보면 잘못된 질문처럼 보인다.

그런데 한국 근현대사를 살펴보면, 이승만은 친미주의를 표방하고 친일 반민족 세력을 정권의 지지 기반으로 활용했다. 박정희, 전두환, 노태우 정권은 불법적인 군사반란을 통해서 헌법 질서를 파괴하고 정권을 장악하여 합법성과 정통성이 결여된 반민주 세력이었다. 이들 군사정권은 냉전적 반공을 국시로 내세웠고, 남북 대결을 과도하게 강조함으로써 자유주의가 핵심적으로 추구하는 개인의 자유로운 사상과 활동을 극심하게 억압한 반민주적이고 반자유주의적인 정권이었다. 민주적 합법성을 가진 김영삼 정권을 제외한 이승만, 박정희, 전두환, 노태우 정권의 이념 및 정치 행태는 친미, 일부 친일적 행태, 냉전과 반공, 정경유착, 권언유착, 헌정 파괴의 반민주주의, 개인을 억압하는 반자유주의, 시장에 대한 국가의 과도한 개입 등을 특징으로 한다.

서구의 근대 보수주의와 현대 보수주의는 기본적으로 역사와 전통, 합법성과 도덕성을 중시하고, 개인의 자유와 시장의 자율성을 중시한다. 이에 비추어 한국의 보수주의 정권을 평가해볼 때 친미와 반공 성향을 제외하면, 이승만은 친일 세력을 중시함으로써 역사와 전통을 중시하는 서구 보수주의와 전혀 다른 정치활동을 했다. 그리고 박정희를 비롯한 군사정권은 시민의 자유를 과도하게 억압하고, 민주적 정통성과 절차를 짓밟았으며, 시장의 자율성보다는 국가의 우월권을 과도하게 행사함으로써 서구 보수주의와는 전혀 다른 모습을 보였다. 이런 점에서 평가해보면 과연 김영삼 정부를 제외한 한국의 보수주의가 진정 서구적 의미의 보수주의를 표방하는 정치 세력인가, 아니면 겉으로는 그렇게 주장하지만 보수주의와는 전혀 무관한 세력이 아닌가 하는 의문이 생기는 것이다. 그래서 한국에서는 보수주의 이념이나 철학은 빈곤하고 단지 보수주의를 표방하는 세력만이 있다는 비판이 따르는 것이다.

1998년 김대중 정부 이후 보수주의를 표방하는 일부 세력은 기존의 보수주의가 보여준 헌정 파괴의 반합법성, 반자유주의, 반민주주의, 시장에 대한 국가의 과도한 우월권, 정경유착의 비도덕성을 비판하면서 신보수주의, 뉴라이트new right 운동을 활발하게 전개한다. 이들은 민주화 이전의 보수주의를 구보수주의로 규정하고 자신들을 신보수주의라고 주장한다. 이들 신보수주의는 구보수주의의 친미와 반공은 수용하고, 반민주주의와 반자유주의, 시장에 대한 국가의 과도한 개입 등은 비판적으로 보고 있다. 신보수주의는 구보수주의의 해체와 계승, 재구성과 혁신으로 볼 수 있다.

2008년에 집권한 이명박 정부와 신보수주의 세력은 친미와 반공, 신자유주의 확대, 작은 정부 큰 시장 등을 강하게 주장하고 있다. 그리고 미국 중심의 시장 자유주의를 핵심으로 한 신자유주의 이념과 세계화 경향에 적극적이다. 한국의 현대 신보수주의는 신자유주의 이념에 근거한 공기업 민영화, 시장의 국제적 자유화, 복지의 축소, 노동시장 유연화, 시장과 기업에 대한 규제 완화 등을 강하게 주장하고 있다.

한국 신보수주의는 자유와 평등 중에서 자유를 더 중시한다. 이들은 기회의 평등 외에 어떠한 인위적인 평등정책에도 소극적이다. 따라서 국가가 인위적으로 복지정책을 강화해서 사회경제적 평등을 강화하려는 노력에

2008년 6월, 뉴라이트 전국연합이 주최한 FTA 비준촉구 국민대회. 이 대회에서 주로 언급한 내용은 것은 촛불집회의 배후 세력이 있다는 것이었다. 뉴라이트는 친미와 반공을 수용하고, 반민주주의 및 반자유주의, 시장에 대한 국가의 과도한 개입 등은 비판적으로 본다. 또한 신자유주의 이념에 근거한 공기업 민영화, 시장의 국제적 자유화, 복지의 축소, 노동시장의 유연화, 시장 및 기업에 대한 규제 완화 등을 강하게 주장한다.

비판적이다. 오히려 모든 것을 시장의 자율에 맡기고, 그러한 자율성을 강화함으로써 모든 사회 문제를 해결하려고 한다. 정리하자면, 자유 경쟁을 강화함으로써 개인, 시장, 국가의 효율성과 경쟁력을 강화하려는 것이 신보수주의의 정치적 지향이다. 결국 신보수주의는 신자유주의에 근거한 시장 유토피아를 지향한다고 볼 수 있다.

신자유주의 이념을 내건 보수주의 세력은 이명박 정부를 탄생시킴으로써 한국 사회의 현재와 미래를 결정할 주요한 세력이 되었다. 이명박 정권을 중심으로 한 신보수주의 세력은 성장지상주의를 중심으로 한 경제 정책을 전개하고 있다. 2008년 미국발 세계경제의 위기 속에서 신속하고 과감한 재정지출을 통해 일정 정도 경제적 안정과 성장을 거두었다. 그리고 친서민 중도실용주의를 표방하며 사회적 양극화를 극복하고자 노력하고 있다. 그러나 경제 성장의 결실이 대기업과 일부 부유 계층에 쏠림으로써 사회 경제적 불평등과 양극화 문제를 성공적으로 해결하지 못하고 있다. 또한 2010년 서해에서 천안함 사건이 발생하는 등 한반도의 긴장 상태는 확대되고 있다. 출범 초기부터 이명박 정권은 강부자강남 부자, 고소영고려대, 소망교회, 영남지역 정권, 위장전입 정권이라는 비판을 받고 있다. 그리고 소통의 부재, 민주주의 후퇴 논란, 4대강 사업 논란, 사회 여러 분야에서의 이념 과잉 정책 등으로 인하여 민주개혁 진보주의 세력의 강력한 비판에 직면하고 있다. 이는 보수주의도 늘 시대와 역사의 변화를 수용해야 한다는 것을 보여준다. 한국 보수주의는 성장제일주의의 문제점과 왜곡된 욕망에 기반 한 부도덕성과 철학의 빈곤을 극복해야 한다. 합법성과 도덕성에 기반 한 보수주의 진화는 우리 사회의 통합과 발전을 위한 필요조건이기 때문이다.

신자유주의 이념을 내건 보수주의 세력은 이명박 정부를 탄생시킴으로써 한국 사회의 현재와 미래를 결정할 주요한 세력이 되었다. 신보수주의 세력은 성장지상주의에 매몰되어 한미 쇠고기 협상을 매우 어설프게 처리함으로써 촛불시위를 매개로 한 진보개혁 세력의 강력한 도전에 직면하고 있다. 이는 보수주의도 늘 시대와 역사의 변화를 수용해야 한다는 것을 보여준다.

진보주의, 추억과 몽상을 파괴하라

2008년 늦봄에 시작되어 한여름까지 지속된 한국 사회 최대의 사회적 이슈는 단연 촛불시위라고 할 수 있다. 6월 10일에는 서울을 비롯한 전국에서 수십만 국민이 광장과 거리로 나와 보수주의 이명박 정부를 강하게 비판했다. 이날 촛불시위는 지난 1987년 전두환 군사정권에 맞서 모인 6월 10일 집회에 맞먹는 대규모였다고 언론은 보도했다. 촛불시위에 참여하여 집회를 이끈 사람들과 세력은 매우 다양했다. 탈정치적인 평범한 시민에서부터 일부 보수주의 시민단체, 중도적 시민사회단체, 민주개혁 세력과 정당, 천주교·불교·기독교·원불교 등의 종교인, 진보주의 시민단체와 정치세력 등이 참여했다. 한국 사회의 이념적 지향으로 볼 때 보수주의와 중도주의 그리고 진보주의 세력 등 매우 광범위한 이념 집단 및 세력이 참여한 것이다. 이러한 촛불시위를 통하여 이명박 보수주의 정권은 민심이반의 심각한 위기에 직면했으며, 동시에 민주개혁 세력과 범진보주의 세력은 새로운 도약의 발판을 마련했다. 이런 정치 상황에서 과연 한국의 진보주의 및 진보세력은 새롭게 도약할 수 있을까? 한국에서 진보주의는 미래의 사회정치적 대안 세력으로 성장할 수 있을까?

2007년 12월의 17대 대통령 선거와 2008년 4월의 18대 국회의원 선거를 통하여 민주개혁 세력과 범진보주의 세력은 참담한 패배를 맛보았다. 보수주의 세력의 괄목할 만한 성장에 비하면 매우 초라한 성적으로 국민에게 외면을 당했다. 1998년 이래 10년 동안의 민주개혁 정부는 정치적, 경제적 성과에서 국민적 공감을 얻지 못했으며, 진보정치 세력은 의미 있는 대안 세력으로 인정받지 못했다.

한국 정치를 돌아보면 진보주의는 뿌리가 매우 깊다. 한국의 진보주의는 해방 전부터 소련과 중국의 사회주의에 영향을 받은 독립운동 세력으로부터 시작되었다. 사회주의 이념을 수용한 진보주의 독립운동 세력은 조선의 독립을 위해서 많은 노력을 기울였으며 일정한 성과를 이룩하기도 했다. 그러나 해방 후 비극적인 한국전쟁으로 말미암아 남북이 분단됨으로써 남한 내 진보주의 세력은 그 영향력이 거의 절멸되었다. 이후 냉전적 남북 정치 상황과 군사정권의 사상적 탄압으로 진보주의는 의미 있는 세력으로 성장하지 못했다. 그런데 보수주의를 지향하는 군사정권의 반민주적·반자유주의적 정치 행태로 인해 민주개혁 세력, 자생적 사회주의자와 진보주의 세력이 성장하게 되었다.

진보주의는 보수주의 군사정권을 비판하고 노동자, 농민, 서민들을 위한 활동을 적극적으로 전개함으로써 한국 사회의 민주화에 일정하게 기여함과 동시에 국민적 지지를 받게 되었다. 그러나 1990년대 소련을 위시한 동유럽 사회주의 정권이 몰락하고, 북한의 정치경제적 실패를 확인함으로써 진보주의 세력은 혼돈과 자기 해체의 길을 걷게 되었다. 밖으로는 사회주의권의 멸망, 내부적으로는 민주화의 진행으로 중도 세력 및 개혁적 시민사회 세력에게 사회정치적 주도권을 내줌으로써 진보주의 진영은 자신의 이념적 정체성을 상실한 채 의미 있는 대안 세력으로 성장하지 못하고 있다.

2004년 17대 국회의원 선거에서 민주노동당이 10명의 국회의원을 당선시킨 것은 한국 진보주의에 매우 상징적인 사건이었다. 범진보주의 진영은 사회주의권 멸망 후 2000년대에 들어와 오랜 모색 끝에 사회주의 혁명을 추구하는 전통적 마르크스주의 이념과 결별한 뒤 새로운 진보주의 이념과 정책을 실현하고 있다. 즉 진보주의 본연의 성격과 정체성을 모색하고 있는 것이다. 전통적으로 진보주의는 기존 체제를 비판하고 새로운 대안 체제를 구성하기 위하여 이념적으로 개방적이고 진취적이며 매우 실험적인 태도를 갖고 있다. 그리고 근대적인 진보주의의 역사관을 수용하고 있기 때문에 사회와 역사의 적극적 변화와 발전을 긍정하며, 인간 이성에 대한 확고한 신뢰를 갖고 있다.

한국의 진보주의는 서구 68혁명의 영향과 성과를 뒤늦게 수용하면서 새롭게 자기 변화를 모색하고 있다. 신보수주의가 구보수주의와의 차별화를 통하여 자기 혁신을 한 것처럼, 21세기 현대 진보주의는 패망한 구사회주의권의 전통적 구진보주의와 결별하고 신진보주의를 지향하고 있다. 신진보주의는 구진보주의처럼 자신의 이념에 대한 완결된 정치경제적 이론 체계를 명확하게 갖고 있지 못하다. 그러나 신진보주의는 신자유주의 이념에 근거하여 보수주의가 지향하는 공기업 민영화, 시장의 국제적 자유화, 복지의 축소, 노동시장 유연화, 시장과 기업에 대한 규제 완화, 시장의 강화와 국가의 역할 축소 등의 정책을 강하게 비판하고 있다. 그리고 미국 중심의 일방적 세계 질서 재편을 비판하고 군비 축소, 전쟁 반대, 전 지구적 핵무기 폐쇄, 소수자의 권리 옹호, 양성평등 확대, 환경정책 강화, 평화정책과 인권정책 강화, 복지의 확대와 이를 위한 국가의 역할 강화 등을 주장하고 있다.

진보주의는 근대 이후 전통적으로 자유의 이념보다 평등의 이념을 중시한다. 즉 자유 경쟁을 통한 효율성과 성장보다 실질적 평등에 근거한 정의로운 경제적 분배, 사회적 연대와 통합을 중시한다. 이러한 진보주의의 이념과 정책은 신자유주의 이념에 근거한 성장·중심의 보수주의 정책을 비판하고, 새로운 대안적 사회 체제를 구성하고 실현하는 데 일정한 기여를 할 것으로 기대된다. 한국에서 진보주의는 현실적으로 비판 세력으로서도 소수이고, 대안 세력으로서도 아직 광범위한 국민적 지지를 받고 있지 못하다. 그러나 2008년 촛불시위에서 나타난 것처럼, 진보주의가 자기 혁신의 의무를 망각하지 않고 생활정치와 민생정치로 다수의 노동 대중과 함께 현재를 선도하고 미래를 선점하는 이념적·정치적 능력을 발휘한다면, 사회 통합과 발전에 커다란 기여를 할 것으로 기대된다. 두 날개를 가진 새가 광활한 하늘을 자유롭게 날 수 있는 것처럼, 한국 사회의 통합과 발전을 위해서도 특정 이념의 일방적이고 배타적인 지배보다는 진보주의와 보수주의가 합리적으로 경쟁하고 공존하는 것이 더 바람직하다.

가상토론

새는 좌우 양 날개로 하늘을 난다

당신은 진보주의자인가, 아니면 보수주의자인가? 얼핏 선명한 질문 같지만
때로는 혼란스럽기도 하다. 진보와 보수가 혼재된 우리의 정치의식과 일상
의식은 때로 충돌하고 모순에 빠지기도 한다. 우리는 정치 이념으로부터
거리를 두려 하지만 현실의 삶에 많은 영향을 주는 이념으로부터 벗어나
기란 쉽지 않다. 특히 분단된 나라에서 살아가는 우리에게는 피할 수 없는
현실이다.

2010년 6월 2일에 치러진 지방선거와 교육감 선거는 한국 사회 내 진보세
력과 보수세력의 한판 대결이었다. 선거 결과는 대체로 진보세력의 승리로
나타났다. 우리 사회에서는 4년 또는 5년마다 실시되는 다양한 선거에서 서
로 다른 정책을 기초로 한 진보세력과 보수세력이 충돌한다. 그때마다 우
리는 자신의 정치적 입장에 따라서 정책을 판단하고 인물을 선택한다.

근래 한국 사회에서 이슈가 된 천안함 사건, 무상급식, 4대강 사업, 청년
실업, 주택 문제, 촛불시위, 용산 철거민 사건, 민주주의 후퇴 논란, 사회적
양극화 등 모든 사회 문제에는 진보와 보수의 이념적 관점이 영향을 끼치
고 있다. 진보와 보수를 대표하는 철학자들의 토론을 통해 서로 다른 이념

을 가진 우리가 평화롭게 공존하는 공동체를 이룩할 수 있는 성찰적 지혜를 모색해보기로 한다.

보수주의는 사회 변화를 거부하는가

사회자   20세기 말 사회주의 체제인 소련이 몰락한 후에 미국과 소련을 중심으로 한 냉전 체제, 이념 대결의 시대는 사라진 것으로 평가합니다. 그런데 21세기 정치 상황을 살펴보면 세계 여러 곳에서 또다시 진보주의와 진보세력이 등장하고 있습니다. 그리고 분단국가인 남한과 북한은 아직도 적대적 이념을 가지고 심각하게 대결하고 있습니다. 이런 영향 하에서 한국 사회 내부에서도 선거 때마다 그리고 2008년 촛불시위에서 보았듯이, 진보주의와 보수주의의 이념 대결이 치열하게 벌어지곤 합니다. 이러한 진보와 보수의 이념 대결은 국가 및 사회의 발전과 통합에 매우 중요한 의미를 가지고 있습니다. 오늘은 진보주의와 보수주의를 대표하는 두 분의 사상가를 모시고 두 이념을 둘러싼 다양한 문제들을 토론해보겠습니다. 이 토론을 통해서 국가와 사회의 다양한 문제에 대한 보수와 진보의 관점을 보다 명료하게 파악할 수 있게 되기를 기대합니다. 오늘 토론자는 진보주의를 대표하는 마르크스 선생님과 보수주의를 대표하는 버크 선생님이십니다.

버크   안녕하세요.

마르크스   예, 반갑습니다.

버크   보수와 진보에 관하여 토론을 진행하기 전에 저는 먼저 두 가지를 지적하고 싶습니다. 첫째는 두 이념이 시대와 역사를 초월해서 단일하게 규정하기 어려운 개념이라는 사실을 말씀드리고 싶습니다. 즉 보수주의와 진보주의에 대한 기본적이고 핵심적인 개념이 있기는 하지만, 구체적 현실에서 발생하는 다양한 문제에 그 개념을 보편적으로 적용하기가 어렵다는 점입니다. 즉 구체적이고 현실적인 문제 속에서 보수와 진보는 매우 다양한 자기 변신과 변화를 꾀한다는 것이지요. 그리고 둘째는 어떤 사람이든 자신의 생각과 삶 속에서 보수적인 측면과 진보적인 측면을 동시에 가지고 있다는 점입니다. 예를 들면 정치 문제에서는 진보적인 사람도 여성과 남성의 평등 문제에서는 보수적인 생각을 가질 수 있습니다. 이러한 점을 고려하면서 보수주의와 진보주의를 이해하길 바랍니다.

보수주의란 단어는 프랑스 작가 샤토브리앙F. R. Chateaubriand이 1818년에 발행한 잡지 《보수주의자Le Conservateur》에서 유래합니다. 일반적으로 보수주의는 과거의 역사와 전통, 권위, 관습, 종교 등을 중시합니다. 따라서 과거와 현재의 사회 제도와 상황을 긍정적으로 신뢰하며, 점진적이고 안정적인 사회 변화를 추구합니다. 보수주의는 사회의 변화 발전을 거부하는 수구주의, 과거로 돌아갈 것을 주장하는 반동주의와 구별됩니다.

━━━━━ 마르크스는 국가는 언제나 노동자 계급보다는 자본가 계급의 이익을 위해서 활동하고 있다고 주장한다. 또한 근대 사회에서 국가란 국민 전체를 위하여 존재하지 않고 자본가 계급만을 위하며 법질서 수호와 경세 안정이란 명분 아래 노동자의 정당한 활동인 파업을 억압하고 있다고 말한다.

마르크스 일반적으로 보수주의가 역사와 전통을 중시한다면, 진보주의는 전통적인 제도와 규범을 당대 지배 세력의 토대로 보면서 이를 강하게 비판하며 극복하고자 합니다. 근대 사회와 관련해서 말하면, 진보주의는 역사와 전통이 기존의 소수 지배 세력의 입장을 옹호한다고 평가합니다. 진보주의는 오히려 역사와 전통을 비판적으로 극복하고, 다수의 피지배 계급을 위한 새로운 사회 체제와 정치권력을 창출하고자 합니다.

사회자 두 분 말씀을 들으니 보수주의와 진보주의는 결국 역사와 전통, 당대의 사회 체제를 바라보는 관점에서 매우 날카롭게 대립하고 있다는 생각이 드는군요. 그럼 보다 구체적으로 보수와 진보의 이념을 이해하기 위하여 사회와 역사의 변화 발전을 어떻게 바라볼 것인지 두 분 선생님의 말씀을 듣고 싶습니다.

버크 수구주의는 맹목적으로 과거의 역사와 전통을 강조하면서 변화를 거부합니다. 따라서 수구주의를 따르게 되면 사회는 과거 지향적으로 퇴보하게 마련이지요. 이와 달리 보수주의는 일단 사회와 역사의 변화 발전을 거부하지 않고 수용합니다. 단지 중요한 점은, 보수주의는 소극적·안정적·점진적으로 사회의 변화와 발전을 추구한다는 것입니다. 보수주의가 안정적 사회 변화를 추구하는 이유는 이렇습니다. 첫째, 인간의 능력은 유한하기 때문에 미래 사회를 정확하게 예측할 수 없기 때문입니다. 따라서 불투명한 미래 사회의 결과보다는 인류의 오랜 지혜가 축적된 기존 제도와 전통을 유지하면서 부분적으로 변화를 시도하는 것이 보다 효과적이라고 생각합니다. 둘째, 급격하고 혁명적인 사회 변화는 혼란을 초래하기 때문입니다. 아무리 선한 의도를 가지고 제도와 관습을 변화시킨다고 할지라도 바람직한 결과를 낳는다는 것을 확증할 수 없기 때문입니다.

예를 들어 1789년에 발생한 프랑스 혁명을 살펴봅시다. 프랑스 혁명은 자유, 평등, 박애의 정신을 바탕으로 중세의 소수 귀족 중심의 낡은 사상과 제도를 혁신하고 보다 발전된 근대적 사회를 구성하려는 노력이었습니다. 그러나 이러한 좋은 의도에도 혁명 후 프랑스 사회는 극심한 혼란을 겪었습니다. 기존의 국가와 법과 제도를 무너뜨림으로써 대중의 독재가 실행되고, 혁명적 평등을 주장함으로써 인간의 자연적이고 사회적인 불평등을 거부했습니다. 그리고 기존의 관습과 종교적 권위를 부정함으로써 도덕적 타락을 초래했습니다.

마르크스 버크 선생님이 말씀하시는 보수주의 사상에 저는 반대합니다. 첫째, 버크 선생님이 강조하시는 사회의 점진적 변화는 기존의 지배 세력을 옹호하는 주장입니다. 이것은 기존의 사회 지배 세력과 법, 제도, 관습, 종교 등이 모두 정당하다는 것을 전제하는 주장입니다. 그리고 이는 소수 지배 세력의 문제점과 소외되고 억압받는 다수 피지배 세력의 상황을 외면하는 것입니다. 둘째, 버크 선생님은 근대 과학에 근거한 문명 발전의 성과를 너무 과소평가하고 있습니다. 인간은 합리적 이성에 근거해서 중세 봉건 사회와는 질적으로 다른 새로운 근대 문명을 발전시켰습니다. 이러한 인간의 이성 능력은 사회를 통제하고 미래를 충분히 예견할 수 있다고 생각합니다. 따라서 인간의 이성과 과학을 신뢰하고, 다수 피지배 세력의 정치적·경제적 권리를 향상시키기 위해서는 사회 체제의 변화를 보다 급격하게 추구할 필요가 있습니다.

그리고 저는 프랑스 혁명을 버크 선생님과 다르게 바라봅니다. 프랑스 혁명은 잘못된 국가 체제를 혁파하고 새로운 시대인 근대 사회를 연 중요한 혁명으로 생각합니다. 단지 프랑스 혁명은 신분 질서를 대체한 새로운 지배 세력인 자본가 계급의 지배권을 형성하고 노동자, 농민 등을 피지배 계급으로 만든 점에서 한계를 보였다고 평가합니다. 따라서 자본가 계급을 위한 프랑스 혁명은 노동자 계급을 위한 새로운 사회주의 혁명으로 변화 발전했어야 한다고 생각합니다.

국가는 누구를 위하여 존재하는가

사회자 진보와 보수의 차이점을 보다 명확하게 이해하기 위하여 구체적인 쟁점을 가지고 토론을 진행하겠습니다. 두 분은 국가의 본질적 성격을 어떻게 정의하십니까?

버크 국가는 인간의 사회적 본성을 실현하기 위한 토대입니다. 국가는 역사와 전통의 수호자로서 시민의 재산을 보호하는 것이 주요한 임무입니다. 국가는 어버이 같은 존재이기에 국민은 국가에 충성을 다해야 합니다. 다만 국가는 자유방임주의에 입각해서 시민들의 경제적 영역에 대한 개입을 최소화해야 합니다.

사회자 마르크스 선생님은 국가가 중립적 위치에서 시민과 사회를 통합시키고 있다고 생각하십니까?

마르크스 아닙니다. 저는 자본주의 체제에서 국가는 자본가 계급과 부유층을 위하여 시민과 사회를 분열시키고 있다고 생각합니다. 버크 선생님의 말씀은 기본적으로 자본가를 중심으로 한 기존의 사회 지배 계급을 위한 정치적 주장으로 보입니다. 제가 보기에 근대 사회는 자본가 계급을 중심으로 한 지배 계급과 노동자 계급을 중심으로 한 피지배 계급으로 양분되어 있습니다. 이러한 상황에서 국가는 언제나 노동자 계급보다는 자본가 계급의 이익을 위해서 활동하고 있습니다. 즉 근대 사회에서 국가란 국민 전체를 위하여 존재하지 않고, 단지 자본가 계급만을 위한 위원회라고 할 수 있습니다. 국가는 자본가와 노동자 사이에서 최소한의 중립도 유지하고 있지 않습니다. 예를 들면 국가의 최고 지도자는 늘 자본가와 친밀하며, 그들과 협력하는 정경유착의 모습을 보여주고 있습니다. 그리고 법질서 수호와 경제 안정이라는 명분 아래 노동자의 정당한 활동인 파업을 억압하고 있습니다. 권력과 법은 자본가에게는 약하고 노동자에게는 매우 강한 모습을 보여주고 있습니다. 그래서 '유전무죄 무전유죄'라는 말도 있는 것이 아닙니까.

사회적 불평등과 양극화를 어떻게 해결할 것인가

사회자　자본주의 체제에서 사유재산은 늘 사회적 불평등과 연관되어 논쟁거리로 주목받고 있습니다. 사회적 불평등, 사회적 양극화는 극복할 수 없는 문제입니까?

버크　인간 자유의 적극적 실현은 소유권, 특히 사유재산을 통해서 실현됩니다. 사유재산의 인정은 인간의 자유권에 대한 인정이며, 사회 발전의 주요한 동기이기에 당연히 인정돼야 합니다. 그리고 인간은 정신적·육체적 능력이 다르기 때문에 이로부터 발생하는 사회적 불평등은 자연스러운 것입니다. 그런데 국가가 제도를 통해서 이러한 불평등을 강압적으로 해소하려는 것은 개인의 자유를 심대하게 침해하는 것이고, 사회 발전의 효율성을 저해하는 것입니다. 사회경제적 불평등은 개인들의 자율적 활동을 통해서 점진적으로 완화시켜야 한다고 생각합니다.

마르크스　근대 사회에서 사유재산은 모든 사회적 불평등의 근원적 요인입니다. 생산 수단을 소유한 자본가는 노동자를 이용하여 과도한 이윤을 추구하고 있습니다. 노동자는 자본주의 체제에서 자신의 노동력을 상품으로 판매해야만 생존할 수 있습니다. 자본주의 사회에서 이 두 계급은 지배와 종속의 관계를 맺고 있습니다. 자본가는 지속적으로 부를 축적하고, 노동자는 노동력 재생산을 위한 최소한의 임금만을 받기 때문에 부익부 빈익빈 현상이 심화되고 있습니다. 이러한 문제점을 극복하기 위해서는 사유재산 제도를 폐지하고 생산수단의 사회화를 통해서 실질적인 경제적 평등을 이룩해야 합니다. 오늘날 사회적 양극화로 표현되는 경제적 불평등은 개인적인 게으름과 불성실의 문제라기보다는, 자본주의 체제의 사유재산 제도에 근거한 사회 구조적 문제라는 점을 강하게 지적하고 싶습니다.

사회자 오늘날 사회적 양극화로 표현되는 경제적 불평등의 문제와 관련하여 국가가 어떤 역할을 해야 한다고 생각하십니까? 그리고 경제적 불평등과 사회적 양극화를 해결하려면 사회복지 제도에 어떻게 접근해야 한다고 생각하십니까?

버크 경제적 불평등의 문제는 기본적으로 국가가 자신의 역할을 소홀히 해서 발생하는 것이 아니라, 개인들의 능력 차이로 발생하는 것입니다. 따라서 우리는 사회적 불평등을 솔직하게 인정하고 수용해야 합니다. 국가는 시장에 최소한으로 개입하여 시장의 자율성을 보호하고 인정해야 합니다. 결국 보수주의는 작은 정부 큰 시장을 추구합니다. 경제적 불평등이나 빈곤의 문제에 국가가 개입해서는 안 됩니다. 국가의 개입은 개인의 자율성을 침해함으로써 시장의 경제적 생산성과 활력을 약화시킵니다. 자유경쟁은 시장에 활력을 불어넣음으로써 보다 나은 사회적 생산성을 유발합니다. 빈곤 해결을 위한 복지 제도는 최소한으로 제한되어야 합니다. 빈곤 해결은 제도적 장치보다는 자선행위라는 개인의 자율적 실천에 맡겨야 한다고 봅니다.

마르크스 사회적 양극화로 표현되는 경제적 불평등 문제는 결국 사유재산 제도와 국가의 자본가 편향성 때문입니다. 경제적 불평등을 해결하기 위해서는 사유재산 제도를 폐지하고 국가가 생산수단을 사회화하여 공동으로 생산하고 공동으로 분배하는 새로운 사회경제적 체제를 구성해야 합니다. 자유주의에 근거한 경쟁은 사회 발전의 한 요소이기는 하지만, 사람들을 무한경쟁으로 몰아감으로써 사회적 승자와 패자를 낳습니다. 이러한 양상은 사회적 통합을 저해하고 불안과 갈등을 확대하고 있습니다. 따라서 국가는 사회복지 체제를 마련하여 빈곤 문제를 적극적으로 해결해야 합니다. 진보주의는 작은 정부 큰 시장을 거부하고, 오히려 시장을 축소하거나 폐지하고자 합니다. 그리고 국가의 역할을 확대하여 복지 제도를 통해 사회경제적 평등을 실질적으로 실현하고자 합니다.

사회자 두 분 말씀을 들으니 보수와 진보 모두가 사회의 변화와 발전을 추구하지만, 지향하는 목표와 구체적 정책에서 매우 다른 관점을 보여주고 있군요. 진보와 보수가 합리적으로 소통하고 경쟁함으로써 보다 나은 사회 발전과 통합이 이루어지길 바라면서 오늘 토론을 마치겠습니다.

책

■ 에드먼드 버크, 이태숙 옮김, 《프랑스 혁명에 관한 성찰》, 한길사, 2008.

한국 사회에서 보수주의자로 품격을 높이고 싶다면 반드시 읽어야 할
보수주의의 고전이다. 진보의 상징인 프랑스 혁명에 대한 비판적 분석
을 통해서 급진적인 개혁을 비판하고 보수주의 이념에 설득력 있는 이
론적 기초를 제공하고 있다.

■ 로버트 니스벳 외, 강정인 외 옮김, 《에드먼드 버크와 보수주의》, 문학과지성사,
1997.

보수주의 사상가이자 정치인으로 활동한 에드먼드 버크의 정치사상에
대해서 잘 설명하고 있다. 보수주의 이념 일반에 대한 설명과 더불어 보
수와 진보에 대한 비판적 분석을 살펴볼 수 있는 것이 이 책의 장점이
다. 정통 보수주의 정치철학을 이해할 수 있는 중요한 자료이다.

■ 김균 외, 《자유주의 비판》, 풀빛, 1996.

한국 보수주의가 사상적 기반으로 하고 있는 자유주의와 자유주의 사
상가들에 대한 비판적 분석을 제시하고 있다. 시장의 자율성을 강조하
는 하이에크와 자유지상주의를 강조하는 노직, 자유주의 정의론을 제
시한 롤스 등의 사상적 문제점을 예리하게 비판하고 있다.

■ 시대정신 편집위원회, 《時代精神》, 시대정신.

보수주의 사상에 기초해서 한국 사회의 이념, 정치, 사회 문제 등 다양한 문제들을 분석 비판하고 정치적 대안을 제시하려는 보수 진영의 대표적인 이론지이다.

■ 진보평론 편집위원회, 《진보평론》, 메이데이.

진보주의 사상에 근거해서 인간해방과 노동해방의 이론 및 대안 전략을 다양하게 제시하고 있다. 노동과 정치 담론 중심에서 벗어나 여성, 환경, 교육, 시민사회 등 다양한 분야에서 진보적 사회 발전 가능성을 모색한다.

웹사이트

■ 진보넷 www.jinbo.net

진보적 네트워크 활동을 통해 자본과 국가의 개입으로부터 자유롭고자 하는 진보주의 운동의 인터넷 매체. 여성, 노동자, 농민, 소외 계층의 해방을 위하여 다양한 진보운동의 각 부문 간, 그리고 대중과의 소통과 사회정치적 연대를 추구한다.

■ 시대정신 www.sdjs.or.kr

뉴라이트재단과 자유주의연대가 통합해서 만든 보수주의를 표방하는 인터넷 매체. 자유주의 사상을 바탕으로 진보주의에 맞서 한국 사회의 보수주의를 수호하려는 다양한 이론적·정치적 활동을 추구하고 있다.

영화

■ 홍형숙, 〈경계도시 2〉, 2009.

2003년, 재독 철학자 송두율 교수는 37년 만에 고국 땅을 밟는다. 그는 남과 북의 문제를 어느 한쪽이 아니라 경계인의 관점에서 통합적으로 바라보려 한다. 귀국 후 그는 양심적 철학자에서 '거물 간첩'으로 추락하며 사회적 논란의 중심에 서게 된다. 영화는 보수와 진보가 가장 첨예하게 대립하는 우리의 정치 현실을 송두율 교수의 귀국 사건을 통해서 극명하게 보여준다.

■ 임상수, 〈그때 그 사람들〉, 2005.

박정희 전 대통령, 그는 한국 사회에서 늘 논란의 중심에 서있는 인물이다. 경제를 살린 위대한 혁명가인가, 아니면 자유와 민주주의를 억압한 잔혹한 독재자인가? 보수주의자들이 가장 존경하며 가장 영향력이 강했다고 평가되는 박정희 전 대통령의 최후의 만찬을 사실적으로 그린 영화이다. 영화는 절대권력의 속살을 가감 없이 보여주고 있다.

3

민족

국가와 민족은 허구인가?

이병수 (건국대학교 통일인문학연구단 HK교수)

생각 속으로 | 희고, 검고, 노란 열린 공동체는 불가능할까?
고전 속으로 | 백범 김구와 베네딕트 앤더슨
역사와 현실 속으로 | 한·중·일 역사 논쟁과 다인종·다문화 현상
가상토론 | 민족은 상상의 산물인가, 실체인가?

희고, 검고, 노란 열린
공동체는 불가능할까?

민족, 실체인가 허구인가

일본의 식민지 지배와 민족 분단의 역사적 경험을 안고 있는 한국 사회에서 민족주의는 다른 어떠한 이념보다 확고한 영향력을 발휘해왔다. 지난 100년 동안 한국 사회를 강하게 움직인 이념적 원리는 민족주의였다. 하지만 최근 10년 동안 민족주의를 비판하는 목소리가 곳곳에서 들려오고 있다. 민족주의를 비판하는 글에서 공통적으로 찾을 수 있는 논점은 민족이 원초적 실체가 아니라 문화적 구성물이라는 점이다.

민족을 이해하는 방식에는 원초론과 도구론이 있다. 원초론은 민족의 영속성을 강조하는 객관주의적 민족 이론이다. 언어, 종교, 지역, 혈연 등과 같은 객관적 요소를 민족의 기초로 강조한다. 즉 민족은 국가에 선행하며, 고대로부터 이미 존재해왔던 객관적 요소들을 기초로 한 원초적 실체라는 것이다. 이에 반해 도구론은 민족을 고대로부터 존재해온 것이 아니라 근대의 산물로 보는 주관주의적 민족 이론이다. 민족 공동체에 자신을 자발적으로 귀속시키려는 의지, 즉 주관적 요소가 민족 형성의 핵심이라는 것이다. 민족은 구성원들 사이의 동질감을 전제로 하기 때문에, 법 앞에서 모든 시민은 평등하다는 근대 시민권이 확립된 다음에야 비로소 성립 가능한 개념이다.

우리의 경우, 민족에 대한 이해는 도구론보다 원초론에 가깝다. 일찍부터 단일 민족으로서 정치적 통일체를 형성하고, 같은 지역에서 같은 언어를 사용해온 유서 깊은 민족이라는 관념이 우리 사회에 일반적으로 통용되고 있다. 즉 우리의 지배적인 민족 관념은 단일 혈통, 독자적인 언어와 문화 등 객관적 공통성에 입각해 있다. 핏줄과 문화의 동일성이 한민족의 정체성을 형성하는 핵심 요인이라는 것이다. 하지만 최근 민족주의 비판이 고조되면서 한국인이 고대부터 혈연, 지역, 언어 공동체로서 하나의 민족을 형성했다는 것은 허구적 신화에 불과하다는 인식이 확산되고 있다. 베네딕트 앤더슨Benedict Anderson의 상상의 공동체론은 이러한 도구론적 입장에 큰 힘을 실어주고 있는 이론이다.

물론 근대적 의미의 민족이 혈연과 문화를 기반으로 한 전근대의 공동체와는 다른 새로운 특성을 지닌 공동체라는 주장은 타당하다. 근대적 민족이 되려면 신분제가 타파되고 모든 구성원을 평등한 구성원으로 인식해야 하기 때문이다. 그러나 근대적 시민권이 확립되지 않았다고 해서 공동의 핏줄과 문화를 공유하는 인간 집단들을 민족이라고 불러서는 안 된다고 주장하는 것은 지나치다. 왜냐하면 근대 민족은 구성원들의 자유와 평등을 전제로 성립된 정치 공동체일 뿐만 아니라 그 기반과 관련하여 역사적·문화적 공동체로도 파악할 수 있기 때문이다. 특히 서구의 역사적 경험과 달리 우리의 민족 개념은 과거 한국인의 역사와 문화, 그리고 혈연적 유대에 힘입고 있다. 이런 기반들이 전근대에 오래도록 존재하면서 단절 없이 근대로 이어졌다. 즉 전근대에 기원한 문화적·혈연적 유대가 근대 민족의 형성에 중요한 기반이 되었던 것이다. 도구론적 입장을 지닌 영국의 역사학자 에릭 홉스봄Eric Hobsbawm조차 "종족과 언어 면에서 동질적이며 단일 국가로서 오랜 역사적 전통을 지닌, 세계에서 극히 찾아보기 힘든 지역 중 하나"로 우리를 꼽고 있지 않은가?

한국 민족주의는 역사적으로 어떤 역할을 했나

민족주의가 자기완결적인 논리 구조를 갖추지 못한 채 다른 이데올로기와 결합하는 이차적 이데올로기이며, 진보성과 아울러 침략성의 양면성을 갖는다는 것은 잘 알려져 있다. 우리 역사에도 민족주의의 이러한 이데올로기적 특징이 유감없이 드러난다. 해방 후 한반도에는 남북한이 각각 주도한 두 개의 국가민족주의, 그에 반대하고 자유민주주의의 실현을 목표로 한 시민민족주의, 민중이 주체가 된 민중민족주의, 통일을 목표로 하는 통일민족주의 등 다양한 민족 담론이 존재한다. 그러나 크게 볼 때 해방 후 남북의 국가 이익을 우선하는 체제 민족주의와 민주화운동 세력에 의한 반체제 민족주의로 나눌 수 있다. 여기서는 해방 후 반체제 민족주의의 역사적 역할에 대한 평가를 둘러싸고 벌어진 논쟁을 살펴본다.

우선, 반체제 민족주의의 역사적 역할을 부정적으로 평가하는 사람들은 지금까지 많은 이들이 서구와는 다른 한국 민족주의의 저항성만 강조하고 그 억압성을 외면해왔다고 주장한다. 반체제 민족주의는 권위주의 정권에 대항하는 과정에서 저항 담론으로서의 역할을 하기도 했지만, 이 과정에서 개인을 동원하여 그들의 자율성을 무시하고 집단 주체를 강화하는 데 기여했다. 즉 반체제 민족주의는 지배민족주의의 모습을 싸우면서 닮아왔다. 무엇보다도 한국 민족주의의 부정적 측면은 체제나 반체제를 막론하고 민족 내부의 소외된 구성원들에 대한 억압과 차별에 무관심하거나 이를 하찮게 생각하고 있는 점에서 잘 드러난다. 우리의 민족주의는 민주주의 원칙과 합리적 문화가 뒷받침하지 않고 있으며, 사회적 약자들의 권익 실현에 대해 극히 배타적이고 부정적인 인식을 보이고 있다.

이에 반해 긍정적으로 평가하는 사람들은 해방 후 반체제 민족주의가 한국 민주주의 운동의 동반자였음을 강조한다. 해방 후 지배층이 오랫동안 국민을 동원하거나 억압하는 기제로 민족주의를 사용했던 반면, 시민과 민중 진영에서는 자유와 인권, 민주주의를 회복하는 기제로 민족주의를 사용했다. 그리고 1980년대 이후에는 분단 해소를 위한 통일 논의가 제기되고 민족주의가 이를 뒷받침했으며, 1990년대에 들어서서는 세계화 추세에 대응하는 이념으로서 지속되고 있다. 요컨대 해방 이후 반체제 민족주의는 민주화와 사회적 연대의 이념을 담고 있으며, 앞으로도 적극적인 역할을 수행해나갈 수 있다는 것이다.

물론 반체제 민족주의가 지배민족주의의 모습을 싸우면서 닮아왔고, 개인의 다중적 정체성을 적극적으로 인식하지 못하며, 순혈주의에서 자유롭지 않다는 사실은 반성해야 할 것이다. 그러나 반체제 민족주의의 부정적 현상에 대한 성찰적 인식은 그 현재적 기능 및 의의와 충분히 공존할 수 있다. 오늘의 현실을 볼 때, 반체제 민족주의가 극복하고자 했던 비민주, 비자주, 분단 상황은 근본적으로 극복되었다고 볼 수 없다. 문화적으로 주체성을 확립하지 못했고, 국방과 안보가 여전히 미국에 종속되어 있으며, 경제 체제에서도 자본과 기술, 시장이 외부에 과도하게 의존하고 있다. 특히 오늘날 문화의 종속성은 세계화 추세 속에서 더욱 심화되어가고 있는 형편이다. 이런 점에서 그동안의 한국 역사는 민족주의의 과잉이 아니라,

민족주의가 진정한 의미에서 활기를 띠지 못했다고 평가할 수 있다.

세계화 시대에 민족주의는 시대착오적인가

세계화를 강조하는 사람들은 세계화의 진전과 함께 민족과 민족주의의 의미가 점차 사라져간다고 역설한다. 세계화는 한국의 강고한 민족적 정체성을 토대로 한 의식과 문화를 넘어서는 가능성을 열고 있다는 것이다. 이러한 주장에는 민족주의가 자본의 세계화에 걸림돌이고 철 지난 이데올로기라는 신자유주의적 입장도 있으며, 세계화를 자본의 세계화라는 측면보다 세계의 문화적 상호 의존성이 강화되는 과정으로 이해하면서 민족주의라는 20세기의 이데올로기를 벗어버리고 다른 민족과 더불어 사는 세계시민의식을 강조하는 입장도 있다. 그러나 세계화의 영향으로 민족국가의 중요성이 예전처럼 확고하지 못하고 장기적으로는 약화될 것이라는 점, 그리고 한 나라의 영토 안에서 다양한 문화와 인종이 점점 섞이며 민족문화의 공고한 정체성 역시 약화될 것이라고 보는 점에서 공통적이다. 예컨대 이들은 동남아 이주자들이 늘면서 한국 사회가 점차 다인종, 다문화 사회로 바뀌고 있음을 강조한다. 따라서 민족주의에 연연해하는 것은 시대착오적이라고 본다.

이에 반해 세계화 시대에도 민족주의는 오히려 생명력을 유지하면서 그 역할이 증대될 것이라고 주장하는 이들도 있다. 세계화가 강해질수록 민족주의가 약화될 것이라는 전망과는 달리, 그에 대한 반작용으로 민족주의가 강화되고 있는 것이 오늘날의 세계 현실이라는 것이다. 예컨대 지난 코소보 전쟁에서 세계 최강대국에 맞선 세르비아 민족주의나, 소련연방의

해체에서 나타난 민족주의 열풍은 세계화 물결 속에서도 민족주의가 왕성한 생명력을 갖고 있음을 보여준 생생한 사례들이다. 또 이들은 세계적인 문화적 상호 의존성이 매우 제한적이라는 점을 강조한다. 패션, 영화, 각종 소비상품 등 이른바 글로벌 문화는 문화적·정서적 차원의 공통된 체험이 결여되었기 때문에 그것을 기반으로 하는 각국의 민족문화적 정체성을 오히려 강화하는 계기로 작용한다고 주장한다. 따라서 세계시민 의식을 강조하는 것은 강대국들의 논리일 수 있으며, 진정한 세계화는 각 민족과 문화가 융합하는 다원적인 세계화여야 한다는 게 이들의 논리이다.

세계화가 민족주의를 강화할 것인가 혹은 약화할 것인가 하는 문제는 여러 근거를 가지고 각각 논의할 수 있다. 그러나 우리의 상황을 볼 때 민족주의의 현실성은 부인할 수 없으며, 21세기에도 한국 사회에서 상당 기간 민족주의가 강세를 띨 수밖에 없는 것으로 보인다. 현재 추진되고 있는 세계화는 미국의 팍스아메리카나를 중심으로 선진국들이 주도하고 있으며, 그런 점에서 강대국들의 국익을 극대화하는 선진국들의 민족주의라고 볼 수 있는 측면이 있다. 세계화가 결코 민족주의와 구분되는 현상이 아니라는 것이다.

또 중·일 간 헤게모니 다툼이 시작된 동북아시아 정세를 보더라도 그렇다. 일본 우파의 역사 교과서 왜곡과 중국의 동북공정에서 보듯, 동아시아에는 여전히 강대국들이 민족주의의 깃발을 휘날리고 있다. 강대국의 민족주의가 발호하고 있는 현실에서 우리의 민족주의가 약화되리라고 보는 것은 비현실적인 진단이다. 뿐만 아니라 분단시대를 살아가는 우리에게 통일은 피할 수 없는 화두가 되고 있으며, 이런 상황에서 민족주의는 그 약점과 문제점들에도 불구하고 생명력을 지닐 수밖에 없다.

열린 민족주의는 과연 가능한가

열린 민족주의의 가능성을 원천적으로 부정하는 이들은 민족주의가 태생적으로 자기 민족과 타민족을 차별할 뿐만 아니라 타민족을 배제하는 이데올로기라고 본다. 또 민족주의는 개인의 자율성을 억압하는 집단적 정체성을 강조하기 때문에 여성이나 소수자 등 민족 내부의 구성원들에 대한 차별과 억압을 내포하는 비민주적 이데올로기라고 이해한다. 즉 민족주의는 대외적 배타성과 대내적 획일성을 본질로 하는 비이성적 이데올로기이기 때문에, 아무리 좋은 수식어를 붙이더라도 그 속성이 변할 수 없다는 것이다. 따라서 '열린 민족주의'란 표현은 '둥근 사각형'이란 표현처럼 형용모순에 불과하다. 민족주의는 결코 개방적일 수 없으며, 만약 민족주의가 개방적이라면 그것은 더 이상 민족주의라고 부를 수 없다는 것이다.

이처럼 민족주의가 통합보다는 배제와 억압의 도구로 작용하고 있는 상황에서 민족주의를 강조하기보다 모든 인간은 동등하다는 보편적 인식을 지니는 것이 중요하다. 21세기의 이념적 방향은 배타적 특수성에 매몰될 수밖에 없는 민족주의가 아니라 인권과 같은 보편적 가치, 집단적 정체성과 일체감을 목표로 한 민족 의식보다 세계시민 의식을 지향해야 한다는 것이다.

열린 민족주의의 가능성을 긍정하는 이들은 민족주의가 반드시 개방적 세계시민 의식과 대치되는 배타적인 이념은 아니라고 본다. 오히려 민족주의를 그렇게 이해하는 것은 민족주의의 다양한 의미와 역사성을 무시하는 편협하고 극단적인 사고라고 비판한다. 다양한 형태의 민족주의를 국가주의나 전체주의 등 배타적이고 획일적인 이데올로기와 동일시하는 것은 과도한 환원주의이자 저항적 민족주의와 침략적 민족주의, 체제 민족주의와 반체제 민족주의의 변별성을 무시하는 위험한 발상이라는 것이다. 그래서 열린 민족주의를 주장하는 이들은 민족주의의 내용에 인권, 민주주의 등 인류의 보편적인 가치를 결합시킨다. 이들에 따르면 열린 민족주의는 민족의 정체성을 유지하면서도 자기 민족의 권리뿐 아니라 다른 민족의 고유한 권리와 인권 등 보편적 가치를 존중한다는 점에서 대외적 배타성과 거리가 멀다. 또 혈통적 폐쇄성이나 위로부터의 강압적이고 획일적인 정체성이 아니라 정치적·사회경제적 민주화를 통해 아래로부터의 자발적인 집단적 정체성을 형성할 수 있는 가능성을 열어둔다는 점에서 대내적 획일성과도 거리가 멀다.

이념적으로 볼 때 민족주의는 생명, 인권 등에 비한다면 분명히 하위 가치다. 민족이 아무리 중요하다 해도, 예컨대 인간의 생명이라는 보편적 가치 위에 설 수는 없다. 오늘날 민족국가는 기본적인 생존 단위이므로 국가의 주권과 독립을 보위하는 것이 중요하지만, 아무런 전제조건 없이 국가 주권을 인권 위에 올려놓는 논의는 위험한 민족주의를 고취시킬 수 있다. 따라서 인류의 보편적 가치를 공유하는 열린 민족주의는 민족주의의 위험성을 약화시키고 긍정적 변화를 유도한다는 차원에서 의미가 있다. 그리고 이런 열린 민족주의는 결코 형용모순이 아니라 실현 가능한 현실적 과제이기도 하다.

오늘날 한국 사회는 더 이상 혈연공동체라고 말하기에는 무리한 상황, 예컨대 국제결혼과 이주노동자가 증가하는 다인종, 다문화 사회로 진입하고 있다. 이러한 사회 분위기로 인해 피로 뭉친 혈연공동체라는 민족 개념도 점차 약화되고 있다. 누구라도 본인이 원하면 한국 국민이 될 수 있는 열린 공동체, 자발적 공동체로의 가능성도 증대하고 있다. 민족주의가 21세기 한국 사회에 여전히 강한 생명력과 영향력을 행사하고 있는 현실에서, 열린 민족주의의 지향은 실천적 의미를 지닌다.

백범 김구와 베네딕트 앤더슨

백범白凡 김구金九 (1876~1949)

봉건적 탐학과 외세의 침략이 중첩되던 한말, 황해도 해주에서 김순영과 곽낙원의 외아들로 태어났다. 김구의 생애는 우리 민족사의 중요 사건과 밀접하게 연결되어 있다. 그는 젊은 시절 동학혁명에 투신했고, 임시정부의 수반으로 항일투쟁을 이끌었으며, 해방 후 좌우 대립을 극복하는 데 헌신했다. 《백범일지》는 그가 항일투쟁의 와중에 유언장으로 집필한 자서전이다. 이 책은 김구가 상해에서 중경까지 27년간 임시정부 요직을 두루 거치며 틈틈이 쓴 친필 원본이란 점과 임시정부의 1차 사료라는 점에서 독립운동사 연구에 귀중한 자료가 되고 있다. 특히 여기에 실린 〈나의 소원〉은 완전 독립한 통일국가 건설을 지향하는 김구의 민족주의가 잘 나타나 있다.

김구, 도진순 주해, 《백범일지》, 돌베개, 2005.

"네 소원이 무엇이냐?"

하고 하느님이 물으시면 나는 서슴지 않고,

"내 소원은 대한 독립이오."

하고 대답할 것이다. 그 다음 소원은 무엇이냐 하면 나는 또,

"우리나라 독립이오."

할 것이요, 또 그 다음 소원이 무엇이냐 하는 세 번째 물음에도 나는 더욱 소리 높여서,

"나의 소원은 우리나라 대한의 완전한 자주 독립이오."

하고 대답할 것이다.

동포 여러분! 나 김구의 소원은 이것 하나밖에는 없다. 내 과거의 칠십 평생을 이 소원을 위하여 살아왔고, 현재에도 이 소원 때문에 살고 있고, 미래에도 나는 이 소원을 달하려고 살 것이다.

독립이 없는 백성으로 칠십 평생 설움과 부끄러움과 애탐을 받은 나에게는 세상에 가장 좋은 것이 완전하게 자주 독립한 나라의 백성으로 살아 보다가 죽는 일이다. 나는 일찍이 우리 독립 정부의 문지기가 되기를 원하였거니와, 그것은 우리나라가 독립국만 되면 나는 그 나라의 가장 미천한 자가 되어도 좋다는 뜻이다. 왜 그런고 하면, 독립한 제 나라의 빈천이 남의 밑에 사는 부귀보다 기쁘고 영광스럽고 희망이 많기 때문이다.

옛날 일본에 갔던 박제상이 "내 차라리 계림의 개, 돼지가 될지언정 왜왕의 신하로 부귀를 누리지 않겠다"고 한 것이 그의 진정이었던 것을 나는 안다. 제상은 왜왕이 높은 벼슬과 많은 재물을 준다는 것을 물리치고 달게 죽음을 받았으니, 그것은 "차라리 내 나라의 귀신이 되리라" 함이었다.

근래에 우리 동포 중에는 우리나라를 어느 큰 이웃 나라의 연방에 편입하기를 소원하는 자가 있다 하니, 나는 그 말을 차마 믿으려 아니하거니와 만일 진실로 그러한 자가 있다 하면, 그는 제정신을 잃은 미친놈이라고밖에 볼 길이 없다.

나는 공자, 석가, 예수의 도를 배웠고 그들을 성인으로 숭배하거니와, 그들이 합하여 세운 천당·극락이 있다 하더라도, 그것이 우리 민족이 세운 나라가 아닐진댄 우리 민족을 그 나라로 끌고 들어가지 아니할 것이다. 왜 그런고 하면 피와 역사를 같이하는 민족이란 완연히 있는 것이어서, 내 몸이 남의 몸이 못 됨과 같이 이 민족이 저 민족이 될 수는 없는 것이, 마치 형제도 한 집에서 살기 어려움과 같은 것이다. 둘 이상이 하나가 되자면 하나는 높고 하나는 낮아서, 하나는 위에 있어 명령하고, 하나는 밑에 있어서 복종하는 것이 근본 문제가 되는 것이다.

이에 대하여 일부 소위 좌익의 무리는 혈통의 조국을 부인하고 소위 사상의 조국을 운운하며, 혈족의 동포를 무시하고 소위 사상의 동무와 프롤레타리아트의 국제적 계급을 주장하여, 민족주의라면 마치 이미 진리권 외에 떨어진 생각인 것같이 말하고 있다. 심히 어리석은 생각이다. 철학도 변하고 정치·경제의 학설도 일시적이어니와 민족의 혈통은 영구적이다. 일찍이 어느 민족 내에서나 혹은 종교로 혹은 학설로 혹은 경제적·정치적 이해의 충돌로 인하여 두 파, 세 파로 갈려서 피로써 싸운 일이 없는 민족이 없거니와, 지내어놓고 보면 그것은 바람과 같이 지나가는 일시적인 것이요, 민족은 필경 바람 잔 뒤의 초목 모양으로 뿌리와 가지를 서로 겯고 한 수풀을 이루어 살고 있다. 오늘날 소위 좌우익이란 것도 결국 영원한 혈통의 바다에 일어나는 일시적인 풍파에 불과하다는 것을 잊어서는 아니 된다.

이 모양으로 모든 사상도 가고 신앙도 변한다. 그러나 혈통적인 민족만은 영원히 흥망성쇠의 공동 운명의 인연에 얽힌 한 몸으로 이 땅 위에 사는 것이다.

세계 인류가 너나없이 한 집이 되어 사는 것은 좋은 일이요, 인류의 최고요, 최후인 희망이요, 이상이다. 그러나 이것은 멀고 먼 장래에 바랄 것이요, 현실의 일은 아니다. 사해동포四海同胞의 크고 아름다운 목표를 향하여 인류가 향상하고 전진하는 노력을 하는 것은 좋은 일이요, 마땅히 할 일이나, 이것도 현실을 떠나서는 안 되는 일이니, 현실의 진리는 민족마다 최선의 국가를 이루어 최선의 문화를 낳아 길러서 다른 민족과 서로 바꾸고 서로 돕는 일이다. 이것이 내가 믿고 있는 민주주의요, 이것이 인류의 현 단계에서는 가장 확실한 진리다.

해설

〈나의 소원〉은 《백범일지》를 간행할 때 그 말미에 덧붙인 글로서, 해방 직후인 1947년에 쓰였다. 이 글은 완전 독립된 통일국가 건설을 지향하는 백범 김구의 정치철학과 이념이 집약된 역사적 문헌으로 평가받고 있다. 백범이 〈나의 소원〉을 쓴 동기는 좌우 대립이 격심할 당시 계급보다는 민족을 중심으로 이념 차이를 극복하고 우리 민족이 나아가야 할 민족 철학의 대강령을 제시하려는 데 있었다. 〈나의 소원〉은 "민족국가", "정치 이념", "내가 원하는 우리나라"라는 세 편의 글로 이루어져 있다. 위에서 인용한 글은 "민족국가"의 일부분으로, 크게 두 가지 내용을 담고 있다.

첫째, 김구의 정치철학의 최고 목표인 완전한 자주독립이 보장된 주권국가의 수립이다. 이는 세 번에 걸쳐 거듭 강조되며 그가 말하려는 〈나의 소원〉의 핵심을 이룬다. 김구가 평생을 헌신해온 절체절명의 과제는 바로 완전한 주권국가의 수립이라고 할 수 있다.

둘째, 자주적인 민족국가는 어떠한 계급 이념이나 종교 사상보다도 혈연공동체인 민족을 바탕으로 수립되어야 한다는 점이다. 김구는 민족을 역사와 혈연공동체로 파악했으며, 무엇보다 혈통을 중시했다. 그는 민족의 혈연적 동질성에 기초하여 해방 직후의 여러 경향이나 사상들, 특히 '연방 편입', '계급을 중시하는 좌익', '사해동포주의'를 각각 비판하고 있다. 김구가 볼 때 이 세 가지 사상은 피로 뭉친 민족공동체를 부인하는 공통점을 지니고 있기 때문이다.

베네딕트 앤더슨 Benedict Anderson (1936~)

중국 윈난雲南 성 쿤밍昆明에서 영국계 아일랜드인 아버지와 영국인 어머니 사이에서 태어났다. 미국 캘리포니아에서 성장기 대부분을 보내고 영국 케임브리지 대학교에서 공부했으며, 현재 미국 코넬 대학교 국제학과 명예교수로 있다. 그는 20세기 인도네시아 역사와 정치의 권위자로 널리 알려져 있으며, 《상상의 공동체Imagined Communities》(1983)로 학문적 명성을 얻었다. 그는 자신의 대표작인 이 책에서 민족을 "본래 제한되고 주권을 가진 것으로 상상되는 정치적 공동체"로 정의 내리고 있는데, 민족에 대한 이러한 정의는 단일 혈통의 민족 개념을 부정하는 국내의 많은 학자들에게 커다란 이론적 영향을 끼쳤다.

베네딕트 앤더슨, 윤형숙 옮김,
《상상의 공동체》, 나남, 2002.

민족은 상상의 공동체

우리가 민족주의를 '자유주의'나 '전체주의'보다는 '친족'이나 '종교'와 연관되는 것으로 취급했다면 문제는 더 쉬워졌을 것이라고 나는 생각한다. 그러므로 나는 인류학적 정신에서 다음과 같은 민족의 정의를 제안한다. 즉 민족은 본래 제한되고 주권을 가진 것으로 상상되는 정치적 공동체이다.

민족은 구성원들 대부분이 다른 구성원들을 알지 못하고 만나지 못하며 심지어 그들에 관한 이야기를 듣지도 못하지만, 구성원 각자의 마음에 서로 친교의 이미지가 살아 있기 때문에 상상된 것이라고 할 수 있다. 르낭 Renan이 "민족의 핵심은 전 소속원들이 많은 것을 공유한다는 사실이며, 동시에 전 소속원들이 많은 것을 망각해주어야 한다는 사실이다"라고 썼을 때, 그는 유쾌한 화법으로 이 상상함을 언급한 것이다. 겔너Gellner는 "민족주의는 민족들이 자의식에 눈뜬 것이 아니다. 민족주의는 민족이 없는 곳에 민족을 발명해낸다"고 서슴없이 단언하고 있는데, 이는 위와 유사한 논점을 이야기하고 있다. 그러나 민족주의가 민족을 발명한다는 공식의 결점은 '발명'을 '상상'이나 '창조'보다는 '허위날조'나 '거짓'과 같은 것으로 본다는 점에 있다. 사실 모든 이의 얼굴을 잘 아는 원초적 마을보다 큰 공동체는 상상의 산물이다. 공동체들은 그들의 거짓됨이나 참됨에 의해서가 아니라 그들이 상상되는 방식에 의해서 구별되어야 한다.

자바Java에 있는 마을 사람들은 그들이 전혀 본 적이 없는 사람들과 연결되어 있다는 것을 알고 있었다. 그러나 이러한 연결은 무한히 늘릴 수 있는 친족의 그물처럼 특별한 형태로 상상되었다. 아주 최근까지 자바에는

'사회'라는 추상체를 뜻하는 단어가 없었다. 우리는 오늘날 구체제의 프랑스 귀족을 하나의 계급으로 생각할 수 있다. 그러나 분명히 그것은 아주 뒤늦게, 오늘날에 이르러 상상된 것이다. "누가 X백작이냐"라는 질문에 대한 정상적인 대답은 오늘날 우리가 생각하듯 '귀족 계급의 성원'이 아니라, 구체제 당시에는 'X의 군주', 'Y남작의 삼촌' 혹은 'Z공작의 고객'이었을 것이다.

민족은 제한된 것으로 상상된다. 왜냐하면 10억의 인구를 가진 가장 큰 민족도 비록 유동적이기는 하지만 한정된 경계를 가지고 있어 그 너머에는 다른 민족이 살고 있기 때문이다. 어떤 민족도 그 자신을 인류와 동일시하지 않는다. 그 어떤 민족주의자들도 기독교도들이 어느 시대에 기독교도만 모인 행성이 도래할 것이라고 꿈꾸는 것과 같은 방식으로, 모든 인류의 성원이 그들의 민족에 동참하는 날이 올 것이라 꿈꾸지는 않는다.

민족은 주권을 가진 것으로 상상된다. 왜냐하면 이 개념은 계몽사상과 혁명이 신이 정한 계층적 왕국의 합법성을 무너뜨리던 계몽주의 시대의 산물이기 때문이다. 오늘날은 어떤 보편적인 종교에서 가장 신앙심 깊은 추종자라도 보편적인 종교들이 여럿 존재한다는 사실과, 각 신앙이 내세우는 보편적 주장이 관철되는 영토가 제한되어 있다는 사실을 알고 있다. 인류 역사의 현 단계에서 민족들은 자유롭기를 꿈꾸며, 만일 신의 지배를 받아야 한다면 직접 받기를 꿈꾼다. 이 자유의 표식과 상징은 주권국가이다.

마지막으로 민족은 공동체로 상상된다. 왜냐하면 각 민족에 보편화되어 있을지 모르는 실질적인 불평등과 수탈에도 불구하고 민족은 언제나 심오한 수평적 동료의식으로 상상되기 때문이다. 궁극적으로 지난 2세기 동안 수백만의 사람들로 하여금 그렇게 제한된 상상체들을 위해 남을 죽이기보다 스스로 기꺼이 죽게 만들 수 있었던 것은 이 형제애이다.

이러한 죽음은 우리를 민족주의가 제기하는 핵심적인 문제에 갑자기 직면하게 한다. 무엇이 겨우 2세기 정도밖에 안 되는 근대 역사의 축소된 상상체들로 하여금 그렇게 대량의 희생을 낳게 하는가? 나는 이 대답의 시작이 민족주의의 문화적 근원에 놓여 있다고 믿는다.

《상상의 공동체》의 서장은 이 책 전체를 관통하는 앤더슨의 문제의식을 잘 보여주고 있는 글이다. 앤더슨은 서장에서 민족을 상상의 공동체라고 말한 이유와 상상의 공동체가 의미하는 바를 설명하고 있다. 여기서 상상이란 말은 사람들이 의도적으로 꾸며냈다는 뜻이 아니라, 서양 역사의 특정 시기에 한 번도 보지 못한 사람들을 같은 민족공동체의 구성원으로 경험하게 되었다는 뜻이다. 사실 민족은 가족이나 지역과는 달리 한 인간이 태어나 접하게 되는 범위를 넘어선 거대한 공동체이다. 결국 앤드슨이 민족을 상상된 것으로 보는 이유는 민족 구성원들이 서로 일면식이 없음에도 같은 공동체에 속해 있다고 믿는다는 점에 있다.

다음으로 상상의 공동체가 무엇을 의미하는가 하는 점이다. 앤더슨에 따르면 민족은 제한되고 주권을 가진 공동체로 상상된 것이다. 이 말은 민족이 언어, 혈통 등 객관적 조건에 의해 고대로부터 형성된 것이 아니라 계몽주의 시대라는 서양 근대의 특정 시기에 형성되었다는 의미이다. 즉 민족의 형성은 정치적 주권을 지닌 근대 국민국가와 모든 시민이 법 앞에 평등하다는 근대적 시민권의 확립과 뗄 수 없는 관계에 있다. 민족은 구성원들 간의 수평적 연대의식을 전제로 하기 때문에 고중세의 신분제 사회에서는 결코 형성될 수 없으며, 대내적으로 시민의 평등과 대외적으로 정치적 주권이 확립된 근대의 산물이라는 것이다.

한·중·일 역사 논쟁과 다인종·다문화 현상

한·중·일 삼국의 역사 논쟁과 민족주의

■

사례 1 ┃ 이토 순야 감독의 일본 영화 〈프라이드 : 운명의 순간〉은 2차 세계대전 당시 전시내각 총리였던 1급 전범 도조 히데키가 미국과 싸운 영웅담으로 장엄하게 그려졌다. 이 영화는 일본 우익 지식인들이 주장하는 이른바 '자유주의 사관'의 영화판본이다. 10년 전 이 영화가 출시되자 한국·중국을 비롯한 세계 각지에서 비판 여론이 거셌으나 일본에서는 아무렇지도 않다는 듯이 상영됐다. 감독 이토는 그때 이렇게 외쳤다. "일본인들이여, 제발 이제 〈타이타닉〉 그만 좀 보고 이 영화를 봐달라. 이 영화를 봐야만 올바른 일본인이 될 수 있다."

도쿄도지사 이시하라 신타로가 원작, 각본, 총제작까지 맡은 영화 〈나는 당신을 위해 죽으러 간다〉도 그런 점에선 별반 차이가 없다. 〈전국자위대 1549〉, 〈망국의 이지스〉, 〈로렐라이〉, 〈남자들의 야마토〉도 일본 우익 사상을 교묘하게 끼워 넣은 극우 영화의 대표선수에 속한다. 일본 우익세력이 지니고 있는 위험한 '천황주의'나 '국가주의'는 이처럼 치밀하고 집요하다. 이들 우익세력의 '자유주의 사관'이 일차적 당면과제로 내세우는 것은 종군위안부나 난징 사건과 같은 민감한 근·현대사 사안을 재평가하고 교과서를 다시 쓰는 것이다. 이들이 역사 재평가나 교과서 개정을 통해 의도하는 가장 중요한 목표는 국익 중심의 민족주의 복원이다. 현대 일본인들에게는 국가의식과 국가에 대한 애정이 결핍돼 있으며, 그 근본 원인은 전후의 교과서와 교육에 있다고 인식하기 때문이다.

―《경향신문》, 2008. 7. 25.

■

사례 2 | 2006년 11월, 관영 CCTV를 통해 중국 전역에 방영된 총 12부의 다큐멘터리 〈대국굴기大國堀起〉(대국으로의 도약) 세계 여러 제국의 흥망사를 다루면서 중국 제국주의를 대내외적으로 선양한 것으로 크게 히트해 지금까지도 반복 상영되고 있다. 특히 강조된 중국의 '통일적 다민족국가론'은 1949년 중국 건국 이후 약소민족의 자유와 자치를 약속한 중국 공산당의 강령을 한순간에 폐기하고 사회주의라면 당연히 인정해야 할 세계평화주의를 포기한 것으로 최근 더욱 강화되고 있다. 즉 대내적으로 위기에 빠진 정치경제 체제를 공산당 일당 체제하에 더욱 강고히 하고, 동요하는 소수민족을 더욱 철저히 묶어 대외적으로 제국 중국을 강화하려는 의도에서 나온 것이다. 1983년 이후 고구려와 발해에 이어 신라와 백제까지 중국 역사에 포함시키며, 요동과 요서를 포함한 만주 지방을 세계에서 가장 오래된 요하문명권으로 부각시켜 그 안의 모든 고대 민족은 중화민족이라고 하는 '동북공정'의 궁극적 의도도 세계에서 가장 오래된 요하문명을 바탕으로 한 대중화주의의 완료로서 고구려, 발해, 신라, 백제는 물론 고조선까지 중국사에 편입하려는 것이고 이에 반대하면 한간漢奸, 매국노, 국적으로 홍위병 식으로 비난하는 것도 마찬가지다.

―《경향신문》, 2007. 8. 23.

■

이주노동자와 소외 계층의 고단한 서울 살이를 그린 창작 뮤지컬 〈빨래〉의 한 장면. 인구학적 측면에서 볼 때 한국은 다문화 사회로 진입하고 있다고 볼 수 있다. 그런데 외국인 이주민에 대해 한국 사회가 갖고 있는 문화적, 인종적인 선입견과 편견이 최근 큰 문제로 대두되고 있다.

2000년대 들어와 동북아시아는 과거 역사에 대한 인식을 둘러싸고 치열한 논쟁을 벌이고 있다. 이 역사 논쟁은 일본의 '새 역사 교과서' 파동에서 시작되어 중국의 '동북공정'으로 한층 가열되었다. 일본 우익세력이 주도하는 역사 교과서 서술은 한마디로 제국주의 침략의 역사를 정당화하는 일본 민족주의의 표출이다. 중국의 동북공정東北工程 역시 '통일적 다민족국가론'에 근거하여 중국에 편입된 각 자치 지역의 56개 민족을 '중화민족주의'로 묶겠다는 발상에서 나온 것이다. 이처럼 일본과 중국의 역사 해석은 민족주의에 내포된 부정적 측면이라 할 수 있는 자국 중심의 패쇄적·패권적 성격을 유감없이 보여주고 있다. 그렇다면 우리는 여기에 어떻게 대응해야 할까?

그동안 중국의 동북공정이나 일본의 새 역사 교과서에 대한 한국의 주된 대응 방식은 그들과 동일한 자국 중심의 민족주의였다. 오늘날 민족국가의 견고함을 고려할 때 민족적 정체성을 구축하기 위해 역사를 동원하는 것은 중국과 일본뿐만 아니라 한국에서도 마찬가지 현상이다. 그러나 자국 중심의 역사 해석은 한·중·일 삼국의 역사 논쟁을 둘러싼 갈등을 더욱 부채질하고, 상대방의 배타적 민족주의를 한층 강화할 뿐이다. 민족주의와 더불어 살아가되 그것이 패권적이고 폐쇄적이지 않도록 길들이는 열린 민족주의 태도가 필요하다.

다인종·다문화 현상과 민족주의

■

사례 1 ┃ 검은 피부를 가진 사람이 '칙사 대접'을 받는 소동이 벌어져 우리를 놀라게 했다. 온 나라가 떠들썩할 만큼 칙사 대접을 받은 사람은 지난 12일 열흘 동안의 한국 방문을 마치고 미국으로 돌아간 하인스 워드 선수다. 그는 갓 태어난 핏덩이로 엄마 품에 안겨 미국으로 간 지 29년 만에 어머니의 나라 한국 땅을 밟았다. 그러나 그는 보통사람이 아닌 미국의 슈퍼스타였다. 하인스 워드 선수의 한국 방문 소동은 언론의 잔치였다. 신문·방송 들은 그에게 '한국계'라는 국적을 부여함으로써 핏줄 의식을 일깨웠다. 그러나 그는 '한국계'라기보다 '한국 태생'이었다. 또 어머니 김영희 씨는 자식을 위해 헌신하는 이 땅의 어머니답게 하인스의 오늘이 있게 한 원동력이었다. 언론은 내친 김에 한국이 '다인종 사회'라고 호들갑을 떨고, '인종차별'을 비판했다. 덩달아 정부는 초·중·고교 교과서에 '다인종·다문화'를 담겠다고 했다. 어느 날 갑자기 한국이 초강대국 미국처럼 다인종 사회가 된 듯한 착각에 빠지게 된다. 그것은 상업주의 언론의 착각이

다. 2003년 12월 9일 새벽, 노숙생활을 하던 중국 동포가 노임도 떼인 채 서울 한
복판에서 얼어 죽는 비극이 있었다. 인종차별이 아니라 사회 정의도 약자에 대한
배려도 없다는 게 우리의 뼈아픈 현실이다.

— 《미디어오늘》, 2006. 4. 22.

■

사례 2 | 유엔 인종차별철폐위원회CERD는 한국 사회의 다민족적 성격을 인정하
고, 한국이 실제와는 다른 '단일 민족 국가'라는 이미지를 극복해야 한다고 지적
했다. 이를 위해 위원회는 교육, 문화, 정보 등의 분야에서 적절한 조치를 취해야
한다면서, 특히 한국 내에 사는 모든 인종·민족·국가 그룹들 간의 이해와 관용,
우의 증진을 위한 인권 인식 프로그램뿐 아니라 서로 다른 민족·국가 그룹들의
역사와 문화에 관한 정보들을 초중등 학교의 교과목에 포함시킬 것을 한국 정부
에 권고하고 나섰다. 보고서에서 위원회는 "당사국(한국)이 민족 단일성을 강조
하는 것은 그 영토 내에 사는 서로 다른 민족·국가 그룹들 간의 이해와 관용, 우
의 증진에 장애가 될 수 있다"고 우려를 표시한 뒤, '순수 혈통'과 '혼혈'같은 용
어와 그에 담겨 있을 수 있는 인종적 우월성의 관념이 "한국 사회에 여전히 널리
퍼져 있다는 데 유의한다"고 덧붙였다.

— 《한겨레신문》, 2007. 8. 19.

■

최근 몇 년 동안 우리 사회에서 매우 많이 쓰이는 단어 가운데 하나가 '다
문화'란 말이다. 이주노동자, 결혼이민자, 다문화가정 자녀들이 증가하면서
우리 사회의 인종적·문화적 다양성이 증가한 현상을 가리키는 말이다. 인
구학적 측면에서 볼 때 한국은 아직 다문화 사회라고 보기에는 이르지만,
이미 다문화 사회로 진입하고 있다고 말할 수 있다. 그런데 외국인 이주민

에 대해 한국 사회가 갖는 문화적·인종적 선입견과 편견이 최근 큰 문제로 대두되고 있다. 유엔 인종차별철폐위원회의 보고서도 한국 사회에 만연한 단일민족, 순혈지상주의, 배타적 민족주의에 대한 경고라 할 수 있다. 외국인이 100만 명을 넘어서서 전체 인구의 2%를 차지하고, 국제결혼이 전체 결혼의 10%를 넘어선 다문화적 상황에서 배타적 민족주의를 극복하고 21세기에 적합한 열린 민족주의를 지향해가야 할 것이다.

열린 민족주의에서 고려할 것은 다문화주의이다. 다문화주의란 폭넓고 다양한 가치들을 반영하는 이념이기 때문에 한마디로 정의하기는 어렵다. 하지만 한 사회 내 다양한 인종들의 문화를 서로 인정하고 존중하면서 공존해야 한다는 점은 다문화에 대한 모든 논의들에서 일치하고 있다.

우리 사회가 실질적인 '다문화 사회'로 변화하고 있음을 정직하게 대면하고자 한다면, 무엇보다도 이주민들의 목소리를 적극적으로 반영할 수 있도록 노력해야 한다. 또 그들을 앞으로 여기에 계속 머무를 주인으로 대한다면, 단지 그들을 환영한다는 수동적 태도에 머물러서는 안 된다. 그들은 단순히 우리 사회에 적응해야 하는 존재가 아니라 한국 사회를 변화시킬 존재다. 따라서 그들을 한국 사회의 구성원으로 인정하기 위해서는 우리의 인식과 태도 변화가 요구된다. 이는 우리가 그동안 '우리 것'이라 여겨왔던 것들에 대해 좀더 성찰적인 질문을 던져야 함을 의미한다. '나는 누구의 이웃이 될 것인가', '민족적 정체성이란 도대체 무엇인가'라는 문제를 적극적으로 던지고 그에 답해야 한다. 단일민족에 의거한 혈통적 민족주의가 아니라 새로운 정체성에 기반을 둔 열린 민족주의를 고민해야 한다.

가상토론

민족은 상상의 산물인가, 실체인가?

1990년대 말 이후 역사학계에서 민족주의에 대한 비판이 고조되면서 한국인이 고대부터 혈연·지역·언어 공동체로서 하나의 민족을 형성했다는 것은 허구적 신화에 불과하다는 인식이 확산되어왔다. 백두산, 단군신화 등 '한민족'의 정체성과 관련된 상징은 모두가 당대의 정치적 유용성을 위해 구성발명 혹은 상상되었다는 것이다.

　　그러나 이와는 달리 우리의 지배적 민족 관념은 고대로부터 이어져온 단일민족의 혈통이나 독자적 언어와 문화 등 객관적 공통성에 입각해 있다. 혈연적·문화적으로 매우 동질적인 정체성을 갖는 민족 개념이 우리 민족에 대한 일상적 이해로 자리 잡은 이유는 무엇일까? 그리고 오늘날 이러한 민족 개념에 대한 비판이 제기되는 이유는 무엇일까? 우리의 일상적 민족 개념을 대변하는 백범 김구와 이러한 민족 개념이 지닌 위험성을 강조하는 베네딕트 앤더슨을 초대해 각자의 주장을 들어보기로 한다.

김구가 묻고 앤더슨이 답하는 상상의 의미

사회자 잘 알려져 있듯이 민족에 대한 서로 대립하는 두 가지 이론이 있습니다. 민족이 고대로부터 존재해온 원초적 실재라는 원초론과 근대 자본주의 성립기의 산물이라는 도구론이 그것이죠. 오늘 토론하실 두 분은 실천가와 이론가라는 차이점이 있지만, 서로 다른 민족관을 견지하고 있는 걸로 알고 있습니다. 민족을 상상의 공동체라고 정의한 앤더슨 선생의 이론이 지금 대한민국에 큰 영향력을 행사하고 있습니다. 일제 치하에서 민족 독립을 위해 헌신한 김구 선생님이 보시기에 무척 당혹스러운 주장일 것입니다. 우선 상상의 공동체가 무엇을 의미하는지 얘기 나눠보며 토론을 시작했으면 합니다.

김구 앤더슨 선생이 말하는 상상은 허위 날조나 기만과는 다른 의미를 지닌 것 같은데, 어떤 점에서 그러한지 묻고 싶군요.

앤더슨 사람들이 머릿속에서 마음대로 꾸민 것이 아니라는 거죠. 특정한 역사적 시기, 예컨대 서구의 18세기에 민족공동체는 사람들의 경험을 통해서 문화적으로 구성되고 의미가 부여되었다는 뜻입니다.

김구 문화적으로 구성되었다?

앤더슨 예를 들어보죠. 마을은 사람들끼리 얼굴을 대면하고 서로 친숙하게 잘 알고 있는 공동체인 반면, 민족은 서로 대면하지 못하고 잘 알지도 못하는 사람들의 공동체라고 할 수 있습니다. 그런데 한국인들이 제주도에 사는 사람들을 한 번도 만나보지 못했어도 같은 민족이라고 생각하는 이유는 무엇일까요? 저는 제가 쓴 《상상의 공동체》란 책에서 '인쇄자본주의'라는 말을 사용했습니다. 서로 멀리 떨어져 있는 독자들이 소설이나 신문 같은 문화적 매체를 읽음으로써 같은 공동체에 속한다는 의식이 생겨났다는 것입니다.

김구　그러니까 민족이 상상의 공동체라고 하는 것은, 민족 개념이 한 인간이 태어나 접하게 되는 범위를 크게 벗어나기에, 민족주의적인 문필가들이 쓴 소설이나 신문 등의 매체에 영향을 받아 멀리 떨어져 사는 사람들이 우리는 같은 민족이다, 이렇게 상상했다는 말이군요.

앤더슨　그렇습니다. 그런 뜻에서 민족이 먼저 존재하고 민족주의가 나중에 뒤따른 것이 아니라, 거꾸로 민족주의적 열정이 민족을 만들어냈습니다. 그 점은 민족 개념의 역사가 짧다는 사실에서도 알 수 있습니다. 이는 서구뿐만 아니라 한국도 마찬가지라고 생각합니다. 예컨대 조선시대처럼 인구의 상당수가 노비인 사회에 민족이 존재했겠습니까? 양반과 상민, 노비가 서로 같은 민족이라는 연대 의식을 가질 수는 없었겠죠. 한국에서 민족이라는 표현은 20세기에 들어와서 민족주의적 지향을 보여준 《대한매일신보》 같은 신문에서 비로소 등장한 걸로 알고 있습니다.

김구　요컨대 민족은 조상 대대로 내려오는 혈연적·문화적 공동체라기보다 특정 시기, 그러니까 서구의 경우는 18세기가 되겠고 한국은 20세기 초가 되겠군요. 그 시기 민족주의적 지향을 보여준 신문과 소설의 대량 보급과 더불어 민족이란 개념이 사회문화적으로 형성되었다는 거군요.

앤더슨　예. 그래서 제가 쓴 책에서 민족은 경계를 가진 제한된 것으로 상상되고, 근대에 들어 정치적 주권을 가진 것으로 상상되며, 민족 내부에 엄청난 불평등과 억압이 있음에도 수평적 동료의식의 공동체로 상상된다고 말한 것입니다.

혈연공동체인가, 정치적 주권 공동체인가

사회자 앤더슨 선생님이 말씀하시는 상상의 의미가 무엇인지 어느 정도 밝혀졌군요. 이제 이를 바탕으로 두 분이 생각하시는 민족관을 각각 들어봤으면 합니다. 우선 김구 선생님부터 말씀해주시죠.

김구 저는 민족이란 고대로부터 지속되어온 혈통과 문화공동체로 생각하는데, 특히 혈통을 중시합니다. 그래서 내가 쓴 책에서 "소위 좌우익이란 것도 결코 영원한 혈통의 바다에 일어나는 일시적인 풍파에 불과하다는 것을 잊어서는 아니 된다"고 강조했던 것입니다.

앤더슨 김구 선생님, 피의 동질성은 민족 개념과 무관합니다. 민족이란 개념은 근대에 들어와서 생긴 것으로 정치적 주권을 가진 공동체, 다시 말해 근대 국가의 형성과 더불어 상상된 것입니다. 또 현실적으로 볼 때도 같은 피를 타고난 한 조상을 모시는 혈연공동체로 정의하는 국가는 오늘날 거의 없습니다. 90%가 넘는 거의 모든 나라들이 다인종 국가이니까요.

김구 앤더슨 선생, 비단 나만의 생각이 아니라 대부분의 한국인들은 정치적 주권의 유무와 상관없이 민족을 고대로부터 같은 혈통과 독자적 문화를 이어온 공동체라고 믿고 있습니다.

앤더슨 하지만 정치적 주권과 수평적 연대의식 등 근대적 특징이 결여된 집단은 같은 핏줄, 같은 문화를 지녔다고 해도 민족이라고 할 수 없습니다. 학문적으로 말해, 혈통이나 문화에 기초한 공동체는 민족이라기보다 종족이나 인종공동체라고 부르는 것이 더 적절합니다.

김구 학문적이라? 서구의 경험을 중심에 놓고 그와 어긋난다고 해서 학문적으로 민족이라는 용어를 쓸 수 없다고 말하는 것은 서구인의 자민족 중심주의 아닙니까? 우리 민족의 역사적 경험은 서유럽의 역사적 경험과 다릅니다. 18세기 서유럽이라는 한정된 시공간에 초점을 맞두고 민족을 설명하는 선생의 학설은 우리의 역사적 경험을 설명하는 데 적절하지 않습니다.

앤더슨　서유럽과 다른 한민족의 역사적 경험이란 구체적으로 무엇을 말하는 것입니까?

김구　다른 무엇보다도 한민족이 근대 이전이나 이후나 민족적 단위가 달라지지 않았고, 매우 자연스럽게 연결된다는 점입니다. 시점을 통일신라로 잡든 고려시대 이후로 잡든, 한민족은 일찍이 강력한 중앙집권적 국가를 형성하면서 비교적 단일한 혈통을 이루어왔고, 하나의 언어를 사용하면서 독자적 문화를 형성해왔습니다. 우리의 민족 개념은 이러한 역사적 경험을 토대로 자연스럽게 형성된 것이지, 20세기 초 신채호나 박은식 등 일부 민족주의 문필가들의 영향으로 형성되었다고 볼 수 없습니다.

앤더슨　한국의 경우 근대적 시민의식의 형성과 상관없이 공통의 언어와 핏줄과 문화를 기반으로 한 공동체가 근대 이전부터 존재해왔다는 점을 저도 부정하지는 않습니다. 하지만 신분제를 타파하지 못한 데다 평등한 연대의식을 기반으로 하지 않았기 때문에 근대적 의미의 민족이라고 할 수는 없습니다.

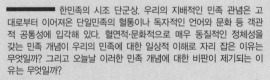

한민족의 시조 단군상. 우리의 지배적인 민족 관념은 고대로부터 이어져온 단일민족의 혈통이나 독자적인 언어와 문화 등 객관적 공통성에 입각해 있다. 혈연적·문화적으로 매우 동질적인 정체성을 갖는 민족 개념이 우리의 민족에 대한 일상적 이해로 자리 잡은 이유는 무엇일까? 그리고 오늘날 이러한 민족 개념에 대한 비판이 제기되는 이유는 무엇일까?

김구   물론 선생이 말하는 근대적 의미의 민족은 아닐지 모릅니다. 하지만 내가 강조하는 것은 근대 이전에 존재했던, 문화적 유대와 혈연적 공통성을 지닌 하나의 공동체 단위가 오랜 기간 존속하면서 단절 없이 근대로 자연스럽게 이어져 한국 특유의 민족 개념을 형성하는 바탕이 되었고, 이 점이 서유럽의 역사적 경험과 다르다는 것입니다.

21세기 민족주의의 미래를 전망하다

사회자   이론적인 측면만 말하다 보니 이야기가 다소 겉도는 것 같군요. 두 분께서 상이한 민족관을 가지게 된 것도 결국 서로 다른 역사적 경험에서 비롯된 실천적 지향과 관련이 있는 것 같습니다.

김구   예. 제가 이러한 민족 개념을 주장하는 것도 사실은 일생 동안 제가 추구한 민족 독립의 정서적·실천적 바탕이 되었기 때문입니다. 왜 많은 사람들이 절망적인 상황에서도 민족의 독립을 위해 목숨 걸고 헌신하는 것일까요? 그것은 엄연히 독자적 문화와 피의 동질성으로 맺어진 민족의 생존과 번영을 위해서입니다. 만약 민족이 상상의 공동체라고 한다면 수많은 사람들이 그런 상상에 불과한 민족을 위해 기꺼이 자기 생명을 내놓고 희생했겠습니까? 나는 일제 제국주의 침략에 맞서 전 생애를 보냈는데, 수천 년 동안 지속되어온 우리 민족의 역사적 실재성을 한 번도 의심해본 적이 없습니다.

앤드슨   민족이나 민족주의 개념의 학문적 의미를 떠나, 저도 한국과 같은 비서구 식민지의 민족주의가 식민지 해방 투쟁 과정에서 진보적 역할을 했음을 충분히 인정하고, 민족 독립을 위해 헌신한 선생님의 삶에 깊은 존경심을 갖고 있습니다. 오늘날 한국의 많은 지식인들이 민족주의를 경계하기 위해 제가 쓴 책을 자주 인용하는 것으로 알고 있습니다. 민족이 상상의 공동체라고 해서 민족주의적 열정 자체가 잘못되었다는 말을 하려는 의도는 없습니다. 다만, 혈연적 동질성에 사로잡힌 편협한 민족주의가 히틀러의 나치즘 같은 침략적 민족주의나 민족 내부의 수탈과 억압을 은폐하는 이데올로기가 되어서는 안 된다는 점을 강조하고 싶은 것입니다.

김구   그런 의도라면 나로서도 반대할 이유가 없습니다. 다만 오늘날 학자들이 서구와 다른 우리의 역사적 경험을 한 번 더 숙고하고 고민하면서 선생의 책을 소화할 필요가 있다는 점을 강조하고자 합니다. 내 자서전에도 나와 있지만, 나의 사상은 안으로 자주 독립국가를 완성하고 밖으로 인류의 문화 창달에 기여하는 문화국가가 되어야 한다는 것이 핵심입니다. 내가 살던 시대와 다르게 변모한 현재의 한국에서는 혈연적 민족주의보다 문화적 민족주의가 더 강조되어야 할 상황이 아닌가 하는 생각도 드는군요.

앤드슨   예, 공감합니다. 문화적 민족주의자인 독일의 헤르더Johann Gottfried von Herder는 다양한 민족의 존재를 다양한 꽃들이 다른 꽃들의 성장을 방해하지 않고 저마다 고유한 아름다움을 발산하는 데 비유했습니다. 21세기는 다양한 민족들이 저마다 문화적 전통을 바탕으로 인류 문화에 기여하는 문화적 민족주의 시대가 되기를 저도 진심으로 희망합니다.

책

■ 김구, 도진순 주해, 《백범일지》, 돌베개, 2005.

백범의 친필 원본, 등사본, 필사본, 여러 가지 출간본 등을 면밀하게 검토, 대조한 책이다. 수많은 《백범일지》 판본 가운데 가장 정확하면서도 주석이 풍부한 것이 특징이다. 해방된 통일조국을 건설하기 위해 혼신의 힘을 쏟다가 비명에 간 백범의 생애를 가장 극명하게 드러내주고 있다.

■ 김삼웅, 《백범 김구 평전》, 시대의창, 2004.

리영희 교수는 이 책의 추천사에서 "김구 선생에 관한 문제별·사안별·시대별 따위의 단편적 전기가 아니라, 긴 생애의 시·공간적 행적을 씨줄로 하고 그의 내면적 성찰과 정신적·사상적 궤적을 날줄로 엮은 총체적 서술"이라고 평가하고 있다. 한마디로 "김구의 생애와 사상을 담은 총체적 저술"이다.

■ 임지현, 《민족주의는 반역이다》, 소나무, 1999.

민족주의를 극복하는 보편적 가치를 모색하면서 왕성한 활동을 벌이고 있는 저자가 민족주의에 대한 비판의 첫 포문을 연 저작이다. 제목이 도발적이기는 하지만, 책의 내용은 대중적이라기보다 민족주의에 대한 학문적 연구 성과를 담고 있다.

■ 탁석산, 《탁석산의 한국의 민족주의를 말한다》, 웅진지식하우스, 2004.

TV 토론 프로그램의 형식을 빌려 가공의 사학자, 철학자, 일본인을 등장시켜 '한국 민족주의'에 대한 문제들을 토론식으로 풀어내고 있다. 어려운 이론을 끌어들이지 않고 대중에게 친숙한 방식으로 민족주의를 풀어나간다는 점이 특징이다.

■ 서중석, 《배반당한 한국민족주의》, 성균관대출판부, 2004.

저자는 해방 후 한국 역사를 민족주의와 국가주의의 대결 구도로 이해한다. 그리고 민족주의의 탈을 쓴 국가주의가 지금까지 우리 사회를 지배하고 있다고 본다. 이 책의 제목은 한국 현대사에서 민족주의가 진정으로 실현되지 못했음을 은유적으로 드러내는 말이다.

■ 박호성, 《남북한 민족주의 비교연구》, 당대, 1997.

제목이 주는 인상과는 달리 입문서로 적절하다. 학자마다 다르게 사용하는 '민족'과 '민족주의' 개념이 요령 있게 정리되어 있다. 그리고 남북한 민족주의의 본질과 특징은 무엇이며, 21세기에 우리 민족이 지향해야 할 민족주의는 무엇인지 명료하게 설명하고 있다.

■ 민경우, 《민족주의 그리고 우리들의 대한민국》, 시대의창, 2007.

전문 학자가 아닌 실천운동가가 통일을 중심으로 한국 민족주의와 한국 사회의 진로를 바라본다는 점이 특징이다. 저자는 다른 나라에 없는 민족 문제인 분단과 통일을 화두로 삼아 진보진영의 탈민족적 사고를 비판한다.

■ 김동춘, 《근대의 그늘—한국의 근대성과 민족주의》, 당대, 2000.

민족주의 관련 내용은 3부에서만 다루고 있지만, 책의 부제에서 확인되 듯 한국의 '근대성'에 대한 그의 추구는 언제나 민족주의와 얽혀서 전개 되고 있다. 민족주의에 대한 저자의 접근 방식은 단순한 부정이나 옹호 가 아닌 균형 잡힌 객관적 시각이다.

4

전통

근대가 만든 과거

김선희 (이화여자대학교 강사)

생각 속으로 | 전통은 과연 근대화의 '적'일까?
고전 속으로 | 캉유웨이와 유길준
역사와 현실 속으로 | 〈황비홍〉과 〈YMCA 야구단〉, 유교자본주의론
가상토론 | 서양을 어떻게 받아들일 것인가?

생각 속으로

전통은 과연 근대화의 '적'일까?

자동기계, 근대와의 조우

명나라 말에 중국에 들어간 선교사들이 황실에까지 진출할 수 있었던 배경 중 하나는 서양 물건들에 대한 중국 상류층의 호기심 덕택이라고 할 수 있다. 그 중에서 특히 자명종에 대한 관심이 대단히 높았다. 지체 높은 관료나 귀족들은 앞다투어 자명종을 얻고 싶어했다. 시계는 일종의 자동기계였고, 중국인들의 눈에는 신기하고 놀라운 서양 기술 그 자체였다. 시계는 본고장인 서양에서도 근대의 상징이라 할 수 있다. 자동기계로서 자명종은 근대 과학기술의 바탕이 된 기계론을 대표할 뿐 아니라 중세적인 순환적 시간관과 다른 직선적이고 진보적인 근대적 시간관을 상징하기도 한다. 이런 맥락에서 근대 또는 근대성은 기계론, 진보로서의 시간 의식, 이성과 합리주의 같은 특징으로 이해된다.

유럽에서 근대는 중세적 권위를 배격하고 이성을 통해 미성숙에서 성숙으로 나아가는 과정으로 여겨진다. 베버Max Weber 같은 사상가는 전 시대를 종교나 전통에 의거한 미신적·주술적 사회로 규정하고, 이에 반해 근대 사회는 합리성으로써 탈주술, 탈미신에 성공한 시대라고 파악한다. 결론적으로 근대는 전 시대와 구별되는 가치관 또는 세계관을 의미하고, 근대적 태도의 핵심은 이성을 기반으로 한 합리주의와 계몽주의라고 말할 수 있다.

그러나 근대는 다루기 어려운 개념이다. 근대를 유럽이라는 특정한 공간의 역사적 단계로 이해할 수도 있지만, 다른 각도에서 인류 전체가 추구해야 할 보편적 이념으로 파악하기도 한다. 이 경우 우리는 쉽게 근대를 추상화하고 보편화한다. 근대를 인간 사회 전체의 보편적 목표로서 이념화하게 되는 것이다. 바로 이 점에서 근대는 복합적이고 억압적인 양상을 띠기 시작한다. 유일한 보편에 의한 특수의 포섭이라는 차원이 실제 현실에 반영되었기 때문이다. 즉 실제 역사에서 근대로서의 서구 세계가 비근대로서의 비서구 세계를 보편의 이름으로 정복하며 폭력적인 제국주의를 확대해

양무운동은 중체서용(中體西用)을 표명하며 부국강병을 통해 내우외환(内憂外患)으로 무너져가는 청조의 전통적 지배질서를 유지하고자 일어난 운동이다. 하지만 단순히 서양을 움직이는 근본 원리에 대한 이해 없이 과학 기술과 문물만을 받아들이려는 태도는 분명히 한계가 있었다.

나갔던 것이다.

근대와 서양을 동일시하는 것은 서양뿐 아니라 당대 동아시아의 많은 지식인들이 빠졌던 지적 오류라고 할 수 있다. 그들은 서양이 이룬 근대화야말로 인류가 추구해야 할 정상적 경로이며 보편이라고 믿었기에 서양이 이룬 근대화의 결과, 즉 '문명'을 자신들의 진정한 목표로 설정했다. 그러나 이는 결국 타자로서의 서구를 자기에게 이식하는 과정으로, 스스로를 부정하지 않으면 안 되는 험난한 자기 파괴의 길이 되었다.

문명, 단수인가 복수인가

19세기 중반 이후 동아시아인들은 밀려오는 서구 열강의 야욕을 통해 세계 질서를 새롭게 인식했다. 이 과정에서 동아시아인들은 문화적 자존감을 꺾어야 했고, 자신들의 위치를 타자의 격자 안에서 재조정해야 했다. 이 새로운 격자가 바로 '문명'이었다. 문제는 문명이 보편적 개념이 아니라 서양이라는 구체적 대상을 가리키는 표현이었다는 점이다. 예를 들어 문명개화는 근대 국가 건설을 목표로 하는 조선인들에게 세계의 진보에 발맞추는 보편성의 획득으로 보였지만, 실제로는 서구 제국주의와 자본주의의 이식이었던 셈이다.

문명은 언제나 야만과의 관계에서만 의미를 가질 수 있다. 따라서 문명만이 보편성과 우월성을 획득한다는 이념은 비서구 세계로 팽창해가던 유럽이 기댄 적당한 기둥이었다. 이들에게 문명은 평등한 복수가 아니라 유일한 적격자인 자신과 그를 추종해야 할 다수의 비서구 부적격자로 구성된 단수 개념이었다. 특히 자본주의와 제국주의가 확대되던 근현대 유럽과 동아시아에서 작동했던 문명 개념은 서구라는 유일한 보편 아래 비서구 세계라는 다양한 특수들을 편입시키는 이론적 구조 역할을 했다. 이 때문에 동아시아 지식인들이 문명이라는 말을 위기 극복의 방향으로 설정하는 순간, 이미 세계사적 불평등의 관계를 그대로 묵수한 것과 같은 결과를 낳고 말았다. 근대화modernization가 곧 서구화westernization라고 할 수는 없지만, 동양에서는 실제로 자기 문화와 전통을 낡고 무의미한 과거의 것으로 부정하면서 서구 문명을 그 위에 이식하는 과정으로 진행되었다.

중체서용과 동도서기는 왜 구국에 실패했을까

19세기 동아시아에서 가장 충격적인 사건을 꼽으라면 중국이 영국과의 아편전쟁에서 패배한 뒤 불평등 조약을 맺으며 억지로 문호를 개방했던 사건을 들 수 있다. 조선도 이와 크게 다르지 않았다. 이양선 출몰과 전쟁에서의 패배, 굴욕적 조약 체결로 이어지는 서양과의 충격적 대면에서 조선과 중국의 지식인들이 가장 먼저 내놓은 반응은 자신들의 윤리강상을 본질적 원리로 삼고 서양의 문물을 받아들이려는 일종의 절충론이었다. 당시 중국에서는 관료들을 중심으로 서양을 배우자는 양무운동이 일어났고, 장지동張之洞 같은 인물은 중체서용中體西用이라는 구호로 이를 정식화한다. 중체서용이란 중국의 옛 전통을 본체로 삼고 서양의 발달된 기술을 들여와 운용하자는 것이다. 중체서용과 유사한 조선의 동도서기론東道西器論 또한 도를 사회와 사물 속의 진정한 원리 또는 본질로 보고, 기를 유형의 사물을 가리키는 것으로 보아 동양의 윤리와 서양의 문물을 결합하려는 절충적 시도였다.

이들은 자신들의 '체體'와 '도道'가 더 보편적인 것이라는 신념을 버리지 않았다. 그리고 자신들이 믿어온 보편이 특수나 상대로 전락하는 것을 막기 위해 이분화를 포용하는 더 넓은 보편의 자리에 서고자 했다. 영원한 보편으로서의 체 또는 도로서의 유학적 세계관을 포기하지 않았던 것이다. 이들은 자신들이 더 우월한 차원에 있다는 믿음으로 서양의 기술을 이용할 수 있다고 자신했다.

그러나 이런 절충주의는 소박한 낙관론에 불과했다. 양무운동의 실패로 드러났듯, 서양을 움직이는 근본 원리에 대한 이해 없이 단순히 과학기술과 문물만을 받아들이려는 태도는 분명히 한계가 있었다. 그러나 이런 한계는 역사적 결과와 관계없이 이미 논리적 차원에 내정된 것이었다. 유학 전통에서 '도道'와 '기器', '체體'와 '용用'은 서로 분리될 수 없는 것이었기 때문이다. 체는 언제나 용 속에 있고 용 또한 언제나 체를 표현한다. 기와 용은 언제나 어떤 도와 체의 대응일 뿐이다. 따라서 동양과 서양의 체와 용을 억지로 분리해 결합시키려는 시도는 자신을 기만하는 결과를 가져왔다.

이처럼 중국적 전통과 제도를 유지한 채 서양의 발전상만을 수용하려는 발상은 정신과 물질을 이분화한 절충주의에 불과했다. 이들이 생각한 근대화는 전통적인 유학적 사회 질서와 체제를 중심에 둔 것이었고, 따라서 이들은 여전히 문명의 중심을 전통으로서의 유학에 두고 있었다고 할 수 있다. 물론 이는 단순히 사상이나 이념 차원의 문제가 아니라 경제적 기반과도 깊은 관련이 있었다. 사회를 통제하는 지배세력에 가까울수록 자신들의 역할과 위상을 지지해주는 전통적 세계를 벗어나기 어렵기 때문이다.

이에 비해 중체서용, 동도서기의 한계를 절감한 이들은 보다 적극적이고 전면적으로 서구와 조우할 것을 주장했다. 서양 사상을 접한 중국의 담사

동譚嗣同, 캉유웨이康有爲, 옌푸嚴復, 량치차오梁啓超, 그리고 조선의 유길준, 윤치호 등이 비슷한 길을 걸었다. 이들은 보다 적극적으로 서양을 이해하고 수용해야 한다고 생각했다. 누구보다 앞서 서양 사상에 눈뜬 이들은 서양의 근대성이라는 거울에 자신들을 비추어 보아 체용과 도기의 소박한 낙관론에서 벗어날 수 있었다.

그러나 이들 역시 근본적인 한계를 안고 있었다. 그들이 자신을 비추어 보는 데 사용한 서양이라는 거울이 결코 평평하거나 투명하지 않았던 것이다. 그들이 비추어 본 거울이 애초부터 비뚤어지고 불투명했던 것은 그들이 참고한 서양 근대의 이론이 심각하게 왜곡된 것이었기 때문이다. 가장 대표적인 것이 바로 사회진화론이다.

인간 사회도 자연처럼 약육강식의 장일까

사회진화론은 다윈의 생물학적 진화론으로부터 틀과 중요 개념들을 빌려와 자연계의 생존경쟁과 적자생존 등을 인간 사회의 갈등과 경쟁 상황에 적용하려는 이론이었다. 스펜서Herbert Spencer와 같은 사회진화론자들은 인간 사회와 자연계를 동일한 법칙으로 설명할 수 있다고 보고, 인간 사회도 생존경쟁과 적자생존을 통해 점차 높은 단계로 진화한다고 주장했다. 자유란 오직 강자만의 권리이며 강자만의 소유물이다. 이런 입장에서는 제국주의도 인간 사회의 발전 과정에서 필연적으로 나타나는 단계에 불과하다. 우월한 인종이 열등한 인종을 정복하고 지배하는 것 역시 일종의 자연법칙이다. 이러한 사회진화론은 강자에 의한 약자의 지배를 정당화했기 때문에 당시 세계적 추세로서의 제국주의 자체를 정당화하는 이론적 구조로 기능했다.

문제는 사회진화론이 근대 국가를 모방해서 문명에 이르려는 동아시아 삼국의 문명론 구상에 압도적 영향력을 행사했다는 점이다. 많은 동아시아 지식인들이 사회진화론의 세례를 받고 그 속에서 강자가 되는 길을 모색했다. 그들은 강자의 자유를 논하는 사회진화론에서 국가를 이끌어 문명으로 인도할 방법을 보았던 것이다. 그렇다고 해도 어떻게 중국인들과 조선인들이 제국주의의 첨병과도 같은 사회진화론을 갈등 없이 받아들일 수 있었을까?

그것은 부강한 강자가 되는 것이 그들의 목표였고, 이 과정에서 강해져야 할 주체가 바로 국가라고 보았기 때문이다. 이들은 강자의 특권인 자유의 주체를 개인이 아니라 국가와 국가에 속한 민民으로 보았다. 중국에 사회진화론을 처음 소개한 옌푸는 개인주의를 비판하면서 사회 진화와 자유의 주체를 개인이 아닌 국가와 국가의 민으로 한정했다. 량치차오도 자유로운 개인이 아니라 강력한 힘을 가진 정부에 의해서만 국가와 민이 존속될 수 있다고 보았다. 이는 사회진화론의 문제를 국가의 생존 투쟁이라는 축으로 옮긴 것이며, 사회진화론을 유가적 가족주의와 결합시킨 결과라고 할 수 있다.

전통적으로 유가는 성인으로부터 백성에 이르기까지 모두를 확대된 가족으로 이해했으며, 이들을 운명공동체로 인식하는 일종의 전체주의적 성격을 띠었다. 사회진화론을 받아들이되 강해져야 할 자유의 주체를 국가로 보았던 것은 이들이 유가의 세계관에 입각해 사회진화론이라는 근대 서구의 이념을 도입하고자 했기 때문이다. 결국 캉유웨이와 량치차오, 유길준 같은 인물들은 각각 정도의 차이는 있지만 무조건적 서구 모방이 아니라 전통으로서의 자신들의 가치 체계와 외래로서의 근대성을 복합적으로 활용하고자 했던 동서양의 통합자라고 말할 수 있을 것이다.

남아 있는 문제들

근대와 맞닥뜨린 동양과 서양의 반응은 태생적으로 다를 수밖에 없었다. 서양이 전통과 근대를 시간 축에서 벌어지는 '자기 극복'의 문제로 보았다면, 동양은 어쩔 수 없이 수평적 공간에서 타자를 인정하고 그를 모방해야 하는 '타자와 자기 극복'의 이중적 양상을 띨 수밖에 없었다. 동양의 사명이 서양에 비해 훨씬 복잡하고 치열했음은 당연한 사실이다. 따라서 전통과 근대를 단순히 시간적인 문제로 보는 것은 지나치게 일면적이거나 단순한 접근 방법일 수 있다. 전통과 근대는 보편과 특수의 관계, 불변과 변화의 관계라는 축에서 역사적으로 다양하게 불거진 정치, 경제 구조와 함께 보아야 비로소 어렴풋이 전모를 볼 수 있을 것이다.

전통과 근대를 바라볼 때 주의해야 할 점이 또 있다. 전통과 근대를 대립적인 관계로 보는 것이다. 여기에는 일종의 함정이 숨어 있다. 서구의 근대가 비서구 세계의 '전통'과 긴장 관계를 이루었다고 보면 전통은 언제나 근대보다 낮은 단계 또는 열등한 단계에 자리하기 때문이다. 이런 관점에 서면 우리의 근대를 바라볼 때 여러 함정에 빠지기 쉽다.

예를 들어 어떤 이들은 어딘가에 도달해야 할 이상향 같은 근대가 있고 동양은 낙후된 어느 지점에 정체되어 있는데, 그 원인이 다 일본의 식민 지배 때문이라고 생각한다. 근대성 자체를 객관적으로 보지 못하는 것이다. 또한 서양 문물의 수용이라는 근대화 과정을 지나치게 긍정할 경우 전통을 지키려는 위정척사파를 수구 또는 보수로 보게 되고, 반대의 경우에는 근대화와 개화라는 명목으로 제국주의를 정당화했던 개화파를 친일파로 보는 일면적 평가를 하기 쉽다.

어떻게 발전할 수 있는가는 무엇을 발전으로 볼 것인가의 문제와 연관된다. 전통이냐 근대화냐의 이분법이 나타난 것도 궁극적으로는 문명의 진보라는 낯선 이념이 동양적 전통의 진보 개념을 대체한 데서 온 혼란이라고 할 수 있다. 진보의 기준은 외부가 아니라 자기 세계관 내에서의 내적인 정합성 문제일 뿐이다. 물론 이는 당대 지식인들에게도 중요한 문제였다. 예를 들어 자기 전통 안에서 진보와 발전의 이념을 끌어내고자 했던 캉유웨이 같은 인물도 있었지만, 긴박했던 당시의 시대 상황은 그의 공상적 사상을 발전시킬 토대를 무너뜨리고 문제의 본질을 객관적으로 볼 수 있는 다른 사상가들의 시야를 가려버렸다. 우리의 관심은 어디까지를 가능성으로 보고 또 한계로 볼 것인가 하는 점이다. 그러므로 현재의 차원에서 과거의 사상을 단순하게 평가하지 않으려면 가능성과 한계를 보기 전에 문제의 복합성과 다양성을 먼저 이해해야 할 것이다.

캉유웨이와 유길준

캉유웨이 康有爲 (1858~1927)

캉유웨이가 태어났을 때 중국은 혼란의 도가니였다. 아편전쟁에서 승리한 영국은 제국주의적 침탈을 본격화했고, 중국 내부에서도 태평천국의 난이 일어나는 등 혼란이 극심했다. 캉유웨이는 어려서부터 성리학을 배웠지만 세상을 경영하고 백성을 구제하기 위한 실용적 학문에 관심이 더 깊었다. 이후 서구 열강의 문화와 사상을 접한 젊은 캉유웨이는 전통 사상뿐만 아니라 서양의 사회과학까지 두루 섭렵하며 사상적 세계를 넓혔다. 이후 광서제에게 변법을 요구했다가 실패한 후 일본으로 망명했고, 북미와 유럽을 돌며 서양의 근대 문물을 경험하는 등 다양한 인생의 굴곡을 거친 뒤 말년에야 중국에 돌아올 수 있었다.

그에 대한 평가는 다양하다. 전통 사상과 서양의 사상을 절충한 중국식 역사발전론을 전개했다는 평가를 받는 한편, 비현실적 무정부주의 또는 공상적 사회주의를 주장했다는 비판도 있다. 다양한 평가에도 불구하고 캉유웨이의 꿈과 좌절은 변화를 강요받은 동아시아 전통 사회의 현실과 문제 그리고 가능성을 모두 보여주는 시대의 거울이라는 점을 부인할 사람은 없을 것이다.

주요 저술로 이상적 사회에 대한 신념이 담긴 《대동서大同書》 외에 《신학위경고新學僞經考》(1891), 《공자개제고孔子改制考》(1897), 《강남해제천강康南海諸天講》(1926) 등이 있다.

| 캉유웨이, 이성애 옮김, 《대동서》,
| 을유문화사, 2006.

역사는 대동을 향해 나아간다

국법은 군대의 법에서 나온 것으로, 실제로는 장수의 명령을 따르고 졸개들을 권위로 다스리는 법을 국가에 행하는 것이다. 그러므로 임금을 높이고 신하를 낮추며 백성을 노예로 여긴다. 집안을 규율하는 법은 통치 체제를 따라 생긴 것으로, 원래 족장을 받들고 아랫사람을 다스리는 법을 가정에 적용한 것이다. 그러므로 남자를 귀하게 여기고 여자를 천시하며, 아버지는 자녀들을 권위로 예속시키는 현상이 나타났다. 비록 성인이 새로운 법도를 만든다 해도 세태와 풍습을 따르지 않을 수 없고, 대세가 이미 형성되어 압제가 오래되면 일반적 원칙으로 굳어져버린다. 처음에는 서로 돕고 보호하려고 만든 법이 나중에는 억압과 불평등을 낳게 되는 것이다. 이렇게 되면 사람들을 즐겁게 하고 고통에서 벗어나게 하려는 법 제정의 본뜻과 정반대가 된다. 인도가 이렇고 중국도 이를 벗어날 수 없다. 서구의 여러 나라는 대략 승평세升平世, 혼란이 정리되고 안정이 시작되는 시대에 가깝지만 아직도 여자들은 남자의 사유물 신세로, 공리公理와는 거리가 멀고 즐거움을 구하는 도리에는 이르지 못했다.

신명하고 성스러운 왕이신 공자께서 일찍이 이를 근심해서역사의 발전에 하·은·주 삼대가 서로 계승한 원리와 혼란의 거란세據亂世, 안정이 시작되는 승평세, 안정이 자리 잡은 태평세太平世의 원칙을 세우셨다. 이는 거란세 후에 승평세와 태평세로 바뀌고, 또한 소란이 가라앉고 안정이 시작되는 소강小康의 단계에서 차별 없는 화평의 세상인 대동大同으로 나아가는 것이다.

나는 난세에 태어나 이 세상의 괴로움을 목격했으므로 이를 구제할 방법을 연구해왔다. 내가 생각할 때 문제를 해결할 유일한 방법은 대동 태평의 도를 행하는 것뿐이다. 세상의 법도를 살펴볼 때 대동의 도를 버리고는 고통에서 벗어날 길도, 즐거움을 구할 방법도 없어진다. 대동의 도는 지극히 균등하고 공적이며 어진 것으로, 통치의 가장 훌륭한 경지라고 할 수 있다. 이 때문에 비록 다른 좋은 도가 있다 해도 이 대동의 도를 능가할 수는 없다.

백성을 편안히 하려는 자는 군대를 없애야 하고, 군대를 없애려는 자는 국가를 없애야 한다. 국가란 혼란한 시대에는 부득이한 보호책이지만 태평한 시대에는 전쟁이나 살인 등 해를 끼칠 뿐이다. 그러나 옛사람이나 지금 사람들이 항상 천하국가라고 말하면서 인간의 힘으로는 더 이상 줄일 수 없는 것으로 간주했으니 이는 큰 오류이다.

지금 백성들의 해를 구하기 위해 태평의 즐거움과 이로움을 이루게 하고 대동의 공익을 구하려고 한다면 반드시 먼저 국가의 경계를 부수고 국가를 없애는 일부터 시작해야 한다. 이것은 어진 자와 군자가 밤낮으로 마음을 다해 사람들을 설득해야 할 바이다. 국가의 경계를 없애는 일 외에는 백성들을 구할 방도가 없기 때문이다. 비록 그렇다 해도 국가는 백성들의 전체 중 가장 차원 높은 것이고, 천제天帝 외에는 그 위에 법률로써 제제할 존재가 없어 각자 사사로운 이익만을 도모하니 공법公法으로도 억제할 수 없고 의리 따위로 움직일 수 없다. 그러므로 강대국이 작은 나라를 침략하여 약육강식하는 것은 자연적인 것으로 공리公理가 미칠 수 없는 일이다. 이러하다면 비록 어진 자가 있어 군대를 없애고 백성들을 편안하게 하고 국가를 없애 천하를 공명정대하게 하려 해도 좋은 방법을 찾을 수 없을 것이다. (…)

그러나 지금의 형세를 보았을 때 비록 국가가 갑자기 없어질 수 없고 전쟁이 갑자기 사라질 수는 없지만, 대세가 흐르는 곳은 반드시 대동세니 그 흐름은 대동세에 이른 후에야 멈출 것이다. 다만 시간이 필요하고 행하는 데 어려움이 따를 뿐이다. 공자의 태평세와 부처의 연화세계, 열자의 담병산, 토머스 모어의 유토피아는 실제로 존재하는 것으로 공상만이 아니다.

해설

캉유웨이가 스물일곱 살 때 초고를 썼다는 《대동서》는 일종의 이상 사회론으로 그의 신념과 학문적 성과가 결집된 일생의 역작이다. 그는 나라를 일으키고 백성을 구하기 위해서는 서양의 기술적 측면뿐 아니라 서양을 움직이는 원리와 이념을 받아들여 중국을 변혁시켜야 한다고 믿었다. 그러나 그가 궁극적으로 기댄 원리와 이념은 혼란에서 태평으로 발전해간다는 중국의 전통적 역사발전론이었다.

그는 인류가 최종적으로 도달해야 할 완전한 세계는 모든 사람이 도덕적으로 살아간다는 유가적 이상이 실현된 이른바 '대동사회'라고 생각했다. 그리고 공자의 관점을 빌려 역사가 아직 혼란스러운 거란세에서 사회적 체제가 완성되고 법률과 제도에 의해 운영되는 승평세로, 다시 국가나 법률의 한계를 뛰어넘는 태평세의 단계로 발전해간다고 보았다. 이 태평세의 단계를 공자가 《예기》〈예운편〉에서 말하는 대동사회라고 보았다. 대동사회는 군대나 국가가 필요치 않은 공명정대한 세계로, 이 세계를 움직이는 진정한 힘은 인의仁義의 마음이다. 그런 점에서 캉유웨이는 전통 사회가 붕괴되고 외세가 밀려오는 불안한 청나라 말기에 서양의 근대적 문물과 제도를 받아들이면서도 고대 유학이 제시한 이상 사회를 현실에서 재현할 방법을 모색한 중국의 마지막 전통 철학자였다고 할 수 있다.

유길준 俞吉濬 (1856~1914)

양반 가문에서 태어난 유길준은 어려서부터 전통적인 유학을 배웠다. 그가 변화한 것은 박규수를 비롯해 김옥균, 박영효 등 이른바 개화파를 만나면서부터였다. 그러나 그의 사상 형성에 결정적 영향을 끼친 것은 일본과 미국 유학 경험이다. 유길준은 신사유람단으로 일본에 건너가서 일본의 근대화를 이끈 이론적 지주 후쿠자와 유키치福澤諭吉의 영향을 받았다. 또 유길준은 최초의 미국 유학생이기도 하다. 일본 유학에서 돌아온 그는 친선사절단으로 파견되어 미국의 근대 문물과 제도를 접한 후 보스턴에 남아 최초의 미국 유학생이 되었다. 《서유견문西遊見聞》(1895)은 귀국 후 미국 유학 중에 보고 배운 것들을 기록한 것으로 당시의 개화사상이 집대성된 책이다.

유길준, 채훈 옮김, 《서유견문》,
명문당, 2003.

근대 문명 국가를 향한 조선의 도전

여러 나라는 마치 한 마을 안에 담과 울타리를 마주하고 있는 집들과 마
찬가지다. 이웃과는 우위와 친목이라는 신의로 더 가깝게 맺어지며 서로
도움을 주는 편리를 통해 아름다운 광경을 만들 수 있다. 혹 물질적인 불
균형으로 인해 사람들 사이에 강약이나 빈부 같은 차이가 생기는 것은 필
연적이지만, 각각 한 사람으로서 평등한 지위를 누릴 수 있는 것은 국법이
사람으로서의 권리를 지켜주기 때문이다. 나라도 이와 마찬가지여서 공법
公法을 통해 규제함으로써 절대적으로 공평무사한 이치를 한결같이 행해나
가게 된다. 그러므로 이른바 큰 나라도 하나의 나라이며 작은 나라도 하
나의 나라이다. 나라 위에 나라 없고 나라 아래 나라가 없으므로 한 나라
가 나라로서 행사하는 권리는 모두 동등하며 조금의 차이도 없다. 이로써
모든 나라가 평화롭고 우의에 가득 찬 의사로써 서로 균등한 예우를 하
여 조약을 교환하고 사절을 파견함으로써 강약의 구별 없이 서로의 권리
를 존중하고 침범하지 않게 되었다. 다른 나라를 존중하지 않는다면 이는
곧 자기 나라의 권리를 스스로 파괴하는 것과 마찬가지이기 때문에 자기
를 잘 지켜나가기 위해서는 타인의 주권을 해치지 않는 것과 마찬가지라
고 할 수 있다.

　개화란 인간 세상의 천만 가지 사물이 지극히 좋고 아름다운 경지에 이
르는 것이다. 그러므로 어떠한 것이 개화된 경지라고 한정하기는 어렵다.
사람들의 재주나 능력의 정도에 따라 그 등급이 결정되지만 사람들의 습
속과 국가의 규모에 의해 차이가 생기기도 한다. 이는 개화의 과정이 한결

같지 않은 이유이기도 하지만 가장 중요한 것은 사람이 실천하는가 아닌가에 달려 있다. 오륜으로 정해진 행실을 독실히 지켜 사람의 도리를 아는 것은 행실의 개화이고, 학문을 연구해서 만물의 이치를 밝힌다면 이는 학문의 개화이며, 국가의 정치를 공명정대하게 해서 국민들이 태평스러운 즐거움을 누린다면 이는 정치의 개화이고, 법률을 공평하게 해서 억울한 일이 없도록 한다면 이는 법률의 개화이며, 편리한 기계를 만들어 사람들에게 이용하도록 한다면 이는 기계의 개화이고, 정교한 물품을 제작해서 사람들의 생활을 풍요롭게 한다면 이는 물품의 개화인 것이다. 이처럼 여러 조목에 걸친 개화를 합한 후에라야 골고루 개화했다고 말할 수 있다.

세계의 어느 나라든 개화가 완벽한 경지에 이른 나라는 없다. 그러나 대강 그 등급을 구분해보면 개화한 나라, 반개화한 나라, 미개화한 나라 등 세 가지로 나누어볼 수 있다. (…) 반개화한 나라를 권하여 실행하게 하고 미개화한 나라를 가르쳐서 깨닫게 해주는 것이 개화한 자의 책임이며 직분이라 할 수 있다. 가만히 생각해보면 행실의 개화는 세계 각국 모두 동일한 규모로 천만 년이라는 장구한 세월을 거치도록 본질적인 변화가 없었지만, 정치 이하의 여러 개화는 시대에 따라 변화했으며 지방에 따라 달랐다. 그러므로 예전에 합당한 것이 오늘에는 맞지 않는 것이 있으며, 저쪽에서는 선한 일이나 이쪽에서는 불선한 일이 되는 경우도 있으니, 고금의 형세와 피차의 사정을 따져 장점을 취하고 단점을 버리도록 하는 것이 개화하는 자가 나아갈 바른 길이다.

개화하는 일을 주장하고 힘써 실천하는 자는 개화의 주인이요, 개화하는 자를 부러워하며 배우기를 기뻐하고 갖기를 좋아하는 자는 개화의 빈객이며, 개화하는 자를 두려워하고 미워하면서도 마지못해 따르는 자는 개화의 노예라고 할 수 있다. 주인의 지위에 있지 못할 바에야 차라리 빈객이 될망정 노예가 되는 것은 옳지 못하다. (…)

아! 개화하는 일이란 타인의 장기를 취하는 것뿐 아니라 자기 자신의 훌륭하고 아름다운 것을 보전하는 데에도 있는 것이다. 타인의 장기를 취하려는 생각 또한 자신의 훌륭하고 아름다운 것을 보전하려는 것이므로, 타인의 재주를 취해도 실용적으로 이용하기만 하면 자신의 재주가 될 수 있다.

해설

《서유견문》은 19세기라는 특수한 역사적 시공간을 통과한 조선 지식인의 세계 인식이자 당시의 개화사상을 집대성한 책이다. 강력한 타자를 통해 조선이 걸어야 할 길을 발견하고자 한 유길준의 사상적 고민과 제안이 담긴 '근대 국가 건설의 설계도'와 같은 책이라고 할 수 있다. 유길준은 당대의 사명이 어떻게 서구와 같은 근대화를 이루어 자주 독립을 통한 번영을 추구할 것인가를 답하는 데 있다고 믿었다. 유길준은 문명과 야만을 가르는 한편 야만에서 문명에 이르는 길을 미개화, 반개화, 개화로 나누고 조선은 반개화 상태에 있는 것으로 파악했다. 그의 목표는 조선이 근대 문명국가의 반열에 드는 것이었다.

현대 이론가들은 약육강식에 대한 비판적 인식 대신 국제 정치 현실을 이론적으로 지나치게 낙관했던 점을 유길준의 한계라고 평가한다. 그는 서양 제국주의의 확대를 적극적으로 학습하고 다른 동아시아 국가에 적용하고자 했던 스승 후쿠자와 유키치의 영향을 받아 제국주의의 기획과 본질적 폭력성을 비판적으로 보지 않았다. 오히려 문명을 힘과 경쟁, 우승열패의 장으로 보고 일본이 다른 아시아 국가들을 지배함으로써 서양에 맞서야 한다는 후쿠자와 유키치의 사상을 큰 비판 없이 수용했다. 유길준이 이런 논리에 동조했던 것은 현실적인 정치의 역학관계를 보지 못하고 추상적인 국제법의 평등성을 믿었던 데서 비롯된 지나친 낙관 때문이라고 할 수 있다. 그를 단순한 친일파로 보기는 어렵지만 일본 제국주의를 정당화하는 역할을 했다는 점도 부인하기는 어렵다.

〈황비홍〉과 〈YMCA 야구단〉, 유교자본주의론

〈황비홍〉과 〈YMCA 야구단〉

■

대원군은 한말韓末의 돈키호테였다. 그는 바가지를 쓰고 벼락을 막으려 하였다. 바가지는 여지없이 부스러졌다. 역사는 조선이라는 조그마한 땅덩어리나마 너무 오래 뒤떨어뜨 려 놓지 아니하였다. 갑신정변에 싹이 트기 시작하여 가지고 한일합방의 급격한 역사적 변천을 거치어 자유주의의 사조는 기미년에 비로소 확실한 걸음을 내어디디었다. 자유주의의 새로운 깃발을 내어 걸은 '시민' 의 기세는 등등하였다. (…) "배워라! 배워야 한다. 상놈도 배우면 양반이 된다." "가르쳐라! 논밭을 팔고 집을 팔아서라도 가르쳐라. 그나마도 못하면 고학이라도 해야 한다." "공자 왈 맹자 왈은 이미 시대가 늦었다. 상투를 깎고 신학문을 배워라."

— 채만식, 《레디메이드 인생》

■

때는 1875년, 청조 광서제 시대 광둥성의 항구 도시 광저우廣州. 관료들은 부패하고 서양 열강들은 위협해오는 상황에서 백성들에게 돌아오는 것은 고통뿐이었다. 이 탁류 속에서 무술과 의술을 익히며 청년들을 이끌던 이가 바로 영화 〈황비홍〉의 주인공 황비홍이다.

청나라가 아편전쟁에서 패한 후 불평등 조약으로 개항한 광저우에는 막강한 화력을 보유한 서양 함대가 진출해 있었고, 동포를 등쳐먹는 건달패까지 설치고 다니는 상황이었다. 의사로서 청년단을 이끌던 황비홍은 건달들과 싸우는 한편, 중국인을 미국에 팔아넘기는 미국인들과도 대결하지 않으면 안 되었다. 중국인을 미국의 금광에 팔아넘기는 악덕 상인을 눈뜨고 볼 수 없었던 그는 맨몸으로 미국 상선에 올라 서양의 신무기들을 무용지물로 만들며 중국인들을 구해낸다.

기독교, 자본주의, 서양 함대, 사진기, 서양 의술 등이 물밀듯이 밀려온 19세기 말의 중국은 전통과 근대, 동양과 서양이 한데 뒤섞여 들끓는 용광로와 같은 공간이었다. 이 속에서 황비홍은 서양 문물을 무조건 수용하거나 배척하지 않는 객관적인 시각을 가진 인물로 나온다. 그는 외국에 다녀온 경험이 있는 신여성 이모와 함께 의학회에 나가 서양인들에게 침술을 설명하는 등 개방적인 태도로 전통과 서양 문물의 절충을 시도하는 한편, 불의를 참지 못하고 세상과 백성을 구하려는 전통적 이념의 소유자이기도 하다.

이보다 조금 후의 일이지만 조선인이 대면한 외세와 서양의 신문물을 다룬 한국영화가 있다. 야구라는 서양 스포츠를 처음 접한 조선인들의 이야기를 그린 〈YMCA 야구단〉이 그것이다. 영화의 시점은 1905년, 굴욕적인 을사조약이 체결되던 해다. 주인공 호창은 전통적인 유학 교육을 받은 선비이지만 지금은 할 일 없이 동네 친구들과 돼지 오줌보나 차는 신세다. 공부의 목표였던 과거시험이 갑오개혁으로 사라졌기 때문이다. 호창의 아

조선 최초의 YMCA 야구단 이야기를 그린 영화 〈YMCA 야구단〉. 주인공 호창은 경쟁에서 이기거나 강자가 되겠다는 열망보다는 인과 의를 통해 세계를 이해하고 실천하려는 '근대인'이다.

버지는 개화의 물결에 휩쓸려 관직에서 밀려난 뒤 서당을 운영하고 있는 퇴락한 관료다. 무료한 호창의 인생에 변화가 찾아온 것은 서양인들이 하는 '베쓰볼', 즉 야구를 접한 뒤부터다. 마침 민정림이라는 신여성이 사람들을 모아 야구단을 만든다고 하자 호창을 포함한 야구단원들은 야구에 빠져들고 '황성 YMCA'는 곧 무적의 팀이 된다.

영화에서 호창의 아버지가 전통을 상징한다면 서양식 옷을 입고 영어를 구사하는 신여성 민정림은 근대를 상징한다고 할 수 있다. 과거제도가 없어져 공부의 목표가 사라졌음에도 선비로서 살기를 원하는 아버지의 뜻을 거스르고 싶지 않았지만 한편으로 야구도 계속하고 싶어 하는 호창은 전통과 근대 사이에서 갈등하는 인물이다.

우여곡절 끝에 호창은 야구를 포기하고 아버지를 따라 고향에 내려가지만 YMCA 야구단이 일본군과 경기를 한다는 신문기사를 보고 결국 길을 나서게 된다. 호창이 마지막 시합을 위해 길을 나선 것은 일본을 꼭 이기겠다는 열망도 아니고 야구에 대한 열정 때문도 아니다. 그를 움직인 것은 '의로움에 가까운 약속은 행해야 한다'는 경전의 구절이다. 그는 근대의 이기利器인 기차를 타고 가려 하지만 시간을 놓쳐 포기하고, 그 대신 자전거를 타고 황성의 경기장으로 출발한다. 변화구조차 사람을 속이는 것이라며 방망이를 휘두르지 않던 호창이지만 결국 문명의 이기를 이용하고 변화구에도 방망이를 휘두를 정도로 변화하게 된다. 그는 방편으로서의 근대화를 거부하지 않았던 것이다. 그러나 그는 경쟁에서 이기거나 강자가 되겠다는 열망이 아니라 여전히 인과 의를 통해 세계를 이해하고 실천하려는 전통을 버리지 않은 '근대인'이었다.

유교, 자본주의를 만나다

■

미국의 전략이론가이자 미래학자였던 허먼 칸은 지난 1970년대 초, 자신의 저서 《미래의 체험》에서 앞으로 다가올 혁명적인 미래상품 100가지를 예측했다. 그 후로 40여 년이 지난 지금 그가 예측한 100개 상품 중 대다수가 하나 둘 현실로 입증되고 있다. '현금자동지급기ATM'와 '초고속열차', '비디오리코더VCR', '위성항법장치GPS' 등이 대표적인 사례다. 하지만 그의 예언은 아직 끝나지 않았다. 당시 그는 다가올 21세기에 서구적 자본주의가 몰락하고 '유교적 자본주의'가 그 빈자리를 대신할 것이라고 내다봤다. 교육을 중시하는 동양적 사고방식, 가족과 향토를 소중히 여기는 대가족 문화, 신뢰와 예의를 바탕으로 한 전통사회, 윤리를 중시하는 집단적 국가의식, 강한 유교적 문화의 동질감이 중시될 것이라는 게 허먼 칸의 예측이었다.

— 《서울경제신문》, 2010. 3. 10.

■

유교자본주의론이란 동아시아의 네 마리 용이라고 불리는 대만, 홍콩,

싱가포르, 한국 등이 1960~70년대에 이룬 경제적 기적을 유교 문화와의 연관성을 통해 설명하려는 이론이다. 유교자본주의론의 핵심은 유교가 자본주의 자체를 도출해내진 못했지만 동아시아에서 자본주의의 이식과 발전에 큰 역할을 했다는 것이다. 일찍이 베버는 프로테스탄트 윤리가 자본주의 발달을 이끌었던 서양과 달리, 중국의 종교로서 유교와 도교에는 중국을 자본주의적 발전에 이르게 할 동력이 없다고 주장한 바 있다. 유교자본주의론은 이런 베버의 이론에 대응하는 성격을 띠고 있는 것이다.

유교자본주의론자들은 한국에서 자본주의가 발달하게 된 배경으로 강력하고 권위적인 정부, 가족주의적 사고, 전체를 중시하는 도덕적 성향, 근검절약하는 노동윤리, 공동체에 대한 개인의 책임의식 등을 제시하며 이런 유교 문화적 요소가 프로테스탄티즘의 윤리처럼 자본주의를 발전시키는 데 큰 도움이 되었다고 분석한다. 그러나 이런 주장은 주의해서 보지 않으면 안 되는 함정을 가지고 있다.

일단 유교적 문화 원리들이 동아시아의 자본주의 발달에 도움이 되었다는 분석이 한계를 안고 있다. 특히 우리 사회에서 유교자본주의론으로 한국식 자본주의를 정당화하려는 시도들은 더욱더 깊은 함정들을 가지고 있다. 한국 사회의 경우 유교자본주의론자들이 제시하는 권위적 정부나 가족주의는 자본주의적 발달을 이끈 동력이라기보다는 근대화의 병폐와 연결된다고 보는 사람들이 많다. 독재 정부가 사회를 원활하게 통제하고 저임금의 노동 구조를 정당화하기 위해 전통으로부터 자기들에게 유리한 이념만을 뽑아 재구성하고 이용했다는 것이다. 예를 들어 가족주의는 서로에 대한 도덕적 책임을 지는 전통적 의미가 아니라 희생과 착취를 정당화하는 구조로 이용되었다는 것이다.

1960~70년대 한국 정부는 유교적 정치와 관계없는 독재에 가까운 권위

적 통치를 강권했다. 따라서 권위적 정부나 가족주의, 충효의 강조 등은 유교적 전통이라기보다는 근대 권위주의 정부가 대중을 통제하기 위해 유교적 전통으로부터 변용한 이데올로기적 성격이 강하다. 그래서 한국 자본주의는 유교적 자본주의가 아니라 개발 독재적 성격의 자본주의로 보는 것이 타당하다는 학자도 있다.

국가 차원에서 유교자본주의의 영향을 주장하는 싱가포르의 경우, 사실상 유교 전통보다는 영국의 근대화 세례를 더 많이 받았음에도 유교자본주의론을 적극적으로 이용하고자 한다. 그들이 유교를 자국 발전의 동력으로 주장하는 데에는 새로운 중화주의가 숨어 있다고 평가할 수 있다. 경제 발전을 통해 자신감을 얻은 중국인들이 발전의 원동력을 자신들의 고유한 전통에서 찾으려는 시도라고 보는 것이다.

한국에서 유교자본주의 문제는 1960년대 이후 가속화된 '근대화' 과정을 어떻게 이해할지의 문제와 연관되어 있다. 한국은 서양이 수백 년에 걸쳐 이룬 발전을 단기간에 따라잡고자 폭력적인 지배와 통제의 기술을 구사했다. 그 결과 외형적 근대화는 이루었지만 그것을 움직이는 원리와 이념들은 왜곡되었으며, 특히 폭력적이고 억압적인 근대화 과정을 미화하기 위해 수용한 유교 이념들은 진정한 유학의 원리라기보다는 이데올로기적 마취제 역할을 했다고 봐도 크게 틀리지 않을 것이다. 이처럼 전통과 근대는 19세기와 20세기 초뿐 아니라 현재 한국 사회에서도 여전히 논의되어야 할 담론이라고 할 수 있다.

서양을 어떻게 받아들일 것인가?

서구 열강과 맞닥뜨린 동아시아 삼국은 어떤 방식으로든 전통적 체제에 스스로 의문부호를 그리며 자기 운명을 결정해야 하는 도전에 응하지 않을 수 없었다. 가장 먼저 일본이 문호를 개방하면서 적극적으로 서양을 배워나갔고, 중국이 아편전쟁에서의 패배를 극복하기 위해 서양 배우기를 시도했지만 지배층과 사회 구조는 그대로인 채 문물만 배워 오려는 근대화는 한계에 부딪히고 만다. 이에 비해 조선은 아시아를 침탈하려는 강대국과 중국, 일본 등 전통적인 경쟁 국가들에 둘러싸여 스스로 자기 운명을 결정하지 못한 채 숨을 죽이고 있었다. 힘에 의한 변화 앞에서 국가와 민족의 문제를 고민한 캉유웨이나 유길준 같은 인물들이 자국의 운명을 어떻게 진단하고 변화를 모색했는지 살펴본다면, 이들이 보여준 가능성과 한계를 오늘날 우리에게도 비추어볼 수 있을 것이다.

동양의 정신, 서양의 과학기술

사회자　오늘 토론에서는 중국의 석학 캉유웨이 선생님과 조선의 개화사상가 유길준 선생님을 모시고 말씀을 들어보기로 하겠습니다. 선생님들 서로 인사 나누시지요.

캉유웨이　반갑습니다. 조선에서 개화사상을 펴신다는 말씀, 많이 들었습니다. 고생이 많으십니다.

유길준　네, 안녕하십니까. 유명하신 분을 직접 만나 뵙게 돼서 영광입니다.

캉유웨이　무슨 말씀을요. 비슷한 고민을 하는 동시대의 동지를 만나니 제가 더 반갑습니다.

유길준　선생님 말씀이 맞습니다. 중국이나 조선 모두 바람 앞의 등불 같은 위기 상황이지요. 조선은 원래 도가 실현된 아름다운 나라였습니다만, 문호를 개방하라는 열강의 압력 앞에서 스스로 변화하고 자립할 바를 찾아야 하는 처지가 되었습니다.

캉유웨이　우리 조정에서도 영국과의 전쟁에서 지고 불평등 조약을 맺은 뒤로 서양을 배우자며 양무운동을 벌이고, 조선술이나 항해술을 배우자며 영국에 학생을 파견하기도 했습니다. 이들은 중체서용, 즉 중국적인 것을 본체로 삼고 서양 기술을 이용하자고 주장합니다.

유길준　선생님이 말씀하시는 중체서용을 우리나라에서는 동도서기라고 합니다. 아시다시피 우리 동양에서 도란 사물이나 사건의 배후에 있는 원리 또는 본질을 가리키고, 기란 그 본질을 담고 있는 유형의 사물들이 아닙니까. 우리나라에도 근본적인 원칙으로서의 윤리적 질서는 우리 조선에서, 개별적인 방법과 기술은 서양에서 찾아 각각의 장점을 결합시켜야 한다고 생각하는 사람들이 많습니다.

사회자　그러나 각국에서는 결국 중체서용론이나 동도서기론이 단순한 절충주의에 불과하다며 비판적으로 보는 분들도 많습니다.

캉유웨이　네, 저도 그렇습니다. 그러한 방식은 한계가 있다고 봅니다. 신무기 제작 기술이나 조선술을 배운다고 이 난국을 돌파할 수 있을까요? 더 근본적으로는 서양의 제도와 그것을 움직이는 힘을 이해하고 수용해야 합니다.

유길준　저도 같은 생각입니다. 단순히 서양 기술을 들여온다고 해서 문제가 해결되진 않습니다. 지금 세계 모든 나라가 문명국의 단계에 이르기 위해 서로 극심한 경쟁을 벌이고 있습니다. 새로운 국제 질서에서 살아남고 번영을 이루려면 가장 먼저 부강해져야 합니다. 그러자면 당연히 새로운 문명을 향해 우리의 세계관과 가치관을 열지 않을 수 없습니다. 유학적 세계관을 버릴 수는 없지만 예전처럼 도를 불변의 것이라고 주장해서는 안 됩니다. 인간의 도는 언제나 변화하는 것 아닙니까. 반개화 상태에서 벗어나 문명국으로 나아가는 길이 바로 부강의 길입니다.

사회자　선생님께서도 동도서기를 넘어서야 한다는 말씀이시군요. 그런데 유길준 선생님은 조선을 제국주의적으로 침략하려는 일본에 대해서는 어떻게 생각하십니까?

유길준　나의 사상은 일본을 위한 것이 아닙니다. 내 나라를 위한 것이지요. 문제는 누구와 손을 잡을 것인가입니다. 조선이나 중국같이 완전히 개화되지 않은 나라는 개화된 문명국을 보고 배워야 합니다. 일본은 벌써 문명국의 단계에 들어섰습니다. 우리도 빨리 일본을 따라 근대화를 하지 않으면 서양인들에게 맞설 수 없고, 강자가 약자를 종속시키는 추세에 따라 도태될 수도 있습니다.

대동사회와 유교

사회자   듣고 보니 선생님 말씀도 일리가 있습니다. 그러나 선생님께서 간과하신 것도 있다고 생각합니다. 일본을 말할 것 같으면 서양의 제국주의 이론을 조선에 실험한 것에 불과하지 않습니까? 일본을 매개로 해서 서양을 배워가자는 생각은 일본의 제국주의를 정당화할 수도 있습니다. 사회나 국가는 생존경쟁을 통해 강자가 약자를 정복하는 방향으로 진화해간다는 사회진화론이 깔려 있는 한 말입니다. 많은 학자들이 그 점을 안타까워합니다. 근대화는 보았지만 그 속의 제국주의는 보지 못했고, 사회진화론은 보았지만 그 속에 담긴 우승열패의 폭력성은 보지 못한 셈이라고요.

유길준   따가운 비판이지만 타당한 부분도 있다고 생각합니다. 제가 미처 보지 못한 것들이 있을 수 있겠지요. 이 문제는 좀 더 생각해봐야 할 것 같습니다.

사회자   캉 선생님은 어떻게 생각하십니까?

캉유웨이   세계에 강자가 있고 약자가 있다는 것은 인정해야겠지요. 자연계에서처럼 더 우월한 존재를 하늘이 선택한다는 점에 대해서는 저도 동감입니다. 그렇지만 역사의 발전은 단순히 강자가 약자를 지배하는 과정이 아닙니다. 그것은 혼란이 가라앉고 진정한 태평시대가 오는 발전의 과정이지요. 공자께서는 일찍이 인간 사회가 혼란을 벗어나 안정을 이루는 소강시대를 지나 모든 경계가 무너지고 진정한 평화와 인의가 실현되는 대동시대가 온다고 말씀하셨습니다. 역사는 혼란의 시대인 거란세로부터 안정의 시대인 승평세, 다시 모든 안정과 인의가 실현된 태평세로 발전합니다. 서양의 몇몇 나라와 일본이 현재 중국이나 조선보다 발전한 것은 사실입니다. 그러나 그들 역시 진정한 대동사회에 이르렀다고는 볼 수 없습니다.

강력한 서양도 아직 승평세에 머물고 있을 뿐입니다. 대동 태평세에 이르러야 진정한 발전이 이루어지는 것이지요. 우리 중국도 빨리 봉건제도를 개혁하고 자본주의 경제 체제를 도입해야 합니다.

사회자　말씀하신 대동사회에 대해 좀 더 자세히 설명해주시겠습니까?

캉유웨이　대동사회란 올바른 도가 행해지는 사회로, 모든 사람들이 편안하게 하나가 되는 사회를 말합니다. 다시 말해 평등하면서도 서로 간에 책임감과 애정이 넘치는 이상적인 사회입니다. 이런 시대가 되면 어떤 차별도 받지 않을 뿐 아니라 고된 노동은 물론이고 온갖 고통도 사라지게 됩니다. 먹을 것, 입을 것이 여유롭기 때문에 갈등도 없고 모든 시설들이 다 갖추어져서 생활에 불편이 없겠지요.

사회자　대동사회는 어떻게 해야 실현되는 것입니까?

캉유웨이　대동사회를 실현하려면 먼저 천부 인권을 인정해야 합니다. 모든 사람들이 자유와 완전한 평등을 누려야 하고요. 신분의 차이는 물론 남녀도 차별해서는 안 됩니다. 이를 위해서는 결혼제도나 가족제도, 더 나아가서는 국가나 군대마저도 사라져야 합니다. 이런 사회에서는 더 이상 국가나 민족 같은 폐쇄적인 경계는 의미가 없어집니다. 대동사회는 모든 경계가 사라진 소통과 연대의 사회라고 할 수 있습니다.

우리는 어디로 가야 하는가?

사회자　일종의 공상적인 유토피아라고 할 수 있지 않을까요?

캉유웨이　저는 공상적이라고 생각하지 않습니다. 태평세는 물질문명과 수준 높은 제도만으로 이루어질 수 있는 사회가 아니기 때문입니다. 태평세의 진정한 모습은 사람들이 모두 선하고 도덕적인 삶을 사는 세상입니다. 저도 사회진화론을 주장하는 분들처럼 경쟁이 발전을 이끈다고 생각합니다. 그러나 경쟁과 갈등은 인류가 추구해야 할 목표가 아닙니다. 이 경쟁과 갈등을 넘어설 수 있게 해주는 것이 바로 유학에서 중하게 여기는 인의仁義입니다. 인간에게는 누구에게나 인, 즉 사랑의 마음이 있습니다. 인이라는 유학의 기본 이념이 바로 문명의 진정한 척도입니다. 대동사회는 결국 인을 갖춘 유가적 성인이 이끌어가는 세상인 것입니다.

사회자　선생님의 생각이 지나치게 낙관적인 것은 아닐까요? 말씀을 들으니 선생님의 목표는 유학적 가치를 부활시키는 데 있는 것 같습니다. 서양의 자본주의, 입헌주의 등을 받아들여 중국을 변화시켜가야 한다고 믿으시지만, 궁극적인 가치 기준은 유학의 세계관에 두시는 것이 아닌지요?

유길준　제가 듣기에도 선생의 대동사회론은 대단히 급진적이군요. 제 생각엔 조금 비현실적인 것 같습니다. 중앙에서 전체를 조정하고 통제하는 국가가 없는데도 사람들이 분쟁 없이 살아갈 수 있을지도 의문입니다. 그렇지만 윤리와 도덕이 필요하다는 선생님의 말씀에는 동의합니다. 저도 자유와 평등이 중요하다고 생각하지만 인륜 역시 그에 못지않다고 생각합니다. 먹고 먹히는 경쟁이 아니라 서로를 발전시키는 경쟁이 이루어져야 하고, 이를 위해서는 서로가 도덕적 원리를 지키는 것이 중요하지요.

캉유웨이　그렇다면 선생은 도덕의 근간이 되는 우리의 유학이 문명을 이끄는 중요한 이념이 되어야 한다는 데 동의하시는 것입니까?

유길준　그렇지만은 않습니다. 유학은 지금 우리 조선을 이끄는 지도 이념이 되기에는 문제가 있습니다. 윤리강상만을 주장하는 전통적인 세계관으로는 문명개화가 어려우니까요. 그런 점에서는 인의 소통을 대동사회의 핵심으로 보는 선생의 생각과 좀 다르다고 할 수 있습니다.

사회자   네, 두 분 말씀 잘 들었습니다. 선생님들의 말씀을 반추해서 새로운 길을 모색하는 것은 후대 사람들의 몫이겠지요. 이상으로 토론을 마치겠습니다.

책

■ 조경란, 《중국 근현대 사상의 탐색》, 삼인, 2003.

중국 근현대 사상을 연구해온 저자가 10여 년간의 연구 성과를 엮은 책이다. '캉유웨이부터 덩샤오핑까지'라는 부제가 말해주듯, 19세기 말부터 20세기 말까지 중국이 겪은 다양한 변화를 관통하는 다양한 사상적 인자들, 캉유웨이의 《대동서》를 비롯해 사회진화론에 대한 인식 등 전통과 근대 사이에서 고민했던 중국 지식인들의 사상사적 풍경을 만날 수 있다.

■ 박노자, 《우리가 몰랐던 동아시아》, 한겨레출판부, 2007.

한국 사회에 대한 날카로운 비판을 서슴지 않는 박노자 교수의 '동아시아 근대성 다시 보기'이다. 동아시아가 경험한 정체성의 혼란을 전통에 대한 반성과 계승의 노력으로 평가하면서 부끄러운 우리의 이중성과 서구 및 근대에 대한 우리의 복잡한 심리를 들추어낸다.

■ 이경민, 《제국의 렌즈―식민지 사진과 '만들어진' 우리 근대의 초상》, 산책자, 2010.

식민지 조선은 카메라라는 근대적 도구를 든 일본과 서구 앞에 초라하고 낙후된 피사체에 불과했다. 구경거리로 전락한 조선의 풍경들은 근대성을 기준으로 조선의 삶을 낙오와 패배로 규정한 일본의 조작과 기획의 산물이었다. 저자는 일본의 지배를 정당화하기 위한 일환으로 이루어진 사진 작업들을 추적하며 조선이 어떻게 '만들어'졌는지를 보여준다.

■ 조현범, 《문명과 야만—타자의 시선으로 본 19세기 조선》, 책세상, 2002.
19세기 조선은 의학, 과학기술 등 문명의 힘을 보유한 서양 선교사의 눈에 야만 그 자체로 보였을 것이다. 문명과 야만은 조선이 벗어나야 할 삶이 무엇이고 지향해야 할 태도가 무엇인지 보여주는 기준이자 거울이었다. 저자는 천주교 선교사와 개신교 선교사의 눈에 비친 조선의 현실과 그들이 말하는 문명개화의 참모습을 바로 볼 수 있게 해준다.

■ 역사문제연구소, 《전통과 서구의 충돌—'한국적 근대성'은 어떻게 형성되었는가》, 역사비평, 2001.
건축, 음악, 미술, 철학 등 다양한 분야의 전문가들이 한국적 근대성의 형성 과정을 추적해 보여주는 책이다. 각자 자신의 전문 분야에서 다양한 논의를 전개하는데, 그 논의를 관통하는 하나의 코드는 우리나라에서 전통과 근대가 어떻게 충돌했고, 그 충돌이 어떠한 변화를 야기했는지를 포착하는 것이다.

다큐멘터리
■ KBS, 〈유교 2500년의 여행〉, 2007.
동아시아의 문화적·정치적·사상적·이념적 토대로서의 유교를 역사적 연원에서부터 현재적 의의에 이르기까지 다양한 각도에서 추적한 다큐멘터리다. 공자로부터 시작된 유교가 어떻게 중국은 물론 한국, 일본, 타이완, 싱가포르, 홍콩, 베트남에 이르기까지 아시아 국가 대부분의 국가적·문화적 토대가 될 수 있었는지 그 이념적 내용과 의의를 조명한다. 유교자본주의 등에 대한 일반적 담론을 담고 있어 비판적 각도에서 바라볼 필요가 있다.

5

소비

너는 얼마짜리야?

김범수 (숭실대학교 강사)

생각 속으로 | 우리는 어떤 사회에 살고 있는 걸까?
고전 속으로 | 앙리 르페브르, 존 갤브레이스, 장 보드리야르
역사와 현실 속으로 | 된장녀, 자상한 아버지, 소비사회
가상토론 | 우리는 가짜를 팔고 사는 걸까?

우리는 어떤 사회에 살고 있는 걸까?

지우개는 100원인데 왜 연필은 200원일까

사람이 살아가는 데는 꼭 필요한 것들이 있다. 집이 있어야 하고, 먹을 것도 있어야 하며, 옷도 있어야 한다. 이것은 과거에도 그랬고 지금도 그렇다. 그렇지만 오늘날 의식주를 해결하는 방식은 과거와 다르다. 과거에는 자급자족의 방식으로 자신과 가족, 공동체가 의식주를 해결했다. 반면, 자본주의가 출현한 이후에는 노동을 통해 생계를 해결한다. 직접적으로 의식주와 관련된 노동을 하는 것이 아니라 화폐를 벌기 위해 노동을 한다. 그리고 그 화폐를 가지고 자신과 가족에게 필요한 상품을 구매한다.

그런데 오늘날의 사회는 이와 조금 다른 측면이 있다. 생계를 위해 노동을 하는 것은 초기 자본주의 사회와 동일하지만 사회적 의미는 많이 바뀌었다. 초기 자본주의 사회에서는 생산이 무척이나 중요했다. 그래서 초기 자본주의 경제학에서는 거의 모든 것을 생산과 노동으로 설명하려고 했다. 예를 들어보자. 여기에 지우개가 하나 있다. 이 지우개를 100원이라고 하자. 그리고 연필이 있다. 이 연필은 200원이라고 해보자. 왜 지우개는

100원인데 연필은 200원일까?

　조금 아는 사람이라면 수요와 공급의 법칙을 말할 것이다. 시장에서 연필을 사려고 하는 사람이 100명인데 연필은 80자루만 생산된다면 가격이 올라간다. 반대로 공급이 수요보다 많아지면 가격은 떨어지게 된다. 이런 식으로 수요와 공급이 균형을 이루는 지점을 보면 연필이 200원, 지우개는 100원이 된다는 주장이다. 그런데 이것은 최초의 가격이 어떻게 결정되는지에 대한 설명은 아니다. 통상은 노동시간으로 가격이 결정된다고 한다. 예를 들어 지우개 하나를 만드는데 한 시간이 걸려서 상품 가격이 100원으로 결정된다면, 두 시간이 걸릴 경우 그 상품의 가격은 200원이 된다는 것이다. 여기서 알 수 있는 것은 초기 자본주의 사회에서는 상품의 가격을 노동을 통해 설명하고 있다는 것이다.

━━━━ 상품은 더 이상 노동을 통해 만들어지는 것이 아니라 거짓 이미지로 조작된다. 사람들은 이 조작된 이미지에 사로잡혀 소비한다. 그래서 특정 상품을 소비하면 상류층이라는 환상에 사로잡히는 것이다. 이렇게 상품은 노동이 아닌 기호를 통해 생산된다.

한편 상품은 기본적으로 두 가지 성격을 가지고 있다. 그것은 사용가치와 교환가치이다. 앞서 말했던 상품의 가격은 교환가치이다. 교환가치란 상품과 상품이 교환되는 비율을 의미한다. 위의 예를 보자면, 지우개 두 개는 연필 한 자루와 바꿀 수 있다. 즉 2대1의 비율이다. 그런데 과거에는 물물교환이 이루어졌지만 지금은 물물교환이 아닌 화폐로 가치를 결정한다. 무엇과 무엇의 교환비율이 얼마라고 말할 필요가 없는 셈이다. 그래서 교환가치를 쉽게 생각하면 상품의 가격이라고 해도 괜찮을 것이다.

반면에 사용가치란 상품을 사용할 때 발생하는 가치이다. 예를 들어 청바지는 사서 옷걸이에 걸어만 두는 것이 아니라 입고 다님으로써 그 가치를 발휘한다. 지우개는 흑연 자국을 지울 때 그 가치를 발휘한다. 이처럼 사용가치란 일정한 용도를 염두에 둔 개념이라고 할 수 있다. 그런데 이런 가치는 반드시 노동을 통해서 발현되는 특성이 있다. 상품은 노동을 거치지 않으면 만들어질 수 없기 때문이다. 결국 두 가치는 노동이 전제조건이 된다.

이런 특성 탓에 초기 자본주의에서는 노동이 무척이나 중요했다. 그리고 노동은 곧바로 생산과 연결되었다. 이런 시대를 흔히 생산사회라고 한다. 어떻게 하면 생산을 늘려서 사회를 풍요롭게 만들 수 있는가를 고민하던 시대이다. 그런데 오늘날의 사회는 이미 충분히 풍요로워졌다. 과거에는 분명 생산이 중요했지만, 이제는 생산물이 넘쳐나고 있기에 생산보다는 어떻게 소비시킬 것인지를 고민하는 시대가 되었다. 이런 시대를 흔히 소비사회라고 한다. 초기 자본주의 시대가 생산 양식을 연구했다면, 지금은 소비 행태를 보면서 대중의 심리와 취향 따위를 가늠하는 시대가 된 것이다.

현대 사회에서 소비는 어떻게 변화했나

소비사회와 생산사회를 비교해보기 좋은 것 중 하나는 소비 태도이다. 과거에는 근검절약이 미덕이어서 사회적으로 권하기도 했지만 현재는 반대가 되었다. 지금은 오히려 근검절약이 자본주의의 적이 되었고, 소비를 부추기는 것이 미덕이 되었다. 또 소비사회로 접어들면서 상품의 교체 주기가 빨라졌다. 사람들은 많은 소비를 통해서 삶을 영위하고 있는 셈이다. 이런 상황에서 생산의 주역은 노동이 아니라 소비다.

앙리 르페브르Henri Lefebvre는 《현대세계의 일상성La Vie Quotidinne Dans le Monde Moderne》에서 현대 사회의 소비 성향을 자세히 분석하고 있다. 그가 이를 설명하기 위해서 제시한 개념은 이미지다. 일차적으로 이미지는 언어와 대립되는 개념이다. 이미지는 언어로 표현할 수 없는 것이다. 흔히 시를 읽다 보면 일정한 운율과 뉘앙스 때문에 정감이 가는 때가 있다. 이것이 바로 이미지다. 문제는 이 이미지가 어떻게 만들어지는가 하는 것이다.

르페브르는 지금의 사회가 "소비를 통제하는 관료제 사회"라고 주장한다. 관료제 사회에서는 소비생활의 통제 도구인 광고가 중요한 의미를 갖게 된다. 기업주와 관료가 결탁해서 광고를 통해 소비자들을 통제한다고 보는 것이다. 기업주 입장에서는 생산량을 늘려 이윤을 극대화하는 것이 바람직하다. 그리고 관료의 입장에서는 정보와 지식을 통제해서 권력을 유지하는 것이 바람직하다. 기업주와 관료는 결국 자신들의 기득권을 유지하기 위해서 생산의 증대와 통제를 함께 수행하게 된다. 이렇게 되면 소비 패턴을 일정하게 조작하고 통제할 수 있는 시스템을 갖추는 것이 중요한데, 여기서 광고의 힘이 발휘된다.

광고는 합리적인 의사소통으로 만들어지는 것이 아니다. 광고는 믿게 만드는 수단일 뿐이다. 광고에는 어김없이 미소신화, 진열신화 등이 있다. 미소신화란 소비하는 즐거움을 보여주는 것이다. 그래서 상품을 소비함으로써 누릴 수 있는 즐거움을 광고에 어김없이 등장시킨다. 그뿐 아니다. 직접적인 광고만이 아니라 영화나 TV 드라마에서는 상품을 교묘하게 진열한다. 그리고 그 속에 등장하는 인물들은 모두 이런 상품을 소비하고 있는 양 소비자를 현혹시킨다. 이런 모습은 합리성이 아니라 믿음이다. 따라서 이런 현상을 일종의 신화라 부를 수 있을 것이다. 신화는 그럴듯하게 보이지만 인간의 무의식에서 비롯된 상상의 산물이다. 신화를 놓고 우리는 왜 그런가를 따지지 않는다. 다만 신화를 있는 그대로 믿을 뿐이다. 이런 신화 상태에서는 자율적이고 창조적인 소비가 불가능해진다. 말하자면 소비자들은 수동적인 꼭두각시로 전락하게 된다. 꼭두각시에게는 자율성이 없다.

이런 사회에서는 당연히 소외가 심화된다. 소외란 자기의 본성으로부터 멀어진 상태를 말한다. 물건은 원래 인간의 본질에 속할 수 있다. 인간은 노동을 통해 자연을 가공하면서 살아왔다. 그런데 소비사회에 접어들어 인간은 물건의 수동적 주체로 전락하게 된다. 그리고 더 이상 능동적이고 주체적이지 못한 상태가 반복되며 소외가 심화되는 것이다.

르페브르는 이런 상태를 일상성의 지배로 설명한다. 일상성의 특성은 반복으로 정의할 수 있다. 현대인은 정해진 시간에 잠자리에서 일어난다. 그리고 정해진 시간에 아침식사를 하고 회사로 출근한다. 현대인의 생활은 다람쥐가 쳇바퀴를 도는 것이나 다를 바 없다. 이렇게 생활하는 사람들에게는 양식style이 부재하게 된다.

양식이란 대상에 의미를 부여하는 것이다. 르페브르에 따르면 경쟁자본주의가 탄생하기 전에는 양식이 있었다고 한다. 양식은 작품과 함께 설명할 수 있다. 작품이란 정성과 의미를 담아 기계가 아닌 손으로 직접 만든 것을 의미한다. 가령 옛날 우리 어머니들이 자식에게 주려고 한 땀 한 땀 바느질해서 만든 옷은 작품이다. 그러한 옷에는 일정한 양식, 즉 스타일이 있다. 어머니는 자식에 대한 사랑으로 옷을 만들었고, 그 옷은 세상에서 하나밖에 없다는 의미를 담고 있다. 그런데 소비사회에서는 모든 옷들이 기계로 만들어진다. 말하자면 작품이 사라지고 상품만 남게 된 것이다. 이렇게 작품이 사라지고 상품만 남게 되는 세태는 삶의 양식마저 수동적으로 전락시키는 위험성을 지니게 된다.

이러한 르페브르의 입장을 옹호하면서 적극적으로 받아들인 사람은 보드리야르Jean Baudrillard다. 르페브르는 보드리야르의 박사 논문 심사위원이기도 했다. 르페브르가 현대 사회를 일상의 지배로 설명하면서 인간 삶의 조건에 대해서 말했다면, 보드리야르는 경제학적·사회학적 관점에서 소비사회를 비판적으로 검토한다. 구체적으로 보드리야르는 소비사회의 특성을 설명하면서 '기호가치'를 말한다.

현대사회는 '이미지'라는 매트릭스에 갇혀 있다

기호가치는 상품의 두 가지 가치인 교환가치와 사용가치 외에 또 다른 가치를 의미한다. 기호가치는 심리적 지위의 차이를 드러내는 수단이다. 사람들은 상품 소비에 알게 모르게 사회적 지위를 투영하고 있다. 대표적인 예가 자동차다. 중형차를 타는 사람, 소형차를 타는 사람, 경차를 타는 사람은 사회적으로 특정 신분 혹은 특정 계급에 속해 있다는 편견을 갖게 한다. 이런 것이 기호가치의 예라고 할 수 있다.

보드리야르에 따르면 현대 소비사회에서는 기호가 생산을 대신한다. 상품은 더 이상 노동을 통해 만들어지지 않는다. 오히려 상품은 거짓 이미지로 조작된다. 그리고 사람들은 이 조작된 이미지에 사로잡혀 소비하게 된다. 특정 상품을 소비하면 상류층이라는 환상에 사로잡히게 된다는 것이다. 이런 식으로 소비되기 때문에 상품은 노동을 통해서 만들어지는 것이 아니라 기호를 통해 생산되는 것이다.

이런 특성은 상품만이 아니라 예술이나 대중문화에도 적용된다. 또 인간의 몸에도 적용된다. 소비사회의 또 다른 특성으로 보드리야르는 인간의 몸을 분석한다. 인간의 몸이란 과거에는 종교적 의미를 지니고 있었다. 자본주의가 태동하면서는 노동을 제공하는 수단으로도 보았다. 그런데 보드리야르는 이런 특성 외에 현대 소비사회에서는 에로티즘이 몸에 결합되었다고 본다.

우리 사회에서도 몸에 대한 관심이 높다. 그래서 다이어트나 성형수술에 관심을 쏟는 등 육체적 아름다움이 상품화되고 있는 추세이다. 특히 여성에게는 'S라인 몸매'로 대표되듯이, 성적인 아름다움을 사회적으로 권장하고 있다. 과거에는 특정인에게 이런 몸매를 요구했지만 지금은 모든 여성에게 강요하고 있다. 보드리야르는 이러한 몸이 교환의 사회적 기능을 담고 있다고 본다. 교환이란 사회에서 더 높은 가격으로 다른 것과 거래된다는 것이다. 예를 들어 아름다운 여성은 광고 모델로 활용되며, 섹시한 여성일수록 더 높은 몸값을 받는다. 광고 모델만 그런 것이 아니다. 몸이 하나의 사회적 기호가 되어 아름다울수록 더 높은 임금과 지위를 보장받게 된다.

결국 소비사회에서는 인간의 지위가 수동적일 수밖에 없다. 사회에서 요구하는 대로, 혹은 기득권이 요구하는 대로 수동적으로 살아갈 수밖에 없기 때문이다. 그렇다면 이런 사회에서 어떻게 벗어날 수 있을까? 이에 대해서는 르페브르와 보드리야르가 각기 다른 얘기를 하고 있다. 르페브르는 간단하게 양식의 복권을 주장한다. 양식은 의미를 부여하고 가치를 따지는 행위이다. 현대 사회에서는 수동적으로 반복되기 때문에 양식이 사라졌는데, 이를 복권시키는 것이 중요하다. 나아가 르페브르는 삶의 의미를 회복하기 위해서 공동체적 삶을 주장한다. 공동체적 삶이란 여러 사람의 자발적인 참여와 협력으로 유지되고 발전한다.

반면에 보드리야르는 별다른 결론을 내리지 않는다. 소비사회에서 벗어나는 방법에 대해서 구체적인 언급을 하지 않는다. 그렇지만 소비사회의 이면에는 여전히 인간이 있고, 인간은 엄청난 폭발력과 함께 붕괴시킬 수 있는 힘을 갖고 있다고 말한다. 이러한 메시지는 보드리야르가 소비사회에 항복한다는 의미가 아니라 사실은 저주를 퍼붓는 것이라고 볼 수 있다. 모든 문제가 소비사회에서 발생하고 있지만 이 세계는 영원히 지속되지 않고, 언젠가는 폭발적인 힘에 의해서 새로운 세계가 도래할 것이라는 비관적이면서도 강력한 메시지를 담고 있기 때문이다.

고전 속으로

앙리 르페브르, 존 갤브레이스,
장 보드리야르

앙리 르페브르 Henri Lefebvre (1901~1991)

프랑스 남부 아제모에서 태어났으며 철학을 공부했다. 현대 사회의 구조
를 연구하여 이를 '소비 조작의 관료사회'라 명명하고, 부르주아 이데올로
기에 의한 인간 소외는 오직 영구적인 문화혁명으로만 극복할 수 있다고
주장했다. 대표적인 저서로 현대인의 삶은 지루한 반복의 산물에 불과하
며, 소비 조작에 의해 살아가고 있다고 진단하는 《현대세계의 일상성La Vie
Qutidienne Dans le Monde Moderne》(1968)이 있다.

> 앙리 르페브르, 박정자 옮김, 《현대세계의 일상성》,
> 기파랑, 2005.

일상성에 대해서 알아보자. 일상성을 분석하려면 역사에 대해서 고찰해야
한다. 왜냐하면 과거로 거슬러 올라가서 현재와 비교해보면 일상의 의미가
분명해지기 때문이다. 과거부터 지금까지 우리는 삶을 유지하기 위해서 언
제나 먹고, 입고, 살고, 물품을 생산했다. 말하자면 소비해버린 부분을 재
생산해야만 했다. 그러나 19세기까지, 경쟁자본주의가 생겨날 때까지, 그리

고 소위 '상품의 세계'가 전개되기 이전까지는 일상성의 지배가 없었다. 이 결정적인 관점을 강조할 필요가 있다.

상품 세계가 출현하기 전까지 일상성의 지배가 없었다는 사실에는 일종의 역사적 패러독스가 있다. 말하자면 옛날에는 빈곤과 억압이 있었지만, 한편으로 양식이 있었다. 또한 시대가 아무리 바뀌어도 그 옛날에는 상품이 아니라 작품이 있었다. 배고픔과 사회적 억압이 사라진 대신에 19세기 이후 노동을 착취하는 시대가 열렸다. 이런 시대부터는 작품은 거의 사라지고, 그 대신 상품이 들어섰다. 작품이란 가장 순진하게 말하면 손으로 만든 물건이다. 반면 상품은 시장에 팔리기 위해서 만들어진 물건이다.

양식은 가장 하찮은 물건에도, 그리고 인간의 모든 몸짓과 행위, 행동 들에도 하나의 의미를 부여해주었다. 말하자면 양식이란 세상 어느 것과도 바꿀 수 없는 독특한 개성을 표현해준다. 그리고 이것을 가능하게 해주는 것은 다름 아닌 작품이다. 그렇지만 현대 사회에서는 문화적 의미는 사라지고 상징이 대신하게 된다. 이 상징은 상품의 이미지일 뿐이다.

여러 양식이 있지만 그 중에서 잔인성의 양식, 힘의 양식, 지혜의 양식 따위를 구분할 필요가 있다. 잔인성과 힘의 양식은 독특한 문화 양식과 거대 문명을 낳았다. 예를 들어 아스텍의 잔인성이나 로마의 힘을 생각해보라. 또 이집트나 인도의 지혜도 거대한 문명과 문화 양식을 만들었다. 그렇지만 현대는 어떠한가?

현대 사회에서는 대중의 힘이 커졌다. 대중은 소비도 하고 생산도 하는 집단이다. 그렇지만 이들은 자신이 착취당하고 있다는 것을 제대로 알지 못한다. 또한 민주주의가 발전했다. 그렇지만 민주주의의 발전이 거대 양식과 상징, 신화, 집단적 작품의 종말을 함께 가져왔다. 지금 사회가 얼마나 발전했는가에 놀라고 있을 때, 현대인은 자신의 양식이 사라졌다는 사실을 제대로 알지 못한다. 말하자면 현대인은 양식의 종식과 그것의 재창조 사이에서 과도적 인간이 되고 말았다.

하나의 양식을 재창조하고 축제를 되살려야 한다. 문화의 흩어진 찌꺼기를 일상의 변형 속에 한데 모을 필요가 있다. 이런 행위가 현대 사회의 모순을 개혁시킬 수 있을 것이다.

해설

르페브르는 현대 사회의 특성을 '반복'으로 설명하고 있다. 사람들은 개성을 말하지만 매일 하는 일, 매일 먹는 음식, 매일 입는 옷 등은 다른 사람과 다를 바 없다. 생각해보자. 사람들은 어김없이 비슷한 시간에 일어난다. 그리고 직장에 나가기 위해서 기성복을 골라 입는다. 직장에서는 매일 같은 일을 한다. 점심시간이 되면 다른 사람이 먹는 음식과 다를 바 없는 점심을 먹는다. 말하자면 우리는 규격화되어 있는 삶의 조건 속에서 살아가고 있다. 이렇게 되면 개인의 특성은 사라지게 된다. 모든 것은 상품이라는 특성, 규격화의 특성에서 벗어날 수 없게 되는 것이다. 그는 이런 현상을 '양식의 종말'이라고 말한다.

르페브르는 현대 사회의 특성으로 양식의 붕괴를 제시한다. 양식의 의미를 엄밀히 이해해보자. 흔히 친구에게 "오늘 헤어스타일 죽이는데"라고 말할 때, 여기서 스타일은 일정한 모양이나 꼴을 가리킨다. 그런데 르페브르가 말하는 양식은 여기에만 한정되지 않는다. 일정한 의미가 부여되어 하나의 개성이 표현되면 양식이라고 말한다. 그는 물건, 몸짓, 행동에도 하나의 의미를 부여할 수 있다고 한다. 예를 들어 사진 한 장을 떠올려보자. 사진을 인화하는 데는 비용이 얼마 들지 않는다. 그렇지만 거기에 담긴 추억을 돈으로 환산할 수 없다. 이것이 바로 양식이 된다.

하지만 상품의 세계가 출현하면서 양식은 완전히 사라진다. 상품의 세계는 쉽게 말해 자본주의의 출현이라고 해도 좋을 것이다. 자본주의 사회에서는 거의 모든 물건을 상품으로 취급한다. 르페브르는 이런 자본주의적 성격에서 벗어나기 위한 방법으로 양식의 복권을 주장한다. 또 인간 삶의 양식을 총체적으로 표현하는 축제를 살려야 한다고 말한다.

존 K. 갤브레이스 John K. Galbraith (1908~2006)

미국에서 활동한 경제학자. 갤브레이스는 미국의 주류 경제학자들과는 다르게 미국 경제에 대한 비판적 견해를 끊임없이 제기했다. 지은 책으로 《풍요한 사회The Affluent Society》(1958), 《불확실성의 시대The Age of Uncertainty》(1979), 《새로운 산업국가The New Industrial State》(2007), 《대폭락 1929The Great Crash 1929》(2009) 등이 있다.

존 K. 갤브레이스, 노택선 옮김, 《풍요한 사회》, 한국경제신문사, 2006.

리카도는 발전하려면 이윤이 필요하고, 그 열매는 지주에게 돌아간다고 봤다. 경제 성장, 즉 생산의 증대는 대체로 일반인들에게는 아무 도움도 되지 않는다는 것이다. 따라서 평범한 사람들에게 유일한 희망은 리카르도나 그의 후계자들이 매우 파괴적인 것이라고 생각한 개혁이나 제도 자체를 과감하게 뒤집어엎는 혁명뿐이었다.

경제적 진보는 지금도 많은 나라들에서 일반 사람들의 생활 향상과는 아무 관계가 없다. 안데스의 농장에서 일하는 농부들은 생존에 필요한 최소한의 몫을 챙길 수 있을 뿐이다. 그래서 생산량이 늘어도 대부분 다른 사람에게 이윤이 돌아가므로 생산량 증가는 그 농부들에게 중요한 문제가 아니다. 확고한 규정이 없는 탓에 최저생존선 이상의 몫을 지주와 상인, 고리대금업자에게 몰수당하는 형편이라면 상황은 더욱 심각해질 것이다. 이런 지역은 여전히 리카도적인 세계에 고착돼 있어서 상황을 개선하기 위해서는 사회 구조를 완전히 개혁해서 소득 분배 구조를 변경하는 수밖에 없다.

생산 이윤 가운데 보통사람의 몫이 늘지 않는 한 생산량을 늘리고자 하는 자극, 예컨대 더 나은 경작 방식을 채택하려는 자극은 아주 작거나 전혀 존재하지 않는다. 이른바 후진국에서는 경제 선진국의 조언을 듣는다. 그 내용은 사회개혁이 혼란을 불러일으킬 수 있다는 것이다. 심지어 사회개혁은 혁명적 요소까지 있으니 성급하게 동조하지 말고, 생산 증대에 전력하라고 충고한다. 하지만 이것은 지극히 부적절한 조언이다. 개혁은 생산이 증가한 뒤에만 가능한 것이 아니라, 생산 증대의 전제조건이 될 수도 있기 때문이다.

이와 대조적으로 선진국에서는 생산 증대가 재분배의 대안이나 불평등과 관련된 긴장을 상당 부분 완화시키는 해결책이 되어왔다. 설사 불평등이 지속된다고 해도 그것을 바로잡는 과정에서 생길 수 있는 골치 아픈 갈등들을 피할 수 있다. 따라서 이 경우에는 생산 증대에 주력하는 것이 훨씬 더 바람직하다. 생산 증대를 통해 부자도 빈자도 다 같이 득을 보기 때문에 양쪽 모두 동의할 수 있는 것이다.

재분배를 하면 손해를 볼 사람들 사이에서 생산 증대와 관련된 이론이 마치 교리처럼 환영받은 것은 당연한 일이다. 여러 해 동안 미국 기업가들은 경제학자들에게 고운 시선을 보낼 수 없었다. 경제학자들이 관세 인하와 소득세, 독점금지법을 주장하면서 언제나 노동조합에 호의적인 태도를 취해왔기 때문에 기업가들은 이들을 다루기 힘든 대상으로 여겼다. 그러나 생산 증대가 좀더 평등한 사회를 위한 대안이 될 수 있다는 이론이 나오면서부터 서로 화해할 기반이 생겼다. "금전적인 관점에서 보면, 불평등한 사회에서 불리한 입장에 있는 사람들에게도 빠른 성장이 어떤 소득 재분배 방식보다 이익이라는 사실이 명백하다."

이런 주장은 여전히 논란의 여지가 있다. 부의 혜택을 입은 사람은 과거 수백 년 동안 그 부를 정당화하려고 교묘하고도 설득력 있는 이론을 전개해왔다. 이에 대해 자유주의자들은 본능적으로 단호한 태도를 취했다. 그러나 선진국에서 최근 수십 년 동안 대중의 물질적 생활이 크게 향상된 것은 소득 분배 덕분이 아니라 생산 증대 때문이었다는 점은 피할 수 없는 사실이다. 그리고 자유주의자들도 의심의 눈초리를 완전히 거두지는 않았지만 이런 사실을 받아들였다.

그 결과 팽창경제라는 목표가 미국 좌파 경제학의 통념으로 깊이 뿌리를 내리게 됐다. 게다가 팽창경제가 미치는 바람직한 효과들은 매우 광범위한 것으로 여겨지고 있다. 일반인의 생활이 물질적으로 향상될 뿐만 아니라 가난과 빈곤까지 없어진다는 것이다. 그러나 빈곤이 사라진다는 주장은 사실이 아니다. 총생산이 늘어나도 소득 피라미드의 가장 밑부분을 이루고 있는 계층은 영원히 최저생존선 수준의 소득에서 벗어나지 못한다. 하지만 이런 사실은 말없는 소수의 운명이기 때문에 주목을 받지 못한다.

막대한 수의 빈자들이 큰 목소리를 낼 것이라는 자유주의자들의 오래된 예측은 뒤에서 다시 살펴볼 것이다. 아직까지는 경제적·사회적 문제인 불평등의 시급성이 줄어들었으며, 이런 상황이 통념에 반영돼왔다는 점만 주목하면 된다. 불평등에 대한 관심이 줄어든 데는 여러 가지 원인이 있으나, 이 원인들은 모두 어떤 방식으로든 생산이 증대했다는 사실과 관련돼 있다. 불평등에서 오는 강한 긴장감은 생산을 통해서 제거됐으며, 보수주의자든 자유주의자든 총생산의 증대가 재분배나 불평등 문제의 대안이 될 수 있다는 점을 분명히 인식하게 됐다.

이렇게 해서 가장 오래되고 까다로운 사회 문제인 불평등이 완전히 해결됐다고는 할 수 없지만 적어도 일단락이 됐으며, 사람들도 재분배 대신 생산성 향상이라는 목표에 주의를 돌리게 됐다. 이것은 대단히 중요한 변화다. 현대 사회에서 생산성에 대한 관심이 늘어났다는 것은 그 자체로도 두드러진 발전이지만, 그것이 한때 누가 덜 갖고 더 갖느냐는 문제를 놓고 논쟁을 벌이던 사람들의 자리를 대신 메우고 있다는 점 역시 지나칠 수 없는 일이다.

해설

앞서 르페브르는 소비사회에서 나타나는 소비문화의 특징을 양식의 종말로 규정했다. 소비의 촉진은 무엇으로 이루어질까? 이에 대해서 르페브르는 날조된 이미지를 제시한다. 날조된 이미지는 현실을 가공하고 왜곡하는 역할을 한다. 반면에 갤브레이스는 이를 자세하게 분석하지 않는다. 단지 인간의 욕망을 충족시키는 합리적 행위로서의 소비가 가장 중요하다고 보는 통념에서 벗어날 것을 주장하고 있다.

갤브레이스는 이런 통념을 근거로 경제가 성장하게 된다면 민간부문에서는 엄청난 성장을 거둘 수 있지만 공공부문에서는 그렇지 않다고 본다. 그러나 이러한 논의에는 숨겨진 전제가 있다. 그 전제는 경제 성장이 빈곤을 해결할 수 있다고 보는 것이다. 물론 경제 성장만으로 빈곤을 해결할 수 없다. 이른바 후진국에서는 생산 증대와 함께 소득 재분배를 실현해야 한다. 그렇지만 선진국에서는 생산 증대만으로 충분하다고 본다.

이러한 갤브레이스의 논리는 사회학자들 사이에서 여전히 논란이 되고 있다. 갤브레이스는 미국에서 주류 경제학자들을 비판하는 학자로 인정받고 있지만, 주류 경제학을 전면 부정하지는 않는다. 그의 이론은 주류 경제학을 보완하는 차원에서 각광을 받고 있다. 그의 입장에 대한 비판은 소비사회 또는 풍요사회에 대한 비판이라는 측면에서 의미를 지닐 것이다. 갤브레이스에 대한 비판은 보드리야르와 같은 학자에게서 분명하게 드러난다.

장 보드리야르 Jean Baudrillard (1929~2007)

포스트모더니즘과 관련해서 중요한 사상가 중 한 명이다. 프랑스 북동부 지방 렝에서 태어나 소르본 대학에서 독일어를 공부했다. 파리 10대학에서 사회학과 교수로 재직했으며 대중문화와 관련해 여러 분석서를 내놓았다. 주요 저서로 《소비의 사회La Sociètè de Consommation》(1970), 《시뮬라크르와 시뮬라시옹-Simulacres et Simulation》(1981), 《시뮬라시옹-Simulation》(1983), 《완전범죄Le Crime Parfait》(1995), 《아메리카Amèrique》(1997) 등이 있다.

> 장 보드리야르, 이상률 옮김, 《소비의 사회》,
> 문예출판사, 1992.

갤브레이스에 의하면 평등, 불평등의 문제는 더 이상 오늘의 과제가 아니다. 불평등의 문제는 부와 빈곤의 문제와 연관된다. 갤브레이스에 따르면 불평등한 재분배라고 할지라도 풍요로운 사회의 새로운 구조가 이 문제를 해소할 수 있다. 갤브레이스는 20%의 '빈민'은 어떤 이유로든 공업화 사회, 경제 성장의 밖에 있는 사람들이라고 본다. 성장의 원칙은 틀린 것이 아니다. 그러나 그것은 균질화의 원칙이며 사회 전체를 균질화하는 경향이 있다. 이런 사고가 갤브레이스의 시선이다.

그렇지만 갤브레이스는 빈곤의 문제를 잘못 보고 있다. 갤브레이스처럼 '풍요한 사회'를 신봉하는 사람들에게 빈곤은 '찌꺼기'에 불과할 뿐이다. 말하자면, 성장이 증가하면 빈곤의 문제는 사라지는 것으로 보는 것이다. 그러나 빈곤은 탈공업화 사회에서도 계속되고 있다. 빈곤을 없애려는 모든 노력은 발전의 각 단계에서 빈곤을 경제 성장의 일종의 밑자락 장식으로서, 또 전면적인 부유함을 위해 필수적인 일종의 원동력으로서 기능적으로 재생산하는 체계의 그 어떤 메커니즘과 충돌할지 모른다. 설명할 수 없는 이 남아 있는 빈곤을 갤브레이스는 체계의 기능 장애일 뿐이라고 말하고 있는데, 그의 말을 믿어야 하는가? 아니면 추론을 뒤집어서, 즉 진행 중에 성장 자체가 이 불균형에 근거하고 있다고 생각해야 하는가? 이 점에서 갤브레이스는 대단히 모순되고 있다. 그의 모든 분석은 어떤 의미로는 경제 성장 체계에서의 결함의 기능적 함축을 보여주려고 하지만, 그럼에도 그는 체계 자체를 고발하는 것이 되는 논리적 결론 앞에서는 뒤로 물러나면서 모든 문제를 자유주의자적 시각에서 바로잡고 있다.

일반적으로 이상주의자들은 다음의 역설적인 사실을 확인하는 것으로 만족하고 있다. 즉 모든 대책에도 불구하고 경제 성장은 그 목적을 악마적으로 역전시켜 사회적 불평등, 특권 계급, 불균형 등을 생산하고 재생산하며 또 부활시킨다. 갤브레이스가《풍요한 사회》에서 서술하고 있는 바와 같이, 결국 생산의 증가가 재분배를 대신한다는 것은 인정할 수 있을 것이다. 그러나 이런 말은 그럴듯하지만 틀렸다. 왜냐하면 경제 성장이 모든 사람에게 절대량으로서는 보다 많은 소득과 재화에의 접근을 가능하게 하지만, 경제 성장의 중심 자체에 확립되는 것은 왜곡의 과정이다. 또한 성장에 구조와 그 진정한 의미를 주는 것은 이 왜곡 비율이기 때문이다. 어떤 극단적 궁핍이나 어느 정도의 부차적 불평등의 극적인 소멸로 만족하거나 숫자와 총량 또는 절대적인 증가와 국민총생산으로 풍부함을 판단하는 것은 풍부함의 구조를 분석하는 것보다 훨씬 더 단순하다.

해설

보드리야르는 미국식 자본주의를 저주한다. 특히 지금의 경제 성장이 빈곤 문제를 최소화하고 있다는 가정을 부정한다. 그는 소비가 중요해진 사회를 분석하면서도, 그리고 소비사회의 원동력이 되고 있는 기초에 대해 분석하면서도 여전히 해결되지 않는 빈곤 문제에 관심을 갖고 있다. 이는 보드리야르가 자본주의 경제 체제 자체에 호의적이지 않다는 것을 방증하는 것이라고 하겠다.

그는 구체적으로 갤브레이스의 주장을 비판한다. 빈곤 문제는 생산의 증대만으로는 결코 해결될 수 없다는 것이 그의 입장이다. 왜냐하면 갤브레이스를 포함한 주류 경제학에서는 생산의 총량만을 보려고 하지, 그 내적 구조를 보려고 하지 않기 때문이다. 과거에는 1만 명이 굶주렸지만 현재는 100명이 굶주릴 뿐이라고 해봐야 아무 소용이 없다. 풍요한 사회에서도 여전히 빈곤의 문제는 존재한다. 보드리야르는 이러한 관점에서, 풍요한 사회 안에서 왜곡된 현실 구조를 비판한다.

된장녀, 자상한 아버지, 소비사회

남들과는 다르게 살고 싶다는 욕망

■

사례 1 |

"GM대우 엠블럼보다는 시브레 엠블럼을 장착하는 것이 훨씬 낫죠. 고객이 원하시면 무료로 교체해드립니다." 서울 강남에 위치한 한 GM대우 판매점의 영업사원은 이같이 말했다. 서울 및 수도권에 위치한 GM대우 판매점들을 취재해본 결과, 영업사원들이 GM대우의 '토스카', '젠트라', '윈스톰' 등을 구입하는 고객들에게 GM의 해외 브랜드인 '시보레', '홀덴', '오펠' 등의 엠블럼으로 무상 교체해주는 것으로 나타났다. 한 영업사원은 "차량을 구입하는 고객 10명 중 5명은 GM대우 엠블럼 대신 시보레나 홀덴 등의 엠블럼으로 교체해주고 있다"라고 털어놨다.

— 《이데일리》, 2008. 8. 13

■

'된장녀'라는 말이 있다. 된장녀란 자기 분수도 모르면서 허영을 추구하는 여성을 비하하는 신조어다. 이 된장녀는 능력도 안 되면서 비싼 명품으로 자신을 과시하려고 한다. 그런데 된장녀만 그런 것은 아니다. 많은 사람들이 명품을 갖지 못하니 대신 '짝퉁'이라도 갖겠다고 난리다. 심지어 명품에 중독된 나머지 카드빚에 시달리다가 각종 범죄를 저지르는 사람들의 얘기가 종종 보도되곤 한다. 왜 이런 현상이 발생할까?

명품을 선호하는 이유는 단지 상품의 사용가치가 탁월하기 때문만은 아니다. 그 이면에는 남들과 다르게 사회적으로 상류층이 되고 싶다는 열망이 담겨 있다. 이런 현상도 엄밀하게 보자면 기호가치에 의한 소비라고 할 수 있다.

위에서 소개한 신문기사는 로고에 집착하는 소비자들의 구매 행태를 꼬집고 있다. 이러한 행태는 기호가치에 집착하는 것이라고 볼 수 있다. 그런데 외제차든 국산차든, 위의 사례에서는 동일한 사용가치와 교환가치를 가진다. 그럼에도 사람들은 로고에 집착한다. 왜냐하면 다른 사람에게 과시하고 싶은 욕망이 있기 때문이다. 자동차 회사는 소비자의 이런 욕망을 이용해서 상품을 판매한다. 기호가치를 통한 소비는 모두 기업이 소비 욕망을 조작하기 때문에 발생한다. 소비 욕망을 조작하는 이러한 행위는 소비 사회에서 흔히 나타나는 현상이라고 할 수 있다.

우리가 보는 것은 정말 '광고'일까?

TV를 비롯한 각종 대중매체마다 광고가 홍수를 이루고 있다. TV 드라마의 경우에도 광고가 없으면 드라마 자체를 제작할 수 없는 지경이다. 광고를 흔히 자본주의의 꽃이라고 설명한다. 광고만 보더라도 자본주의 사회의 모습을 발견할 수 있기 때문이기도 하다. 보통 광고는 상품에 대한 정확한 이미지를 전달하려는 특성을 갖고 있다. 그래서 어디에 사용하는 물건이고, 가격은 얼마인지가 광고의 주요 정보에 해당한다. 그러나 티저 광고는 이런 정보 내용을 모호하게 함으로써 상품에 새로운 이미지를 불어넣는다. 그래서 티저 광고는 모호함 때문에 사람들의 의식 속에 오랫동안 각인되는 효과가 있다.

요즘 광고는 이미지 광고라고 할 수 있다. 상품의 사용가치가 아니라 기업에 대한 좋은 이미지, 상품에 대한 좋은 이미지를 심어주어 사회적 신분이나 심리적 차이를 투영하려고 하는 것이다. 한 가지 예를 들어보자.

■

아버지와 아들이 숲 속에서 야구공을 주고받고 있다. 그리고 다음과 같은 광고 카피가 자막과 함께 아버지의 목소리로 흘러나온다.

"바쁜 사람들도, 굳센 사람들도, 바람과 같던 사람들도, 집에 돌아오면 아버지가 된다. 집으로 간다. ○○아파트."

■

이 광고는 아버지의 따뜻한 이미지와 가족의 소중함을 함께 전달하려고 한다. 집 밖에서 어떤 사람이 됐든, 아들을 사랑하는 아버지의 자상한 모습을 부각시킨다. 그리고 그러한 아버지는 ○○아파트에 산다는 것을 보여준다. 그래서 자상한 아버지, 따뜻한 아버지가 되려면 ○○아파트에 살아야 한다는 막연한 동경심을 갖게 한다. 광고는 소비사회에서 이미지를 조작한다. 조작된 이미지는 사람들에게 상품에 대한 왜곡된 가치를 심어준

호기심을 불러일으키는 단순한 티저 광고가 아니라, 광고 자체를 광고하는 형식으로 국내에서는 처음 시도된 한 대기업의 아파트 광고. '클라이막스를 산다'라는 광고 카피처럼 조작된 이미지는 사람들에게 상품에 대한 왜곡된 가치를 심는다.

다. 사람들은 이 왜곡된 가치를 그대로 소비하면서 자신의 신분이 상승했다고 착각하는 것이다.

소비사회에서 나만의 스타일 찾기

소비사회에서 현대인은 시시포스의 형벌을 받고 있다고 할 수 있다. 신화에서 시시포스는 자기 몸보다 더 큰 바위를 산 정상에 올려놓지만, 불행하게도 정상에 올려놓은 바위는 여지없이 산 아래로 굴러 떨어진다. 실존주의 문학가 알베르 카뮈Albert Camus는 이것을 현대인의 삶과 비교한다. 현대인들은 규격화된 삶을 살아간다. 정해진 시간에 일어나고, 정해진 시간에 식사를 하며, 정해진 일을 한다. 그리고 정해진 시간에 잠을 자고, 직장이나 학교에 가서도 매일 같은 얼굴을 본다. 이렇게 반복적인 삶을 살아가는 현대인의 모습이 시시포스와도 같다는 것이 카뮈의 생각이다.

그런데 이런 모습은 르페브르가 말하는 현대 세계의 일상성이라고 할 수 있다. 현대인들은 반복적인 삶을 살면서 의미를 따지지 않는다. 일어나서 식사하고, 출근하고, 일하고, 퇴근하고, 다시 잠드는 과정을 계속 반복할 뿐이다. 이는 마치 괘종시계가 12시가 되면 열두 번 울리고, 3시가 되면 세 번 울리는 것과 같다. 말하자면 현대인은 어떤 생각을 하면서 살아가는 것이 아니라 규칙적인 삶을 습관적으로 살아가고 있는 것이다. 이렇게 습관에 따라 살아가면 양식이 존재하지 않게 된다. 양식이 부재하면 스스로 사유하여 의미를 정립하는 것이 아니라 외부에 의존하게 된다.

예를 들어 사회에 충격적인 사건이 발생했다고 해보자. 사람들은 그 사건에 대해서는 잘 안다. 그리고 그 의미도 잘 알고 있다고 생각한다. 그러나 실제로 그 의미란 대중매체에서 얘기하는 내용의 반복일 뿐이다. 말하자면 스스로 사유해서 의미와 가치를 따지는 것이 아니라 마치 꼭두각시처럼 대중매체의 논리를 읊조리는 것이다. 르페브르는 현대인의 이러한 삶을 비판하면서 양식의 복권을 주장한다.

우리는 가짜를 팔고 사는 걸까?

대학에 갓 입학한 무경. 수업시간에 교수님은 무경에게 '현대 사회와 광고'
를 주제로 보고서를 작성하라는 숙제를 내주었다. 교수님의 말에 따르면
광고는 현대 사회를 규정하는 중요한 요소라고 한다. 예전의 광고는 단순
히 상품 소개에 치중했지만, 현대 사회에서는 다른 의미를 담고 있다는 것
이다. 현대 사회에서 광고의 의미를 이해하면 자연스럽게 현대 사회의 특
징을 알 수 있다고 교수님은 말씀하셨다.

　무경은 도서관에서 책을 찾고 웹서핑을 하다가 우연찮게 좋은 사이트를
발견하게 되었다. 그것은 인문학을 하는 여러 사람들이 일정한 주제를 놓
고 논쟁을 하는 채팅 사이트였다. 무경은 '광고'를 주제로 채팅방을 개설했
다. 그러자 놀랍게도 갤브레이스, 르페브르, 보드리야르 등 쟁쟁한 석학들
이 몰려와서 열띤 토론을 벌이게 되는데……

무경　　고수님들 도와주세요. 제가 '현대 사회와 광고'라는 주제로 보고
서를 작성하고 발표도 해야 해요. 도서관에서 책을 찾아보니 쉽지 않더라
고요. 경제적 관점으로 보자면 광고는 상품 생산과 밀접한 관련을 맺고

있는 것 같은데, 자세한 것은 잘 모르겠어요.

갤브레이스 무경님, 내가 좀 도와줄까?

르페브르 님이 입장하셨습니다

보드리야르 님이 입장하셨습니다

무경   갤브레이스 님이 도와주신다면 감사하죠. 르페브르 님, 보드리야
르 님 방가~

욕망을 조작하다!

갤브레이스 흔히 광고는 사회적으로 정보를 생산하고 소비 욕구를 자극한
다고 하지. 그래서 광고를 자본주의의 꽃이라 부르는 거고. 그만큼 광고를
통해서 많은 것들을 알 수 있지.

르페브르 저도 그 말에는 동의합니다. 광고가 소비 욕구를 자극한다는 것.
좋은 얘기죠. 자본주의 사회에서 소비는 광고와 연결됩니다. 이런 광고는
이미지를 조작하여 욕망을 생산하죠.

갤브레이스 너무 앞서가는군요. 광고가 욕망을 자극한다는 말은 맞지만 욕
망을 조작한다는 건 조심할 필요가 있어.

르페브르 어…… 이거 왜 반말? 당신이 나보다 어릴 것 같은데. 내가 학계
에 처음으로 이름을 알린 지가 벌써 80년은 됐거든.

무경   오호! 그리고 보니 갤브 님이 조금 어리신 듯.

갤브레이스 아, 이거 만날 학생들을 상대하다 보니 나도 모르게 반말이……

무경   갤브 님과 르페 님, 제가 알아들을 수 있게 좀 쉽게 설명해주세요.
먼저, 광고는 왜 욕구를 자극하는 것인지부터 설명해주시면 안 될까요?

갤브레이스 내가 잠깐 말했던 것 같은데……요. 상품을 구매하는 동기는 흔히 욕구 실현이라고 합니다. 당장 과제를 제출하려면 연필이 있어야 하고, 보고서 용지도 있어야 합니다. 보고서를 써야 한다는 필요성은 종이와 연필에 대한 욕구로 발전하게 됩니다. 그러면 욕구를 충족하기 위해서 물건을 사야 합니다. 이렇게 물건을 사게 되면 자연스럽게 욕구가 충족되지요.

무경 욕구 충족을 위해서 상품을 구매한다는 얘기는 알겠어요. 그런데 욕구가 어떻게 광고와 연결된다는 거죠?

갤브레이스 내가 물건이 필요하다면 욕구가 생긴 것입니다. 그런데 그 욕구를 적절하게 해소하기 위해서는 연필이 필요한지 아니면 종이가 필요한지 알아야겠죠.

무경 광고가 상품의 정보를 제공한다는 말이군요.

르페브르 그렇지만 가만 보면 현대 사회에서는 필요하다고 물건을 사는 것은 아닙니다. 자, 봅시다. 보고서 용지나 연필을 살 때 보면, 단순히 연필이나 용지를 사는 것이 아니라 특정한 브랜드를 사게 됩니다. 어떤 사람은 인간의 욕구에는 두 가지가 있다고 합니다. 하나는 남들의 상황에 전혀 상관없이 느끼는 절대적 욕구이고, 다른 하나는 소유를 통해서 남들보다 훨씬 높은 위치에 있고 싶다는 욕구입니다. 이를 절대적 욕구와 상대적 욕구로 구별하지요. 광고의 경우 이런 절대적 욕구와 상대적 욕구를 불러일으키는 효과가 있습니다.

무경 그런데 르페 님, 욕망을 조작한다는 말은 무슨 뜻인가요?

르페브르 광고는 욕망을 생산합니다. 생각해보세요. 무경 님은 연필이나 종이를 살 때 무턱대고 싼 제품만 사나요? 아니면 조금 비싸더라도 브랜드 제품을 사나요?

무경 당연히 브랜드 제품을 구입하죠. 믿을 수 있으니까.

르페브르 과연 믿을 수 있을까요? 자, 예를 하나 들어보지요. 남자들은 면도를 하는데, 과거에도 애프터쉐이브 로션이 필요했을까요? 또 수염을 깎을 때도 요즘은 이중, 삼중으로 된 날이 있는 면도기를 사용합니다. 삼중으로 된 날이 왜 필요합니까? 그리고 그러한 욕구는 왜 발생했겠습니까?

갤브레이스 그러니까 두 가지 욕구를 잘 구별해야 한다는 것입니다. 광고는 분명 상대적 욕구를 조장하는 측면이 있습니다.

르페브르 현대 사회에서는 모든 상품이 이런 특성을 갖고 있다는 게 문제죠. 말하자면 누구나 살아가기 위해서 필요한 것들이 있지만, 그것들 중에서도 특정 브랜드를 요구하는 시대라는 겁니다. 이러한 욕구의 배경에 광고의 힘이 작용하는 거지요.

갤브레이스 그렇지만 이 점을 간과하고 있습니다. 당장 배가 고픈 사람들은 빵을 원하지 면도기를 원하진 않습니다. 따라서 광고가 상대적 욕구를 조작한다고 볼 수 없습니다. 상당한 규모로 소비자의 욕구를 조작하는 것은 소비자의 욕구가 강하지 않을 때에만 가능하다는 점을 주목할 필요가 있습니다.

신화가 된 광고

무경 두 분의 말씀을 정리해볼게요. 르페 님은 광고가 욕구를 조작한다는 것이고, 갤브 님은 일정한 조건에서 소비자의 욕구를 조작한다고 보시는군요. 그렇다면 갤브 님, 언제 소비자의 욕구를 조작할 수 있는 것인지 말씀해주세요.

갤브레이스 사실 경제학 분야에서 광고가 소비자 수요이론이나 생산의 효율성에 어떤 영향을 미치고 있는지 심사숙고한 것은 아닙니다. 그렇지만 미국의 경우를 봅시다. 1987년 미국의 광고비는 1100억 달러에 달했습니다. 그리고 해마다 60억 달러 이상 증가하고 있습니다. 엄청나게 증가하는 추세지요. 그렇지만 그 광고비가 모두 소비자의 욕구로 이어졌다고 볼 수는 없습니다. 이것을 확인하기 위해서는 생산량이 얼마나 증가했는지 알아야겠죠. 말하자면 생산 증가보다 광고의 증가가 더 뚜렷하다는 점을 염두에 둘 필요가 있습니다. 결국 소비자의 욕구는 전적으로 광고에 의존한다고 볼 수는 없다는 얘기입니다.

무경　그렇지만 광고가 소비자의 욕구를 조작한다고 말씀하셨잖아요. 일정한 조건에서 말이죠.

갤브레이스　자, 이렇게 보세요. 당장 배가 고픈 사람에게는 빵의 필요성을 말할 필요가 없습니다. 그렇지만 배가 고프지 않은 사람은 면도기도 사고 싶고, TV도 사고 싶어집니다. 이처럼 긴급한 것 외에 무엇을 필요로 하는지 사람들은 잘 알지 못합니다. 그런 점에서 광고의 역할은 무척이나 중요합니다.

무경　아! 긴급성이란 당장의 필요와 연관되는군요. 그렇다면 긴급한 것 외에 다른 물건, 말하자면 사치품은 광고의 영향이 크다고 보시는군요?

갤브레이스　광고는 생산을 의미합니다. 이것이 제일 중요할 것 같군요. 생산을 목적으로 하지 않으면 의미가 없습니다. 광고는 풍요한 사회에서 생산의 구실이 됩니다. 풍요한 사회는 욕구의 긴급성으로 유지되는 것이 아닌, 상대적 욕구가 가득한 세상이라고 볼 수 있습니다. 이런 사회에서는 광고가 중요한 역할을 하지요.

무경　그렇다면 르페 님과 갤브 님의 의견은 이 부분에서 동일하다고 볼 수 있을 것 같은데요.

르페브르 그것은 아닙니다. 지금의 시대를 잘 봐야 합니다. 지금은 기호의 시대입니다. 좀더 쉽게 이미지의 시대입니다. 정치인들을 보세요. 그들은 자신들을 상징하는 색깔을 만들어냅니다. 어떤 당은 노란색, 어떤 당은 파란색으로 말이지요. 이런 현상은 광고에서도 그대로 드러납니다. 그래서 내가 이 물건을 사면 성공한 사람이 되는 듯 착각하는 거죠. 현대 사회에서는 철학, 도덕, 종교, 미학의 자리를 광고가 대신하게 된 것입니다.

무경   어렵게 말씀하시네요. 광고가 철학, 종교, 미학…… 이런 것들을 대신하다니요?

르페브르 냉장고 광고 중에 "여자라서 행복해요"라는 문구가 있었죠? 얼마나 좋아 보이는 얘깁니까? 그렇지만 그 냉장고를 산다고 여성이 해방되는가요? 그렇지는 않습니다. 여성들은 자신도 모르는 사이에 광고의 부추김에 빠지게 되는 겁니다. 이것을 좀더 자세히 분석하면 좋을 텐데…… 이보게 보드리야르, 자네 뭐하고 있나? 뭐라고 말 좀 해야지.

보드리야르 아…… 네, 선생님. 광고에 대해서는 저도 할 말이 많습니다. 현대의 광고는 하나의 신화가 되었습니다.

무경   이제야 말씀하시네요. 그냥 눈팅만 하시는 줄 알았는데…… 그건 그렇고, 신화는 또 무슨 얘기죠?

가짜 이미지, 광고, 그리고 소비

보드리야르 이제부터 재밌는 얘기를 하나 하겠습니다. 멜라네시아 원주민들이 자신들의 영토 위를 지나가는 비행기를 처음 보게 됐습니다. 모두들 비행기에 넋이 나갔죠. 난생처음 보는 환상적인 물체가 자신들에게로 내려왔으면 하는 바람을 갖게 되었죠. 그래서 그들은 모형 비행기를 만들기 시작하고, 빈터를 구획해서 정성껏 불을 지피고 진짜 비행기가 그곳에 착륙하기를 기다리죠. 이 얘기는 현대 사회를 살아가는 사람들에게도 적용될 수 있습니다. 우리는 진짜가 아닌 가짜 이미지, 조금 어렵게 말하면 시뮬라크르 속에 살고 있는 것이죠.

무경 　　우리가 가짜 이미지 속에서 살고 있다고요? 이게 광고와 무슨 상관이 있나요? 저는 광고라는 것이 궁금하다고요.

보드리야르 　　　　끝까지 들어보세요. 우리가 소비를 왜 합니까? 결국 삶을 윤택하게, 그리고 행복하게 살기 위해서죠. 행복이란 사람마다 다르다고 하지만, 실제로는 그렇지 않죠. 현대 사회에서 행복은 소비와 연결됩니다. 그리고 그 안에는 광고의 힘이 대단하죠. 생각해보세요. 지금까지 우리는 욕구 혹은 욕망에 대해서 많이 얘기했습니다. 욕구를 해소해야 우리는 만족

■■■■■■ 2008년 칸 국제광고제 프레스 부문 그랑프리 수상작인 에너자이저 광고. "아이들의 장난감이 멈추게 하지 마세요(Never let their toys die)"라는 카피에서 볼 수 있듯, 오래가는 배터리를 써야 장난감이 계속 움직이고 아이들이 사고를 치지 않는다는 메시지를 던진다. 정말 그럴까? 이 광고는 또 하나의 가짜 이미지가 아닐까?

을 얻습니다. 그리고 그러한 상태에 도달해야 행복하다고 생각하죠. 그런데 욕구가 거짓이라고 생각해보세요. 문제는 여기서부터 시작됩니다. 멜라네시아 원주민들이 비행기란 것이 원래 무엇인지 명확하게 알고 있었다면, 모형 비행기를 만들려고 하지는 않았을 겁니다. 마찬가지로 비행기가 자신들의 땅에 착륙하기를 바라지도 않았을 겁니다. 하늘을 나는 거대한 물체는 그들에게 마치 신처럼 느껴집니다. 왜냐하면 자신들에게는 없는 것이니까요. 여기서 환상이란 것이 만들어집니다. 멜라네시아 원주민들의 입장에서 보자면, 광고는 자신들의 영토 위를 날아가는 비행기와 같습니다. 현대인들은 행복을 위해서 허황된 모형 비행기를 만들고 있는 것이나 다름없죠. 광고는 이렇게 허황된 이미지를 주입해서 사람들을 착각의 늪에 빠뜨립니다.

갤브레이스 계속 듣고 있으려니 거북하네요. 그렇지만 광고는 우리의 삶을 윤택하게 만들어주지 않습니까? 생산을 늘려주는 효과를 무시할 수 없습니다.

르페브르 거 참, 거짓 이미지를 주입하고 있다니까⋯⋯

보드리야르 선생님 좀 참으세요. 제가 대신 말하죠. 갤브레이스 님의 의견은 광고가 생산으로 연결된다는 것이죠? 그렇지만 생산 증가가 불평등을 해소하는 것은 아닙니다. 부의 절대량이 체계적인 불평등을 포함하고 있다는 것입니다.

무경 에고⋯⋯ 잠깐만요! 얘기가 주제에서 벗어나려고 하네요. 저의 관심은 광고거든요. 제가 보기에 갤브 님은 광고의 긍정적 측면을 부각시키고 있고, 르페 님과 보드 님은 광고에 대해서 부정적인 것 같습니다. 제가 세 분의 의견을 참고해서 보고서를 정리하겠습니다. 열띤 토론을 벌여주셔서 감사합니다. 정말 많은 도움이 됐습니다.

더
읽어야 할 자료

책

■ 강준만·전상민, 《광고, 욕망의 연금술》, 인물과사상사, 2007.

광고는 흔히 자본주의의 '꽃'이라 불린다. 광고는 소비를 부추기고, 이를 통해 생산을 증대시키는 역할을 한다. 음료수 광고에서 휴대전화 광고에 이르기까지 우리나라에서 방영된 광고가 어떻게 성공하게 되었고, 어떤 이미지를 부여하게 되었는지를 53편의 광고를 통해 살펴본다.

■ 박정자 지음, 《로빈슨 크루소의 사치》, 기파랑, 2006.

저자는 여분의 소유와 그것의 소비인 '사치'를 포틀라치, 예술, 일상의 차원에서 분석한다. 많은 내용을 담고 있어 책 전체를 관통하는 일관된 논증을 찾기는 힘들다. 그럼에도 기저에 흐르는 하나의 목소리는 들린다. 당장의 필요를 넘어선 소비를 할 때 문화를 누리지만, 정작 현대의 소비는 우리를 소외시키는 방식으로 이루어지고 있다는 것이다.

■ 후쿠오카 켄세이, 김경인 옮김, 《즐거운 불편》, 달팽이, 2004.

상품 구매는 필요에 의해서 최소의 비용으로 이루어진다. 이것이 합리적 소비이다. 그렇지만 실제로는 '소비중독'에 빠져 무절제한 소비가 이루어지고 있다. 그 결과 현대인은 쾌락과 편리함을 유지하기 위한 대량생산과 대량소비, 대량폐기의 악순환에서 헤어나지 못하고 있다. 이런 소비사회에서 일본《마이니치신문》기자인 저자가 불편한 생활을 즐기며 마음의 풍요를 얻어가는 과정을 기록한 체험기다.

영화

■ 해롤드 래미스, 〈사랑의 블랙홀〉, 1993.

기상통보관 필은 작은 시골마을에서 이상한 경험을 하게 된다. 그것은 아침에 눈을 뜰 때마다 2월 2일이 계속 반복되는 것이다. 그는 2월 3일로 넘어가기 위해서 별짓을 다하지만 번번이 실패한다. 하지만 그 과정에서 삶의 의미를 되새기고 양식을 복권하면서 마침내 일상을 되찾는다는 내용이다.

6

합리성

내 마음속의 계산기

송종서 (민족의학연구원 상임연구원)

생각 속으로 | 실용이성이 합리성과 만날 수는 없을까?
고전 속으로 | 막스 베버와 리쩌허우
역사와 현실 속으로 | 제국주의, 중화주의, 천민자본주의
가상토론 | 기독교와 유교는 공존할 수 없을까?

 생각 속으로

실용이성이 합리성과 만날 수는 없을까?

서구의 합리성

프로이센독일의 사회학자 막스 베버Max Weber는 평생 조국의 자본주의 발전을 위하여 고뇌한 지식인이었다. 당시 프로이센은 봉건주의적 농업사회에서 자본주의적 산업사회로 넘어가는 과도기였고, 농업사회를 대표하는 지주 귀족이 사회지도층을 형성 편에서는 새로운 사회의 주역인 자산계급부르주아도 성장하고 있었지만, 베버가 보기에는 두 세력 모두 과도기 독일 사회의 변화를 이끌지 못하고 전근대적 전통에 머물러 있었다.

베버는 영국 자본주의가 합리적이고 순조롭게 발전하는 반면, 독일 자본주의는 크게 뒤떨어졌다고 생각했다. 독일은 영국보다 산업혁명이 늦기는 했지만 자본주의 발전에 필요한 영토와 인구는 충분했다. 그런데도 독일 자본주의는 왜 영국처럼 빠르게 성장하지 못하는가? 이러한 고민을 품고 있던 베버는 마침내 생각의 방향을 바꾼다. 경제적·물질적 조건 외에 다른 요인을 탐구하기 시작한 것이다. 서구인의 종교와 문화에 깃든 정신적 요인이 그것이다. 그의 역작으로 꼽히는《프로테스탄트 윤리와 자본주의 정신Die

Protestantis-che Ethik und der Geist des Kapitalismus》은 그렇게 탄생했다.

그에 따르면 탈주술화, 곧 주술적 신앙이 지배하던 중세에서 벗어난 근대적 합리성이야말로 자본주의를 연 역사적 동력이다. 그리고 이런 합리성을 열어낸 주체는 소명의식calling을 중시한 칼뱅주의Calvinism 개신교와 같은 청교도Puritan들이다. 실제로 그의 어머니는 평생 청교도 윤리를 몸소 실천했고, 그도 대학 시절에 부모의 잔소리를 들으며 의무적인 노동과 검소한 생활을 경험한 바 있었다. 자신을 강제하는 생활태도는 청교도의 소명의식에서 비롯되었으며, 금욕·절약·저축과 같은 청교도적 생활방식은 자본축적과 재투자로 이어져 자본주의를 성장시킨다는 것이다.

아시아적 합리성

그후 세계 종교로 눈을 돌린 베버는《유교와 도교Konfuzianismus und Taoismus》에서 동아시아 유교 문명이 자본주의를 생성하지 못한 까닭을 묻는다.《프로테스탄트 윤리와 자본주의 정신》에 비추어 볼 때 이러한 물음은 동아시아 문화에 합리성이 없음을 전제로 한 것 같지만, 꼭 그렇지는 않다. 그는 아시아 종교에도 합리성은 있다고 말한다. 다만 그 합리성은 서구의 자본주의 정신과 질적으로 다르다는 것이다. 동아시아의 합리성은 "전통적전근대적 합리성"이며, 독일 관념론 철학의 언어를 빌리면 "실체적실질적 합리성"이다. 자본주의라는 현재에 초점을 맞춘 그는 전통을 주술이나 미신과 같은 중세전근대 문화를 가리키는 부정적 언어로 사용한다.

예컨대 동아시아 유학자들은 군주가 폭군으로 변하는 것을 막기 위해 전통에 기대어 주술적 요소를 남겨두었고, 선비들은 교육을 독점하고 신

■■■■■ 신자유주의
세계화는 한 국가나 지역
을 중심으로 이루어졌던
농식품 체계를 국경을 넘
어서 이루어지는 '지구적
농식품체계'로 더욱 강고
하게 만들었다. 초국적 농
산품 복합체 카길, 콘아그
라, ADM, 몬산토 등이 이
를 주도했다.

분 카리스마를 재생산하기 위해 가산관료제를 유지했다고 한다. 그리하여
동아시아 문화는 진보를 가로막는 전통주의, 기술과 전문지식을 천시하는
풍조, 조상과 미신에 대한 숭배, 혈연 위주의 자연적 인간관계, 수학과 추
리능력 결핍, 무조건적 현세 긍정과 같은 특징을 드러냈다는 것이다. 요컨
대 서구의 기독교적 합리성은 세계를 합리적으로 지배·개조하는 동력이
되었지만, 동아시아의 유교적 합리성은 다만 현실에 합리적으로 적응하는
근거가 됐다는 것이다. 이것이 《유교와 도교》의 중심 논지다.

불합리한 '합리화'

실제로 동아시아에서 수천 년간 유교문화의 대들보 역할을 한 사대부와 지식인들은 한 사람의 임금이 모든 백성과 국가를 지배하는 전근대성을 변화시키지 못했다. 그후 동아시아는 정치·경제·사회·문화 모든 방면에서 근대화에 성공한 서구의 지배 또는 지배적 영향을 받았다. 이러한 역사적 사실을 기억할 때, 베버의 동아시아 종교문화에 대한 분석과 아시아적 합리성에 관한 주장은 눈여겨볼 점이 적지 않다.

그러나 베버는 동아시아인의 오랜 역사적 삶과 그 속에서 형성된 문화의 총체인 유교 전통을 말 그대로 총체적으로 연구하지 못했다. 그는 유교의 긍정적 측면과 부정적 측면을 공정한 시각에서 바라보는 어려운 길 대신, 기독교를 잣대로 유교를 마름질하는 편리한 길을 택했다. 그 결과 자본주의 발전과 제국주의 확장을 불가분의 관계로 본 근대 서구 지식인의 전형에서 벗어나지 못하였다. 그의 종교사회학이 오늘날 "서구 중심주의", "서구 우월주의", "제국주의적 합리화"와 같은 말로 비판받는 까닭이 여기에 있다.

그나마 베버는 학술적 태도를 유지하려고 애쓴 편에 든다. 유럽 밖의 합리성을 결코 인정하지 않는 불합리한 견해에 사로잡힌 근대 서구 지식인은 헤아릴 수 없이 많았다. 더 기막힌 사실은, 이 편협한 서구 중심적 합리성이 근대 이후 세계 문화사에서 보편적 지위를 누려왔다는 점이다. 지금까지 유럽 이외의 사람들은 그들 고유의 문화를 서구 문화보다 열등한 것으로 여겨왔다. 그렇게 된 가장 큰 이유는 그들이 자발적으로 합리화근대화를 이룰 기회를 서구와 서구 흉내를 낸 아시아 제국주의자들에게 빼앗겼기 때문이다.

동아시아 정체성의 빈자리

힘없고 궁핍한 아시아에 남기를 거부하고 부강한 유럽이 되고자 열망한 일본. 그들은 아시아인들에게 무슨 짓을 저질렀던가? 19세기와 20세기를 지나 21세기에 접어든 오늘날에도 그들은 제국주의 근대사를 서구화·문명화의 역사로 어여쁘게 꾸미고도 부끄러운 줄을 모른다. 또 이제는 더 이상 세계의 눈치를 보지 않고 떳떳이 군국주의의 길을 가겠노라고 말하는 지경에 이르렀다.

중국은 또 어떤가? 제국주의 열강에게 빼앗긴 잃어버린 100년의 근대사를 진정으로 성찰하고 되찾으려는 노력보다는 이른바 선진 자본주의 국가들처럼 되기 위해 생산력 발전을 가장 중요한 목표로 삼고 있다. 그리고 이미 남한 면적의 100배나 되는 몸집을 더 부풀려 옛 중화제국의 영광을 되찾겠다고 벼른다. 그들의 새로운 중화주의는 또 하나의 제국주의에 불과하다.

진정 동아시아는 뿌리 깊은 제국주의적·식민지적 근대화의 그늘에서 벗어날 수 없는 걸까? 우리가 동아시아의 정체성identity을 묻기 전에 먼저 귀를 기울여야 할 것은 지구 곳곳에서 들려오는 반세계화 시위대의 함성이다. 그들은 이제껏 지구 북쪽에서 잘살아온 선진국들에게 묻는다. 너희는 앞으로도 계속 잘살기 위해 여전히 식민지가 필요한가? 식민지는 곧 전 세계의 시장화를 의미한다. 글로벌 문화를 구실로 세계의 관세 장벽을 차례로 무너뜨리고, 그렇게 통합된 세계시장을 통째로 삼키려는 다국적초국가적 자본의 탐욕이야말로 세계화의 진짜 모습이라고 반세계화론자들은 부르짖는다.

살아남기 위해 다른 누군가를 잡아먹는 야만의 역사는 신자유주의와 세계화라는 이름으로 오늘도 계속되고 있다. 선진 자본주의 국가를 제외한 세계인들은 그들의 빼앗긴 '근대'를 되찾을 수 있을까? 오랜 세월 서구 중심적 언어와 식민지적 세계관에 길들여진 동아시아인의 역사관과 문화관은 빼앗긴 근대성합리성의 빈자리를 고스란히 보여준다.

유교에 대한 비판과 재구성

1980년대부터 줄곧 중국 사회와 중국인들에게 계몽의 필요성을 강조해온 철학자가 리쩌허우李澤厚다. 그의 계몽은 제국주의 국가들이 식민지를 차지하려고 세계를 침략할 때 구실로 내세운 계몽과는 다르다. 1919년 5·4운동에서 "유교를 타도하자"는 함성이 전국을 뒤덮은 지 30년이 지난 1949년 10월, 마오쩌둥毛澤東은 마침내 농민·노동자를 위한 사회주의 국가를 세웠다. 그렇지만 그후 다시 30년이 지났어도 중국인은 여전히 자유로운 개인이 되지 못하였고, 중국 사회는 민주주의를 이루지 못했다는 것이다. 자유로운 중국인, 민주화된 중국 사회를 위한 그의 계몽운동은 이로부터 시작되었다.

리쩌허우가 보기에 계몽은 서구인과 자본주의만의 전유물이 아니다. 본디 계몽은 신 중심의 중세적 세계관에서 벗어나지 못한 무지몽매한 대중으로 하여금 근대적 이성의 눈을 뜨게 해주려는 것이다. 곧 신의 독단이 아닌 인류의 지성지식의 힘으로 합리적 세계를 만들려는 움직임이 계몽운동이다. 그러므로 계몽과 이성은 18세기 서구에서 나온 사상이지만, 그것이 오늘날 전 인류에게 보편성을 갖는 까닭은 자유, 진리, 평등, 정의와 같은 민주주의적 가치를 실현하는 전제이기 때문이다. 이런 맥락에서 리쩌허우는 일찍이 루쉰魯迅이 《아큐정전阿Q正傳》에서 묘사한 것과 다름없이 낡고 부패한 중국 사회와 노예근성을 버리지 못한 중국인을 겨냥했고, 그 과녁 한가운데에는 유교라는 전통이 있다.

좋은 의미든 나쁜 의미든, 유교는 동아시아 문화의 핵이다. 전통은 사람들이 그것을 혐오하고 부정한다고 해서 간단히 없어지는 것이 아니다. 리쩌허우는 전통을 수천 년 역사를 통하여 동아시아인의 고유한 문화와 심리가 어우러져 이룩된 하나의 형식, 곧 "문화심리의 구조"라고 말한다. 따라서 예나 지금이나 변함없는 중국의 전근대성을 뜯어고치려면, 유교 전통에서 큰 영향을 받는 중국인의 문화심리 구조를 비판적으로 재구성해야 한다는 것이다. 《역사본체론歷史本體論》은 이러한 문제의식에서 이루어진 그의 철학적 '대장정'의 결론이다.

'하나의 세계'와 실용이성

자본주의적 합리성을 중시한 베버도 생전에 세계를 철창 속에 가두게 될 도구적 이성의 위험을 여러 번 경고했고, 또 금전만능주의가 지배하는 천민자본주의를 깊이 우려했다. 베버 식 합리화에 찬성할 수 없었던 리쩌허우는 오히려 베버가 반대한 마르크시즘에서 참된 이성의 단서를 발견한다. 그는 마르크시즘의 진정한 가치는 계급투쟁이나 혁명 같은 집단주의적 선동이나 군중 동원에 있지 않고, 개인의 발전과 사회 정의를 실현하는 데 있다고 본다. 그리고 중국에서 개인의 발전과 사회정의를 실현하기 위해서는 유교 전통에서 그 실마리를 찾아야 한다고 말한다.

리쩌허우는 유학을 중심으로 하는 동아시아의 문화심리 구조를 탐구하면서 동시에 칸트, 마르크스, 하이데거 등의 서양철학을 연구했다. 그 결과 역사본체, 정감본체情感本體, 실용이성, 낙관주의와 같은 독특한 개념을 만들어내면서 동아시아인의 삶과 문화에 적합한 합리성을 모색한다. 그것은 세계화라는 새로운 이름의 제국주의 그리고 도구적 이성과 금전만능의 풍조가 지배하는 천민자본주의의 폐단을 극복하는 의미를 갖는다. 여기서 그의 사상 전체를 다룰 수는 없지만, 꼭 짚고 넘어가야 할 것은 '하나의 세계'에 주목하는 그의 세계관이다.

리쩌허우는 서구의 신학형이상학 전통에서 비롯된 실체로서의 이성을 긍정하지 않는다. 그에 따르면, 서구인의 전통적 세계관은 인간땅, 현상의 세계와 신자연, 본질의 세계를 둘로 가르고, 인간을 초월하여 존재하는 절대적·선험적 실체를 추구해온 이원론二元論적 세계관이며, 그것은 확실히 기독교 전통에서 나온 관념이다. 그러나 동아시아 문화는 이런 '두 세계'를 말한 적이 없다. 인류의 경험을 뛰어넘고 인류보다 앞서 존재하는 하나님의 초월적·선험적 이성은 동아시아의 참된 정체성이 아니다.

동아시아의 정체성은 유교 전통에 뿌리를 둔 '실용이성'에 있다는 것이 리쩌허우의 주장이다. 오랜 역사에 걸쳐서 동아시아인은 인간 중심적 관점에서 자연하늘을 논하였고, 노동과 실천을 통해 자연과 인간을 하나로 결합天人合一해왔다. 그것이 바로 유교가 중시한 중용中庸이며, 이 중용이야말로 동아시아인들이 삶의 도구로 사용해온 실용실천적 이성을 대표한다는 것이다.

막스 베버와 리쩌허우

막스 베버 Max Weber (1864~1920)

독일 튀링겐 주 에르푸르트에서 부유한 자유주의 정치가의 아들로 태어났다. 가정에 무관심하고 권위적인 아버지와 청교도적 삶에 충실한 어머니 사이에서 심한 갈등을 겪으며 자랐으나, 가정에서 배운 의무적 노동 습관은 나태와 방종을 경계하고 선조들의 칼뱅주의에 경외심을 품게 했다. 프라이부르크 대학과 하이델베르크 대학에서 경제학을 가르치던 중에 아버지가 세상을 떠나자 신경과민증이 심해져 1903년부터 15년간 강단에서 물러났다. 그러나 학술과 정치 분야에서는 활발하게 활동했다.

주요 저술로 《프로테스탄트 윤리와 자본주의 정신》(1904~05), 《유교와 도교)》(1915), 《경제와 사회Wirtschaft und Gesellschaft》(1922) 등이 있다.

막스 베버, 이상률 옮김, 《유교와 도교》,
문예출판사, 1996.

전근대적 합리주의

동아시아 관료 계층이 생활에 대해 가지고 있던 내재적 견해, 그러니까 비
초월적 견해는 어떤 경쟁 상대도 없었다. 어떤 합리적 과학도, 어떤 합리적
예술작업도, 어떤 합리적 신학·법학·의학·자연과학 및 기술도, 어떤 신적
권위 또는 인간적인 대등한 권위도 이 비초월적 견해의 경쟁자로 등장하지
않았다. 따라서 이 견해는 거침없이 관철되었고, 이 견해에 어울리는 윤리
를 만들어낼 수 있었다. 유일하게 이 견해를 제한한 것은 친족 및 귀신 신
앙에 담긴 전통의 힘이었을 뿐이다. 이 내재적^{비초월적} 견해는 서구 문화에
필수적인 '근대적' 합리주의의 어떠한 요소도—경쟁자의 형태든 지원자의
형태든—동반하지 않았다. 이 견해는 서양에서는 고대 도시국가^{폴리스}가 발
전하는 과정에서 극복한, 그런 기초 위에 접목되어 있었다. 그러므로 이런
견해가 주도한 문화는 하나의 실험으로 볼 수 있다. 곧 관직·봉록을 받는
계층이 지배하는 '실천적' 합리주의가 그 자체로 어떤 결과를 낳는지 알아
보는 실험이다. 이러한 상황의 결과가 바로 정통 유교였다.

유교는 불교와 마찬가지로 윤리에 불과했다. (…) 그러나 불교와 완전히 다
르게 전적으로 현세적인 세속인들의 윤리였다. 그리고 더욱이 불교와 대
조적으로 유교는 현세와 그 질서 및 관습에 적응하기 위한 것이었으며, 궁
극적으로는 교양을 갖춘 세속인을 위한 정치적 준칙과 예의범절의 거대한
법전에 불과했다. (…) 모든 것은 자신의 소질을 스스로 계발하는 것을 목
표로 삼는 교육에 달려 있었고, '근본적으로 악한 것'이란 없었다. 인간은
본래 타락했다는 이단적 학설을 주장한 철학자는 기원전 3세기로 거슬러

올라가야만 찾을 수 있다. 과실, 즉 너무 지나쳐서 생긴 오류만이 있었을 뿐이고, 그런 오점도 부족한 교육 때문에 생긴 결과로 여겨졌다.

현세와 긴장·대립이 없는 세속 윤리

지금까지 서술한 것을 우리 서양인의 관점에서 보자면, 유교적 합리주의와 우리 서양인에게 지리적·역사적으로 가장 가까운 프로테스탄티즘의 합리주의의 관계를 분명히 제시하는 것이 좋겠다. 어떤 종교가 보여주는 이성화합리화 수준을 평가하는 데에는 두 가지 척도가 있다. 첫째, 그 종교가 어느 정도로 '주술'에서 탈피했는가? 둘째, '신'과 세계의 관계에서 그 종교가 이 세계와 어느 정도로 체계화되고 통일적으로 윤리적 관계를 이루었는가? 첫번째 척도에서 볼 때, 금욕적 프로테스탄티즘은 여러 측면에서 주술 탈피의 마지막 단계를 나타낸다. '주술로부터 세계가 완전히 해방되는 것'은 오직 퓨리터니즘청교도주의의 경우에만 철저히 관철되었다. (…) 유교는 주술이 갖는 '실제적' 구제의 의미를 고스란히 방치해두었지만, 퓨리터니즘은 주술적인 모든 것을 '악마적인 것'으로 보고 합리적으로 윤리적인 것만을, 곧 신의 명령에 따른 행위, 그것도 신에 의해 정화된 심정에서 나온 행위만을 종교적으로 가치 있는 것으로 인정한다. 결국 이단설도교의 주술동산에서 근대 서양적 특성을 갖는 합리적 경제와 기술이 완전히 배제되었다는 것은 매우 분명하다.

　지상의 사물에 대한 유교의 순진한 태도와는 매우 대조적으로, 퓨리턴청교도의 윤리는 '세계'에 대한 강렬하고 격정적인 긴장·대립 관계 속으로 밀고 들어가는 태도였다. 합리적인 요구로써 세계에 대항하는 종교는 모든 점에서 세계의 비합리성과 긴장·대립하는 관계 속에 빠진다. (…) 현세에 대한 긴장·대립을 절대적으로 약화시킨, 의도만 합리적인 윤리는 '유교'였다.

(…) 그런데 유교인들은 교양을 갖추지 못한 야만 상태로부터 '구제'받는 것 외에는 어떠한 것도 원하지 않았다. 덕에 대한 보답으로서 그들이 바란 것은 현세에서는 장수하고 건강하며 부유하게 사는 것이었고, 죽은 뒤에는 좋은 평판과 좋은 이름을 남기는 것이었다. (…)

무조건적으로 현세를 긍정하고 현세에 적응하는 유교 윤리는 주술적 종교 의식을 고스란히 유지하는 것을 전제로 한다. 이렇게 남겨진 주술적 종교 의식의 범위는 (…) 황제로부터 민간의 신앙심은 물론이고, 공식적인 신앙심의 기초가 된 조상 정령에 대한 숭배, 그리고 비공식적으로는 도교의 주술적 치료술과 애니미즘의 성격을 갖는 귀신 숭배와 관련된 여러 형태들까지 포함한다. 교양을 갖춘 그리스인들과 마찬가지로 교양 있는 유교인들도 귀신을 두려워하는 마음과 귀신에 회의를 품는 마음이 뒤섞인 상태에서 주술적 관념을 따랐다. 그러나 유교의 영향을 받은 대다수 중국인은 확고한 믿음을 갖고서 주술적 관념 안에 머무는 생활태도를 드러냈다. (…) 고대 중국에서는 최고의 교양을 갖춘 고급 관리들조차 어리석은 기적을 경건히 숭배하기를 주저하지 않았다. '현세'에 대한 긴장과 대립은 결코 일어나지 않았다. 왜냐하면 윤리적 '요구'를 하는 초세속적인 신의 윤리적 예언은, 우리가 기억하는 한 전혀 없었기 때문이다.

해설

막스 베버는 기독교의 초월성, 곧 인류를 초월한 전지전능한 하나님에 대한 절대적 신앙이 근대 자본주의를 이끈 청교도의 윤리적 기초이며, 자본주의적 합리성근대성의 원천이라고 생각했다. 반면에 베버의 눈에 비친 동아시아 종교는 현세에 적응하며 살아가기 위한 세속 윤리, 곧 실천적 합리주의에 지나지 않았다.

기독교에서 말하는 선악의 대립과 긴장은 유교에서는 찾아보기 어렵다. 유교에서 악은 지나치거나 모자라서 바람직한 상태를 벗어난 것이며, 올바른 배움과 가르침으로 개선될 수 있다. 동아시아 문화에서는 '권선징악'도 신의 영광을 위한 것이 아니라 세상의 풍속을 바로잡기 위한 수단이므로 서구 기독교 문화와는 근본적으로 다르다.

베버가 동아시아 문화에서 보이는 조상과 귀신에 대한 숭배 및 종교적 행위를 '주술동산'에 비유하며 합리성과 대립시킨 것은 근대적 이성지성과 과학기술이 주도하는 오늘날에도 여전히 맹위를 떨친다. 그러나 인문학이 추구하는 가치는 사회과학과 차이가 있고, 서구 밖의 세계도 서구만큼이나 유구한 문화 전통을 가졌다는 점에 주의해야 한다. 기독교적 합리성이라는 베버주의weberism의 획일적 잣대로 세계 문화를 마름질해서는 안 된다는 것이다. 오늘날 서구의 문화적 다원주의cultural pluralism는 이러한 비판과 반성을 담고 있다.

리쩌허우 李澤厚 (1930~)

중국 후베이湖北 성 우한武漢에서 태어났다. 어려서 부모를 잃고 가난과 고독을 견뎌가며 후난湖南 제1사범학교와 베이징대 철학과를 졸업했다. 미학 3부작과 사상사 3부작으로 이름을 떨쳤으며, 1980년대 중국 민주화운동과 1989년 6·4 천안문 사건에도 적잖은 영향을 끼쳤다. 대표적인 저술로《역사본체론》(2001)을 비롯해《기묘오설己卯五說》(1999),《실용이성과 즐거움의 문화實用理性與樂感文化》(2004) 등이 있다.

리쩌허우, 황희경 옮김, 《역사본체론》,
들녘, 2004.

이성은 신의 선물이 아니다

무엇이 도度인가? '도'는 알맞은 정도程度를 파악하여 안성맞춤으로 꼭 들
어맞게 행하는 것을 말하는데, 그렇게 해야만 목적을 성취할 수 있다. (…)
인간에게 가장 중요한 것은 육체적 생존, 곧 의衣·식食·주住·행行을 유지하
는 것이다. 그러기 위해서는 생산을 해야 한다. 이처럼 안성맞춤으로 행하
는 '도'는 생산의 기술에서 나온 것이다. (…) '도'란 어떤 대상이나 의식
속에 있는 것이 아니라 인류의 생산활동, 곧 실천실용으로부터 먼저 출현
한다.

　'도'를 만드는 것은 그것을 사용하기 위함이고, 사용하면서 '도'가 만들
어진다. 옛날 동아시아인들이 말한 '중용'이란 그런 뜻이다. 주체와 객체가
분리되는 것은 인간이 실천활동을 하면서 안성맞춤의 '도'를 세운 데서 유
래한다. 후대인이 만들어낸 모든 이성적 형식과 구조, 그리고 그 열매인 지
식과 과학도 인류의 주관성이 '도'라는 본체를 잘 헤아려서 법칙으로 정하
고, 그것을 확고한 것으로 만들어 모든 사람에게 널리 알린 것에 불과하
다. 이성은 본디 합리성에 불과하며 선험적으로 주어진 보편적 필연성이
아니다. 이성은 무엇보다 인간이 오랜 세월 감성적 실천, 그러니까 기술과
예술이 도에 안성맞춤으로 꼭 들어맞는 운동을 해온 경험 속에서 누적되
고 침전된 산물이다. 그러니까 이성은 인류가 창조한 것이다. 이러한 근본
적 바탕을 벗어나서 이성을 초월적인 것으로 비약하는 것은 위험할 수도
있다. 이것이 실용이성론實用理性論과 선험이성론先驗理性論의 차이점이다. 요컨

대 신과 인간의 주종관계라든가 인간과 인간의 사회적 관계가 아니라, 인간과 자연이 '도'를 통해 역사 속에서 형성한 '자연의 인간화'와 '인간의 자연화' 및 그 구체적 내용이 역사본체론이 탐구하고 토론할 과제이다.

실용이성은 역사적 이성이다

이성은 역사적으로 구축되어온 것이다. 이성의 기초는 합리성이다. 실용이성은 합리성을 철학적으로 개괄한 것이며, 선험적 사변이성思辨理性을 부정한다. 그것은 무엇보다 '사람은 살아간다'라는 '밥 먹는 철학'의 절대적 원칙 위에 세워졌기 때문이다. (…)

다시 강조하건대, 선험적이고, 경직되고, 변하지 않는 절대적인 이성 rationality이 아니라 역사 속에서 만들어진, 경험과 연관된 합리성reasonableness이 바로 동아시아의 전통적 '실용이성'이며, 따라서 그것은 곧 역사이성이다. 왜냐하면 이성은 인류 역사에 종속되어 발생하고 성장하며 변화해온 것이므로 매우 융통성 있는 '도度'를 갖추고 있기 때문이다. 예컨대 동아시아 전통은 현실의 공리功利와 무관한 추상적 사변과 논리적 형식을 중시하지 않았다. 그러나 이러한 추상적 사변과 논리적 형식이 인류의 생존과 현실생활에 중요하다는 것을 현대 과학기술이 증명하였을 때 실용이성은 조금도 주저함 없이 이를 받아들인다. (…)

'실용이성'은 스스로를 최고의 목적으로 삼지 않고, 반대로 인류의 생존도구로서 자신의 기능을 뚜렷이 드러낸다. 실제 쓰임새, 곧 실용 속에서 이성이 인류 생존에 확실히 유용하고 유익하다는 사실을 증명한다. 실용이성은 선험적 이성도 아니고 반反이성도 아니다. 그것은 비이성적 생활 속에서 실제로 사용되는 합리성일 뿐이다. 그리고 그것은 역사가 세운 것이다. (…) 19세기의 철학이 감각자료感覺資料, sense-data에서 출발했고, 20세기의 철학이 언어를 중심으로 전개되었다면, 21세기에는 실천-생활 속에서 살아가는 '역사적 인간'이 그 핵심이 되기를 바란다. 이성, 반이성, 비이성, 합리성의 의미, 가치 그리고 지위는 모두 '역사적 인간'이 마름질하고 판정할 것이다.

해설

리쩌허우는 역사본체론의 근본 개념으로 '도度'를 말한다. 도는 인류가 생존의식주의 필요에 따라 사물의 알맞은 정도를 파악하여 자신의 목적을 이루는 것을 의미한다. 그는 역사적으로 인류가 생존할 수 있었던 이유는 인류 자신의 목적에 맞게 도구를 만들어 물질을 생산했기 때문이라고 본다. 물질 생산을 위한 실천, 곧 도구를 통한 노동은 그의 말처럼 인류의 생존을 가능하게 한 힘이다. 그에 따르면, 지식과 과학은 인류의 오랜 역사적 실천의 성과이며 이성의 산물이다. 그리고 이성은 서구 신학에서 말하듯 선험적으로 주어진 보편적 필연성이 아니라, 오랜 세월 기술과 예술을 창조하는 비이성적감성적 실천을 통해 역사적으로 누적된 합리성이다. 그래서 리쩌허우는 이성은 인류가 창조한 것이며 역사적으로 구축된 것이라고 단언한다.

막스 베버는 유교와 도교를 "현세에 적응하며 살아가기 위한 세속윤리실천적 합리주의"라고 비판했지만, 리쩌허우는 중국 전통에서 비롯된 '실용이성'을 강조한다. 실용이성은 선험적형이상학적 실체를 중시하지 않고 현실생활의 과정과 기능을 중시한다. 여기서 이성은 신성한 것이 아니라 현실생활의 도구로 파악된다. 리쩌허우가 선험적 이성론을 거부하고 역사적 인간의 눈으로 이성, 반이성, 비이성, 합리성을 논하려는 것은 이성에 반대하는 포스트모더니즘의 합리성을 받아들이면서도 반反이성주의를 거부하고 이성의 참된 의미를 찾으려는 것이다.

제국주의, 중화주의, 천민자본주의

세계대전과 서구의 이성

■

제1차 세계대전은 20세기 초엽 인류가 경험한 최초의 대규모 세계전쟁이었다. 그 배경에는 19세기 말부터 20세기 초에 걸쳐 나타난 세계 제국주의 성립이 있었다. 이 시기 유럽제국과 미합중국, 약간 뒤늦게 일본 등에서는 자본주의 경제가 독점 단계로 들어가, 각국은 대형화한 경제력의 배출구(판로)를 필요로 했고, 이에 따라 이들 국가는 해외에서 식민지나 세력권을 넓히기 위해 격렬한 경쟁에 돌입했다. 그 결과 세계는 제국주의 열강에 의해 거의 분할되었으며, 중국 동북 만주과 한반도의 지배를 놓고 일본과 러시아 사이에 제국주의 전쟁이 일어난 것도 우연한 일이 아니다.

— 《두산백과사전》 '제1차 세계대전과 제국주의 열강' 중에서

■

베버 당시에 유럽 강대국들은 지구 끝까지 영토를 넓히고 식민지를 차지

하기 위한 쟁탈전에 뛰어들었으며, 제국주의는 그렇게 절정을 이루었다. 그러나 식민지 쟁탈전에서 드러난 그들 사이의 적대적 모순은 마침내 제1차 세계대전으로 폭발했다. 이 전쟁은 현대사에서 가장 추악한 첫 번째 전쟁으로 기록되고 있다. 서구 제국주의의 대포와 총칼에 이유도 모르고 죽어간 식민지의 수많은 '미개인'들처럼 유럽인의 거실과 뜰에서도, 거리와 공장에서도 죄 없는 수많은 유럽인들이 대포와 총칼에 살해되었고, 그 결과 유럽은 온통 잿더미로 변했다.

그렇다면 베버가 그토록 열렬히 추구한 자본주의적 '합리성'은 어디에 있었던가? 유럽의 근대적 '이성'은 무엇을 하고 있었던가? 그 추악한 전쟁이 끝날 무렵, 지구 면적의 85%가 유럽의 식민지가 되었다. 특히 아프리카와 아시아 대륙의 피해는 참혹할 정도로 컸다. 굶주린 맹수에게 순식간에 사지가 찢겨진 초식동물처럼, 여러 대륙과 섬들은 제국주의 열강에게 속수무책으로 분할 점령되었다. 혹은 선교를 구실로, 혹은 '계몽'이라는 핑계로 서구인들이 세계를 무대로 '땅 따먹기' 놀음을 벌일 때, 그들의 자본주의를 위해 희생된 대다수 나라와 민족들은 '합리화', 곧 근대화를 시도할 기회조차 빼앗기고 말았다.

중국의 동북공정과 합리성

■

중국 정부는 '동북공정'이라는 대규모 프로젝트를 통해 중화민족의 정체성을 강화함으로써 국가와 사회를 통합하고, 그것을 통해 체제를 유지·안정시키려는 거시적인 국가 전략을 추구하고 있다. (…) 예컨대 "현재의 중국 영토 내에서 중화

민족의 각 민족이 이루어낸 역사는 모두 중국 역사"라는 현재를 기준으로 한 편의주의 사관이나, "현재의 중국 영토 내에서 활동했던 모든 민족은 당연히 중국인이며 중국 민족"이라는 민족관은 모두 현재의 영토를 기준으로 그 범주 내에서 활동했던 모든 민족이나 영토의 귀속권을 규정해버리는 '영토 지상주의 역사관'이다. 또한 '동북공정'의 논리는 전통시대 동아시아 국제 질서의 상징이었던 책봉–조공 관계를 근거로 해당 민족의 왕조나 국가를 중국의 속국이나 자국의 범주에 귀속시킨다는 점에서 '신新중화주의'의 부활을 알리는 징조다.

— 윤휘탁, 《신新중화주의》 중에서

■

■■■■■■■중국에서 흔히 볼 수 있는 공자상. 유학을 열어낸 공구는 중국인이 아닌 노나라 사람이고, 신유학을 종합한 주희도 중국인이 아닌 송나라 사람이다. 지금 중국 정부는 수천 년간 동아시아인들이 이루어낸, 생생하고 다양한 문화와 심리가 복합된 전통을 공정하고 겸허한 눈으로 바라보지 못한다.

과도기 중국인으로서 리쩌허우가 고국의 현재와 미래를 고뇌하는 것은 당연하다. 그러나 엄밀하게 말하면 중국이란 나라는 근대 이후 세워진 하나의 국민국가일 뿐, 과거 동아시아와 동일한 대상이 아니다. 수천 년 역사를 지닌 동아시아의 관점에서 보면, 2500년 전에 유학을 창시한 공구孔丘는 중국인이 아닌 노나라 사람이고, 800년 전에 신유학新儒學을 종합한 주희朱熹도 중국인이 아닌 송나라 사람이다. 지금 중국 정부는 동아시아인들이 수천 년 동안 이룩한 생생하고 다양한 문화와 심리가 복합된 전통을 공정하고 겸허한 눈으로 보지 못한다.

그들은 중국이라는 오늘의 시간과 공간을 과거의 시공간으로 무한히 확장한다. 수천 년 역사를 지닌 유교 전통 및 동아시아 역사와 문화에 'Made in China'라는 라벨을 달고 '중화中華'라는 수식어를 붙인다. 더욱이 학자로서 지성과 양심을 포기한 쭉정이 같은 지식인들을 모아놓고, 일찍이 동북아시아에서 일어난 역사적 사실을 지우고 없었던 역사를 지어낸다. 이런 '라벨 붙이기'나 동북공정과 같은 사례에서 우리는 그들이 더 이상 동아시아의 '이성'을 말할 자격이 없음을 깨닫게 된다.

천민자본주의와 한국의 이성

현대문명의 바탕은 소유욕이다. 소유욕은 공동체 사회에서는 발붙일 길이 없었다. 함께 일해서 함께 나누고, 있으면 같이 먹고 없으면 같이 굶는 사회에서는 내 것 네 것이 따로 없다. 살아도 같이 살고 죽어도 같이 죽는데 내 것 네 것을 가릴 필요가 없다. 그러나 공동체의 울타리가 무너지고 저마다 제 살길을 찾아야 하는 사회 체제가 들어서면서 내 것과 네 것은 갈라지고, 서로 더 많이 갖고, 많이 쌓

아두려는 욕심이 생기기 시작했다. (…) 현대 자본주의 사회는 공동체의 마지막 울타리까지 무너져 모든 사람이 사회적 원자로 뿔뿔이 흩어진 사회다. 너를 물어 뜯지 않으면 내가 살 수 없다. '사람이 사람에게 늑대인homo homini lupus est 사회', 바로 이것이 현대문명을 이루고 있는 인간들의 상호관계를 나타내는 적나라한 구호다.

— 윤구병, 《가난하지만 행복하게》 중에서

베버는 중세 후기에 출현한 전근대적이고 비합리적인 자본주의를 '천민 자본주의'라고 불렀다. 생산활동을 통해 영리를 추구하지 않고 고리대금 업과 같은 금융자본 운영을 이윤추구의 기본 형태로 삼는 태도를 비판한 것이다. 그로부터 약 100년이 흐른 지금, 인류는 천민자본주의에서 자유 로운 것일까? 이런 질문이 무색하게도 지금 인류는 금융자본의 거대한 그 물망에 갇혀 정당한 생산활동을 통한 정상적 생활을 누리지 못하고 있다. 1980년대 이후 거의 모든 국가와 민족의 운명은 '신자유주의'와 '세계화'라 는 이름의 초국가적 자본에 의해 끝없는 이윤추구의 지배를 받고 있다.

최근 미국에서 시작된 부동산 시장과 금융 시장 붕괴는 미국 중산층뿐 아니라 인류의 생존까지도 위협하고 있다. 이러한 금융자본의 위기는 베버 가 긍정한 기독교 윤리와 합리성이 주도하는 자본주의를 중도에 포기하고 투기와 일확천금을 노리는 천민자본주의의 길로 빠져든 데 따른 인과응보 다. 노동의 가치가 무시되고 황금만능주의에 젖어든 21세기 미국 사회는 필연적으로 정경유착과 부정부패, 도덕과 사회정의의 실종 그리고 빈부격 차의 문제를 낳고 있다.

그렇다면 한국의 상황은 어떤가? 1997년 IMF 사태가 잘 보여주듯이, 한 국은 신자유주의 종주국 미국의 영향을 가장 많이 받는 나라다. 게다가 천민자본주의의 특징도 고스란히 물려받았다. '사람이 사람에게 늑대인 사회', 도덕과 합리성이 실종된 사회가 바로 천민자본주의 사회이다. 이런 사회에서는 많이 배우고 많이 가진 사람일수록 '너를 물어뜯지 않으면 내가 살 수 없다'는 정글의 법칙을 숙지하고 있다.

전통문화와 첨단문물에 두루 정통하다고 자부하는 고급 지식인과 정치 지도자들, 우리 국민을 먹여 살린다는 대기업들, 그리고 이들을 위해 일하는 권력기관과 방송·언론 등이 우리 사회의 '지도층'이다. 그들은 부와 권력, 지식과 정보를 이용해 자신들이 가진 모든 것을 확장하고 대물림한다.

비판적 이성이 질식당하고 반성적 지성이 실종된 대한민국의 비극은 여기서 끝나지 않을 것이다. 수천 년 동안 인류가 이룩한 역사와 문화, 생태와 자연환경의 의미를 깨닫지 못하는 정치인들은 계속 등장할 것이고, 가난한 대다수 인류의 곤경을 외면하고 교묘한 방법으로 부를 쌓는 사람들이 계속 나타날 것이다. 그리고 그들은 다시 이 나라의 지도자가 되어 부와 권력을 재생산하고, '또 하나의 가족'이라는 가면을 쓴 채 이 나라를 지배할 것이다.

기독교와 유교는 공존할 수 없을까?

독일의 사회학자 막스 베버와 중국의 철학자 리쩌허우의 가상토론은 다음
과 같은 논지를 중심으로 펼쳐진다.

막스 베버에 따르면, '자본주의'라는 합리적 사상과 문화는 유럽에서만
출현했으며 기독교 금욕주의, 곧 청교도칼뱅주의의 생활윤리와 관련이 깊다.
신의 구원을 받으려면 현세에 금욕, 절제, 근면, 저축을 실천하여 부를 축
적해야 한다는 것이 칼뱅주의의 논리다. 물질적 재산을 통해 신의 '소명'에
부응했음을 입증해야 한다는 것이다. 영국 청교도들의 이러한 금욕주의는
현세에 대한 긴장을 낳았고, 그것이 합리적이성적 세계관을 성립시켰다. 그
에 비해 아시아의 유교와 도교는 현세에 대한 그런 긴장이 없었기 때문에
능동적으로 세계를 개조하지 못하고 적응했으며, 왕에게 복종하는 전제주
의 국가로 나아갔다. 그 결과 아시아는 근대화자본주의화를 이루지 못했다는
것이 베버의 주장이다.

한편 리쩌허우에 따르면, 베버가 말한 '이성합리성'은 기독교 특유의 이분
법적 세계관, 곧 '신'의 영역인 형이상학적 실체와 '인간'의 영역인 현상계를
나누는 '두 세계' 논리다. 그러나 중국의 유가와 도가는 '하나의 세계'를 말

한다. 그 대표적인 예가 '천인합일자연과 인간의 하나 됨'의 세계관이다. 그것은 다음과 같다. 인류는 수천 년에 걸쳐 도구를 만들어 사용하는 감성적비이성 적 실천으로 물질을 생산하며 생존해왔다. 그런 감성적 실천의 경험이 축적 되면서 기술과 예술을 낳았으며, 이러한 역사적 실천을 통해 마침내 지식 과 과학을 가능하게 하는 '실용이성'을 창조했다. 실용이성이란 곧 사물의 합리성이다. 그러므로 이성은 인류가 창조한 것이며, 역사적으로 구축된 것이다.

막스 베버와 리쩌허우의 이러한 논지가 분명히 드러날 수 있도록 토론 을 진행할 사람은 독일의 철학자이자 사회학자 송두율 교수다. 그는 1968 년 서독으로 유학을 떠났다가 유신정권에 의해 반체제 인물로 분류되어 입 국을 거부당했으며, 2003년에 자진 귀국하여 검찰 조사를 받던 중 친북활 동 혐의로 구속되었다. 그 이듬해 송 교수는 무죄 판결을 받고 독일로 돌아 갔으며, 2008년 국가보안법 위반 혐의에 대한 상고심에서도 무죄 판결을 받 았다. 그는 양자의 논점을 부각시키고 정리하는 형식적인 사회만 맡지 않고 자신의 의견을 적극 펼칠 것이다.

이제 세계적인 세 석학이 어떤 근거에서 서구의 합리성과 동아시아의 합 리성을 주장하고, 어떤 지점에서 논쟁을 벌이는지 흥미진진한 토론장으로 함께 가보자.

서구의 합리성은 아시아의 영원한 숙제?

송두율   오늘은 세계 철학계와 사회학계의 두 거인을 모시고 동서양 문화 의 오랜 쟁점인 합리성 문제를 토론하겠습니다. 먼저 소개부터 하죠. 서구 기독교의 '목적론적 합리성'과 동아시아 유교의 '전근대적 합리성'을 차별하시는 독일 사회학의 아버지, 막스 베버 님 나오셨습니다. 그리고 역사본체론의 관점에서 유교의 실용이성을 주장하시는 중국 사상계의 거인, 리쩌허우 님도 나와주셨습니다. 저는 토론과 진행을 함께 맡은 '경계인' 송두율입니다. 선생님들 안녕하세요?

베버 　안녕하세요? 막스 베버입니다. 여기서도 인터넷이 되는 게 무지 신기하네요. 이곳은 저승입니다. 1920년부터 여기서 지내다 보니 너무나 지루했는데, 불러주셔서 감사합니다.

리쩌허우 　저도 '왕민'이 되어 새로운 세상을 경험하니 황홀한 기분입니다.

송두율 　생전에 베버 님을 괴롭혔던 신경과민증은 완쾌되셨나요?

베버 　에구, 제 병 얘기는 왜…… 저승이라고 다르겠어요? 계속 약 먹고 잘 쉬어야죠.

송두율 　안부를 묻는다는 것이…… 죄송합니다. 그럼 왕민이 되신 리쩌허우 님! 중국이 언제 다시 왕정으로 복귀했나요? 전 그런 뉴스를 못 봤는데, '왕의 백성'이라뇨?

리쩌허우 　아, 그게 아니고 '네티즌'을 중국말로 '왕민網民'이라 합니다. 인터넷과 같은 첨단과학·기술·지식은 언제나 서구에서 나오잖아요. 우린 그대로 따라갈 수밖에요.

송두율 　그렇죠. 근대 이후 늘 서구를 좇아서 배우기에 바쁜 우리 동아시아인들의 서글픈 운명이랄까요. 왕민이라는 단어에서도 그게 보이네요.

베버 　서글픈 운명이라…… 아시아에서는 서구 자본주의와 같은 합리적 생각이나 생활양식이 출현하지 않았으니 서구를 따라 배우는 건 당연하죠. 서구인의 합리성은 아시아인에게 영원한 숙제가 아닐까요?

리쩌허우 　엥? 무슨 말씀!! 베버 님 생각처럼 합리성이 서구와 아시아 문화를 차별하는 말인지, 아니면 단지 차이를 보여주는 말인지는 이제부터 토론해봐야죠!

송두율　아, 벌써 논쟁이 시작된 건가요? 그럼 베버 님부터 간단하게 본인의 관점을 얘기해주시죠.

베버　저는 근대 자본주의 정신합리성을 프로테스탄티즘개신교의 직업윤리에서 발견했고, 이런 관점에서 세계 종교가 드러낸 이성화합리화의 수준을 연구했어요. 그래서 프로테스탄트 윤리를 확립한 유럽은 자본주의를 낳았지만, 동아시아 유교 윤리는 그러지 못했다는 결론을 내렸죠.

리쩌허우　저는 자본주의를 궁극적 가치로 생각하지도 않고, 역사의 종점이라고 여기지도 않습니다. 세계의 본질 또는 궁극적 가치를 '본체'라고 할 때, 본체는 인류가 걸어온 길, 곧 인류 역사 전체를 철학적으로 반성하고 통찰함으로써 얻을 수 있는 겁니다.

송두율　그런 철학적 반성과 통찰의 결과가 쩌호우 님의 '역사본체론'이라고 들었습니다. 간략하게 설명해주시죠.

리쩌허우　인류는 생존하기 위해 도구를 만들고 노동을 해서 얻은 생산물을 먹고 살아왔습니다. 유무형의 온갖 도구를 사용하면서 자신의 욕망목적과 사물의 법칙을 딱 들어맞게 하는 오랜 역사적 경험을 통해 이성을 탄생시켰죠. 인류 사회와 역사는 이성의 산물입니다. 그리고 이성적·사회적·역사적 실천이 쌓이고 침전되어서 감성, 개인, 직관이 탄생합니다. 예술, 도덕, 종교, 지식, 과학 등 인류의 모든 문화는 그런 역사의 산물인 이성과 감성이 어우러져 이룩된 역사의 열매입니다.

송두율　그러니까 마르크스의 말을 빌려서 총괄하면, 자연의 인간화가 되겠군요?

리쩌허우　그렇죠. 자연의 인간화가 바로 문화예요. 문화는 인류가 자연에 대한 오랜 역사적 실천과 경험을 통해 얻은 실용이성의 산물입니다. 그러므로 합리성은 인류를 초월하는 신의 계시에서 나온 정신이 아니라, 인류스스로 일궈낸 실용이성을 가리킵니다.

기독교적 합리성 대 유교적 합리성

송두율　베버 님과 리쩌허우 님은 모두 유교를 동아시아의 중심 문화로봅니다. 그러나 베버 님은 서구 기독교와 같은 합리성이 유교에는 없다고생각했고, 쩌호우 님은 유교야말로 동아시아의 실용이성을 대표한다고 말합니다. 이제 유교를 중심으로 계속 토론해볼까요?

베버　《유교와 도교》에서 저는, 도교는 물론이고 유교도 마찬가지로 전통적 주술 신앙에서 탈피하지 못했다, 곧 무속이나 미신과 같은 '마법의동산'을 허물지 못했다고 지적했죠. 이것이 아시아에서 근대 자본주의 정신이 나오지 못한 가장 중요한 원인입니다. 반면에 서구는 주술 신앙에서벗어나 자본주의라는 근대를 열었는데, 이것은 이익을 둘러싼 사회 세력들 간의 개방적 관계에서만 가능한 시민적·자본주의적 합리성을 보여주는것입니다.

송두율　베버 님! 저는 사회자이긴 하지만 참고로 말씀드리면, 서구 합리주의는 실체와 형식을 둘로 나누어 보는 중세 신학^{형이상학}의 이분법적 사고방식에서 유래합니다. 그래서 중세의 신을 몰아내고 그 자리를 대신한 근대 형이상학의 실체, 곧 선험적 이성^{합리성}도 중세와 마찬가지로 세속의 도덕 원리가 되죠. 베버 님도 당시 서구에서 새롭게 떠오른 세속인의 윤리에서 합리성을 끌어내셨죠?

베버 맞아요. 당시 저는 자본주의가 잘 정착한 영국과 같은 선진국에서 오히려 신을 더욱 열정적으로 추구하는 현상, 그러니까 금욕적 청교도주의로서 칼뱅주의가 자본주의 발전에 큰 영향을 끼치고 있다는 걸 발견했어요.

송두율 프로테스탄트 직업윤리인 소명의식 또는 천직의식이 그것이죠?

베버 그렇죠. 소명은 하나님의 부름, 곧 구원을 뜻해요. 개신교에서는 누가 신의 영광을 받게 될지를 알려면 현세에서 그가 어떤 삶을 사는가를 보라고 하죠. 인류는 하나님이 이미 예정하신 구원을 확인하게 될 운명이죠. 그러므로 구원을 자기 것으로 만들기 위해서는 신의 도구로서 신이 원하는 행위에 충실해야만 하는, 그런 강렬한 긴장과 거센 열정이 생겨납니다. 이처럼 근대 서구의 자본주의적 합리성은 청교도의 천직의식에서 나옵니다. 반면에 동아시아 유교사회에는 이런 직업윤리가 없죠?

리쩌허우 그건 기독교라는 계시종교를 가진 서구인의 윤리죠. 베버 님의 합리성은 신의 영역인 형이상학적 실체와 인간의 영역인 현상계를 구분하는 이분법적 세계관에서 나온 겁니다. 곧 형이상학적 세계관에서 유래한 합리주의이며 직업윤리죠.

송두율 그렇다면 쩌호우 님! 베버 님의 자본주의 정신, 곧 합리성이 서구의 종교 전통에서 나온 건데, 어떻게 그런 서구인의 잣대를 세계 종교와 문화에까지 들이댈 수 있느냐, 그런 말씀이신가요?

리쩌허우 그렇죠. 예컨대 동아시아의 유가와 도가에서는 서구인들처럼 두 세계가 아니라 하나의 세계를 말했어요. 근본적으로 서구와 다른 세계관이죠. 대표적인 것이 '천인합일'이라는 유명한 명제죠. 특히 유교문화는 자연의 인간화와 실용이성을 대표합니다. 동아시아의 이성은 서구 신학 전통에서 나온 선험적·초월적 이성이 아니라, 인류 스스로 도구적 실천의 경험을 통해 개괄해낸 실용이성입니다.

베버   하나의 세계도 좋고, 실용이성도 다 좋습니다. 그럼 자본주의는
왜 서구에서만 출현했나요? 설마 제 질문에 '유교자본주의'로 응수하진 않
겠죠? 미리 말하지만, 그건 저의 학술적 성과를 벤치마킹한 유사품에 불과
하므로 적절한 답변이 아닙니다.

리쩌허우   물론 알고 있죠. 1970년대 이후 아시아 신흥공업국의 경제 발전
을 어떻게든 설명하려고 서구와 일본의 몇몇 경제학자가 말한 '유교자본주
의'를 끌어올 생각은 추호도 없습니다. 사실 싱가포르, 홍콩, 타이완, 한국
이라는 "네 마리 작은 용"과 일본의 자본주의 경제를 하나로 묶어서 유교
라는 단일한 문화적 요인으로 설명하려는 것부터가 베버주의에 젖은 발상
입니다. 저는 여기에 동의하지 않거든요!

송두율   유교자본주의론에 대한 비판과 반론도 만만치 않죠. 네 마리 용
이라는 아시아 신흥공업국이 물질적·양적으론 서구와 비슷한 발전을 했
지만, 이익을 사회에 골고루 나누는 법적·제도적 장치나 더 중요한 성숙한
시민의식 면에서는 부족한 점이 많거든요. 베버 님이 생전에 개탄했던 천
민자본주의적 요소들이 무시할 수 없는 문제가 됐죠.

리쩌허우   제 얘기를 계속하면, 자본주의는 윤리를 최대로 실현한 사회도

■■■■■ 청나라의 마
지막 황제, 푸이의 삶을 다
룬 영화 〈마지막 황제〉의
한 장면. 서세동점西勢東占의
역사적 과정에서 서구, 일
본, 러시아 등이 동아시아
에서 벌인 제국주의 전쟁
과 그 속에서 청나라 황제
가 평범한 중국 인민으로
탈바꿈하는 과정이 인상적
이다.

아니고 역사의 종착역도 아닙니다. 베버 님의 관심은 오직 자본주의라는 현재에만 집중되었지, 인류 역사와 인간의 본질에는 관심이 없죠. 오히려 저는 이렇게 반문하고 싶어요. 베버 님은 아시아가 스스로 근대화의 길을 걷지 못한 원인이 뭐라고 생각하시나요?

제국주의가 강탈한 아시아의 근대

베버   그야 뻔하죠. 아시아의 자연종교인 유교는 서구처럼 신의 구원에 대한 열정, 세계에 대한 긴장을 통한 탈주술화, 곧 합리화이성화를 이루지 못했어요. 그래서 세계를 능동적으로 개조하지 못하고 다만 적응할 뿐이었고, 만백성 위에 군림하던 왕에게 그저 순응하는 길로 갔죠. 그래서 근대화, 즉 자본주의화하지 못한 겁니다.

리쩌허우   에고…… 또 청교도 윤리 시간이 됐나요? 이젠 저도 외울 지경입니다. "자기 강제적 노동과 검소한 생활만이 천국의 영광을 보증한다"라는 종말론적 열정이 현세에 대한 긴장을 만들고, 세계를 탈주술화했으며, 세계를 합리적으로 지배·개조하는 근대 자본주의를 낳았다…… 그건 서구인의 논리일 뿐 세계인의 보편적 논리가 아닙니다.

송두율   진정 합리적인 이론이 되려면 모든 나라와 민족에게 보편타당한 논리가 필요합니다. 베버 님, 아시아 종교에는 내세천국에 관한 신의 윤리적 요구나 예언이 없었기에 합리적 열정이나 긴장이 형성되지 않았다는 님의 생각은 결국 서구 제국주의 열강의 아시아 침략을 정당화하는 논리로 귀결되었다는 점, 혹시 아십니까?

베버   아니, 두 분이 합세해서 저를 제국주의자로 몰아세우는 건가요?

리쩌허우 "직업으로서의 학문"을 말한 프로 학자답지 않게 왜 이러시죠? 한번 이성적으로 생각해보세요. 아시아가 근대화되지 못한 원인을 유교의 이성화합리화 수준이 기독교보다 저급하기 때문이라고 보는 베버 님의 관점은 제국주의자들이 세계를 침략할 때 내세운 계몽의 논리와 똑같잖아요?

송두율 저도 아시아가 근대화되지 못한 원인이 아시아 종교문화에 있다고 보는 데 반대합니다. 오히려 그 원인은 서구 중심적 합리주의와 계몽주의, 또 그것을 무력으로 정당화한 제국주의자들에게 있죠. 그들은 미개한 아시아에 계몽의 씨앗을 뿌려 이성의 열매를 맺게 한다거나, 천국의 희망과 은총으로 문화의 꽃을 피우게 한다는 구실을 내세우며 아시아를 침략하지 않았습니까?

리쩌허우 기독교를 세계 종교의 최고 단계로 파악하는 베버 님의 관점과 너무나도 닮았군요!

베버 오 하나님…… 세계 역사가 제국주의로 나아간 것이 왜 제 탓인가요? 전 정치적 목적에서 사회학을 연구한 게 아니라 저 자신의 이념형적 방법론을 갖고 연구한 건데요?

송두율 베버 님, 그거 아세요? 베버 님이 세상을 떠난 뒤에 게오르그 루카치Gyorgy Lukacs라는 학자가 님의 학술을 "제국주의 시대의 사회학"이라고 했어요. 왜일까요? 설령 님의 방법론은 무죄라고 하더라도 아시아에 대한 견해는 지배민족의 제국주의적 팽창을 위한 죄 많은 선전책자로 탈바꿈했기 때문입니다. 결국 문제는 베버 님이 도달한 결론 아닌가요?

베버 제가 도달한 결론이라뇨?

송두율 베버 님이 말한 자본주의 정신, 곧 합리성이라는 초월적 자아 superego는 결국 아시아를 유럽 민족국가들의 팽창정책, 곧 제국주의의 먹이로 보는 명백한 정치적 결론에 도달했죠. 그리고 그 결과, 이전에 서구 중심적 역사관을 드러낸 학자들과 마찬가지로 님이 규정한 아시아도 역사의 장 바깥에 머물고 말았습니다.

베버   아아…… 머리가 지끈거려서 더 이상 버티기 힘들군요. 전 그만 쉬어야겠습니다.

막스 베버 님이 퇴장하셨습니다.

송두율   베버 님? 막스 베버 님? 어, 그냥 나가버리신 건가요?

리쩌허우   허…… 아직 토론할 문제가 남았는데 나가셨나요? 두율 님, 우리가 베버 님을 너무 심하게 몰아붙인 건가요?

송두율   으…… 저 뿌리 깊은 서구 중심주의를 어쩌면 좋을까요? 누리꾼 여러분, 마무리를 못해서 죄송합니다만, 오늘 토론은 여기서 마쳐야겠습니다. 양해 바랍니다.

리쩌허우   아쉽지만 어쩔 수 없네요. 왕여우網友, 인터넷 친구 여러분, 다음에 만납시다.

리쩌허우 님이 퇴장하셨습니다.

송두율 님이 퇴장하셨습니다.

책

■ 막스 베버, 박성수 옮김, 《프로테스탄티즘의 윤리와 자본주의 정신》, 문예출판
사, 1996.

《유교와 도교》와 함께 베버가 세상을 떠난 직후에 출판된 《종교사회학
논문집》(1920)에 실렸던 글이다. 베버는 이 저작들에서 서구 기독교를
잣대로 세계의 종교와 문화를 분석하고 논했으며, 자본주의적 합리성
을 표준으로 세계 종교의 합리화 수준을 평가했다. 그의 사회학이 서구
중심적 현대사에 더없이 큰 영향을 끼쳤음은 물론이다.

■ 리쩌허우, 노승현 옮김, 《학설》, 들녘코기토, 2005.

원제는 《기묘오설己卯五說》로, '기묘년(1999)에 발표한 다섯 개의 학설'이
라는 뜻이다. 《역사본체론》과 함께 리쩌허우 철학사상의 경지를 잘 보
여준다. 이 저서들을 통해 저자는 1980년대 이후 줄곧 견지해온 '문화
심리 구조'와 '실용이성'의 관점을 더욱 깊고 넓게 개척했으며, 21세기 세
계 철학에 요구되는 반성과 전망을 제시했다.

■ 송두율, 《계몽과 해방》, 당대, 1996.

저자는 독일 국적을 가진 학자이지만 늘 조국인 한반도를 중심에 놓고
사유와 저술을 펼쳐왔다. 그는 분단된 남한이나 북한 어느 한쪽에 기

울지 않고 진보철학과 비판사회학의 관점에서 한반도 통일의 해법을 고민하는 '경계인'이다. 이 책은 1972년 프랑크푸르트 대학 박사 학위 논문으로, 19세기 이후 계몽과 깊은 관련을 맺은 제국주의 역사와 문화가 헤겔·마르크스 철학을 통해 '해방'의 과제를 수행하면서 드러낸 문제점과 성과를 깊이 있게 분석했다. 또 막스 베버가 드러낸 제국주의적 사회학의 문제점을 헤겔과 마르크스의 아시아에 대한 관점과 관련지어 통찰했다.

■ 송종서, 《현대 신유학의 역정》, 문사철, 2009.

20세기 중국에서 생성된 '현대 신유학'이라는 신新전통주의는 오늘날 중국 정부의 비호를 받으며 '중국 특색의 사회주의'에 이용되고 있다. 2천 년 넘게 중국과 유교 전통을 공유한 한국인에게 현대 신유학은 중요한 의미를 갖는다. 유학에 맹목적 향수나 종교적 열정을 품는 것도 경계할 일이지만, 동아시아 전통의 핵심을 모르고 더욱이 그것에 무관심한 것은 위태로운 현상이다. 저자는 근대적 국가관과 민족의식을 바탕으로 중국 현대 신유가들의 형이상학과 문화의식을 탐색하고, 그들의 성과와 한계를 논하면서 우리 학문의 방향을 묻는다.

영화

■ 롤랑 조페, 〈미션〉, 1986.

18세기 중반 신의 복음을 전파하기 위해 '야만의 땅' 라틴아메리카의 과라니족 마을로 간 두 선교사의 대립을 통해 종교, 사랑, 정의의 참된 의미를 묻는다. 1986년 칸영화제 그랑프리를 수상했다. 눈여겨볼 점은 유럽인들이 식민지에서 저지른 잔인한 폭력, 제국주의 국가가 식민지 쟁탈전을 벌이면서 명분으로 내세운 '복음의 땅'을 그들 스스로 파괴한 것, 그리고 이를 로마 교황청에서도 눈감은 사실이다. 1750년 파라과이와 브라질 국경에서 일어난 실화를 바탕으로 했다.

■ 캐빈 코스트너, 〈늑대와 춤을〉, 1990.

남북전쟁이 한창이던 19세기 중엽, 미국 서부 인디언 국경지대를 무대로 북군의 전쟁영웅 던비 중위가 수우족 인디언들과 함께 만들어가는 인종을 뛰어넘는 인류애를 그렸다. 원주민 입장에서 던비를 제외한 미국 기병대는 잔인한 제국주의자들이다. 또 평화적인 수우족 외에도 포니족, 모호크족과 같이 잔인하게 묘사되는 원주민은 실제로는 침략자로부터 자신들의 땅, 역사, 문화를 지키기 위해 저항한 인디언이다. '개척자frontier'로 자주 미화되는 미국인들의 역사를 주체적으로 바라볼 필요가 있다.

■ 베르나르도 베르톨루치, 〈마지막 황제〉, 1987.

청나라 말기부터 신해혁명, 청일전쟁, 만주국, 러일전쟁, 중화인민공화국에 이르기까지 동아시아의 근현대사를 배경으로 한 시대극이다. 격동의 역사를 온몸으로 겪은 주인공 푸이溥儀는 1906년 청나라의 마지막 황제로 등극한 실제 인물이며, 이 영화는 그의 자서전을 바탕으로 만들어졌다. 역사적 사실들을 객관적으로 보여주려는 노력은 부족하지만, 서세동점西勢東占의 역사에서 서구, 일본, 러시아 등이 벌인 제국주의 전쟁의 와중에 전근대 사회의 인간이 타율적으로 근대화되는 모습은 우리 역사와도 관련이 깊다. 청나라 황제가 평범한 중국 인민으로 탈바꿈하는 과정이 인상적이다.

7

오리엔탈리즘

파란 눈에 비친 노란 얼굴

신우현 (한국철학사상연구회 연구원)

생각 속으로 | 함께하기 위해 넘어야 할 산, 오리엔탈리즘과 옥시덴탈리즘
고전 속으로 | 에드워드 사이드와 이언 바루마·아비샤이 마갈릿
역사와 현실 속으로 | 아파트 광고, 인도 신비주의, 옥시덴탈리즘
가상토론 | 동서양을 넘어선 하나의 지구는 불가능할까?

생각 속으로

함께하기 위해 넘어야 할 산,
오리엔탈리즘과 옥시덴탈리즘

둥근 지구에서 동쪽과 서쪽을 찾을 수 있을까?

대체로 오리엔탈리즘은 단순한 문화적 취향의 문제라고 생각하는 경향이 있다. 서양 영화 속에 등장하는 신비로운 동양의 여러 상징이라든가, 서양의 미술이나 음악 작품에서 보이는 동양적 이미지라든가, 유럽에서 한자 무늬가 들어간 침대 시트와 커튼이 대중적으로 유행하는 현상에서 새삼 오리엔탈리즘을 떠올리기 때문인 듯하다.

하지만 여러 책에서 서구 중심주의를 철저하게 논파한 에드워드 사이드 Edward W. Said는 오리엔탈리즘이 권력과 지식의 문제라고 지적한다. 오리엔탈리즘은 서양이 동양을 인식하는 방식, 사고하는 방식이므로 지식의 문제이고, 이러한 지식과 인식은 동양을 지배하는 방식에 적용되었으므로 권력의 문제이다.

상대를 있는 그대로 받아들이려는 의식이 없으면 내가 알고 있는 한에서 상대를 인식하고, 내가 보는 관점에서만 상대가 보인다. 서양 나름의 동양 읽기는 처음에는 단순히 낯선 동양을 자신들이 알기 쉬운 방식으로 이

아직도 서양이 동양을 어떻게 바라보고 있는지 잘 보여준 영화 〈게이샤의 추억〉의 한 장면. 한 기자는 이 영화의 오리엔탈리즘적 시선에 대해 "서양인들이 품고 있는 '기모노 판타지'의 A부터 Z까지를 여지없이 보여주는 일종의 백과사전이다"라고 말했다.

해하기 위한 것이었다. 그러나 서양은 이후 더 강한 힘을 바탕으로 동양을 왜곡하고 사실이 아닌 것을 창조하는 지경에 이른다.

동양인의 이미지는 비합리적이고, 유치하고, 야만적이고, 열등한 사람들로 왜곡되었다. 혼자 힘으로는 아무것도 못하는 것처럼 조작된 동양의 이미지는 서양의 권력자들에게 동양을 지배할 필요성을 제공했으며, 동양인들에게는 서양의 지배를 스스로 합리화하는 명분을 제공했다.

이러한 의미의 오리엔탈리즘의 시작은 프랑스 나폴레옹 시대로 거슬러 올라간다. 이집트를 손에 넣으려는 나폴레옹의 음모를 위해 식민지 지배의 도구로 오리엔탈리스트들의 전문지식을 사용한 최초의 사례이기 때문이다. 단순하게 신비한 동양의 이미지, 이국적인 취미 등을 의미했던 오리엔탈리즘이라는 말은 나폴레옹 시대 이후 행정과 집무상의 중요한 개념이 되었고, 인구통계학·경제학·사회학 등 여러 학문에 걸쳐 고려되어야 하는 해석학이 되었다.

이러한 연구를 통해 만들어진 동양의 표상은 실제 동양과는 상관없는 것이다. 진리는 그것이 착각임을 망각하게 된 착각이라는 말처럼, 동양에 대한 지식과 그것이 지시하는 동양 사이의 필연적 연관 따위는 존재하지 않는다. 서양에 의해 만들어진 동양의 표상은 동양을 지배하고 관리하는 수단이 된다. 동양은 그 자체의 의미로 존재하지 못하고 특정한 방법에 의해 가르침을 받고, 연구되고, 관리되고, 판단되는 대상이 되어버린다. 이러한 사이드의 주장은 오리엔탈리즘이 단순히 동양에 대한 왜곡된 이미지의 문제가 아니라 지식과 권력의 문제임을 보여준다.

옥시덴탈리즘의 뿌리가 서구라고?

이언 바루마Ian Buruma와 아비샤이 마갈릿Avishai Margalit은 《옥시덴탈리즘 Occidentalism》이라는 책을 통해 옥시덴탈리즘의 내용과 연원을 밝히고 있다. 이들은 옥시덴탈리즘이 외부에서 만들어진 것이 아니라 서양 내부에서 비롯되었다는 주장을 펼친다. 근대 서양 문명을 비판적으로 바라본 독일의 낭만주의, 러시아의 슬라브주의에서 그 유래를 찾을 수 있다는 것이다. 산업혁명을 통해 경제적으로 성공한 상인의 나라인 영국, 합리주의와 계몽주의로 정치적·문화적으로 앞서나가던 프랑스에 열등감을 가지고 있던 독일과 러시아가 자신들의 전통적인 시각으로 이들에게 반항했다는 설명이다.

바루마와 마갈릿은 서양 문명의 특징을 상인, 도시, 합리주의와 계몽주의, 물질 숭배로 보았다. 한편, 반서양의 특징은 영웅, 농촌, 신비주의와 낭만주의, 종교와 신이다. 근대 서양의 주역은 자신들의 이윤추구를 최고의 목적으로 삼은 상인들이다. 상인들은 이를 위해 소비와 퇴폐의 도시를 구축했고, 신을 위한 의무나 희생보다는 개인적 만족감과 경제적 안정을 통한 안일을 더 중요시했다. 이슬람 근본주의자들이 뉴욕의 세계무역센터를 공격 목표로 정한 것은 '도시는 악의 소굴'이라는 생각의 연장선상에서 비롯된 것이다. 마오쩌둥이나 탈레반이 도시를 파괴하려 한 이유도 이와 같은 맥락이라고 한다.

옥시덴탈리스트들은 서구의 합리주의는 능률적이지만 영혼이 없는 계산기여서 고귀한 의지를 가진 인간의 높은 가치에는 이를 수 없다고 생각한다. 개인의 무사안일만을 추구하는 행위는 죽음을 두려워하지 않는 영웅으로서 도저히 받아들일 수 없는 일이다. 가미카제 특공대원이나 이슬람 근본주의자들의 자살 공격은 그들의 전통적인 문화에서 비롯된 것이 아니다. 그것은 서양이 타락시킨 일본의 모습, 자본주의의 탐욕과 천박함에 대항한 반란인 것이다. 결국 그들은 철저히 잇속만을 따지는 상인의 삶보다 자신의 이상을 위해 목숨을 버리는 영웅의 삶을 선택한 것이다.

바루마와 마갈릿은 가장 위험한 옥시덴탈리즘은 종교적인 것이며, 정치 권력의 도구로 전락하는 것이라고 지적한다. 세계를 흑과 백으로 나누고 절대악에 대항하는 성전聖戰의 형태가 되기 때문이다. 이 과정에서 폭력과 죽음이 수반되고 전 인류는 위험에 빠진다. 이집트의 쿠트브Sayyid Qutb, 파키스탄의 마우두디Sayyid Abul-A la Maududi 등 근대 이슬람 이론가들을 봐도 서구 물질주의를 우상숭배로 보아 지상에서 추방해야 한다고 주장했다. 이들은 자기 정권의 정당성 확보나 유지를 위해 서양을 공동의 적으로 삼았다는 혐의를 지우기 어렵다.

하지만 바루마와 마갈릿의 이러한 분석과 기본 관점은 여전히 서구 중심적이다. 반서양중심주의를 내용으로 하는 옥시덴탈리즘마저도 서구에서 연원을 찾고 있기 때문이다. 게다가 19세기 제국 열강들의 식민지 지배 역사가 만들어낸 옥시덴탈리즘의 발생 과정을 무시한 분석이다.

사실상 제3세계는 식민지 지배를 받으며 근대화를 겪었기 때문에 서구 사회에 대한 저항은 필연적인 면이 있다. 이러한 저항은 부정적인 옥시덴탈리즘이 형성되는 결과를 낳았다. 전통적인 문화를 부정하고 새로운 체계와 구조로 사회를 바꿔야 하는 부담과 저항감, 여기에 서구의 자기 이익 중심의 태도가 맞물려 서구 사회를 비판하고 반대하게 된 나머지 왜곡된 관점에서 서양을 부정적으로 바라보게 된 측면이 있기 때문이다.

우리에게 드러나는 오리엔탈리즘과 옥시덴탈리즘은 어떤 모습인가

오리엔탈리즘과 옥시덴탈리즘은 상반된 관점이 아니다. 오히려 오리엔탈리즘과 옥시덴탈리즘은 모두 상대를 타자화하는 관점에서 동일하다. 타자화한다는 것은 그것 자체의 의미를 보지 못한 채 대상화하고 사물화하는 것이다. 오리엔탈리즘은 서구인의 관점에서 동양을 대상화하고 사물화하는 서구 중심적 인식이고, 옥시덴탈리즘은 동양인의 눈으로 서양을 부정적으로 평가하거나 긍정적으로 이상화하여 왜곡하는 관점이다.

한편, 한국인인 우리에게 오리엔탈리즘과 옥시덴탈리즘은 마구 뒤섞여서 나타난다. 미국과 유럽으로 대표되는 서양은 동경의 대상이기도 하지만, 우리의 전통과 주체성을 훼손하는 증오의 대상이기도 하다. 한국인에게 공존하는 오리엔탈리즘과 옥시덴탈리즘은 역시 일본제국의 식민 지배를 받은 역사와 세계 최강대국 미국에 의해 일제로부터 해방된 역사를 빼놓고는 설명할 수 없다.

사이드도 지적했듯이 오리엔탈리즘은 서양인들만 가지고 있는 것이 아니다. 동양인들도 식민지 지배를 통해 서양의 프리즘으로 왜곡된 동양인상을 받아들이기 때문이다. 동양의 문화와 생활방식은 서양에 비해 미신이고, 비합리적이며, 다소 뒤처진다는 생각이 바로 이런 사례다. 동양은 열등하기 때문에 가르침을 받아야 하는 존재라는 오리엔탈리즘을 동양인인 우리가 받아들여 서구 제국주의의 지배는 당연하다는 논리로 내재화했던 것이다.

근대화 과정에서 서구의 오리엔탈리즘을 받아들이게 된 일본은 '서구에 비해 열등한 일본'이라는 도식을 내재화하고 다시 이를 조선과 중국에 적용한다. 일본은 아시아의 우두머리이므로 아직 미개한 조선과 중국을 대신해서 아시아를 대표해야 한다는 식으로 조선과 중국을 침략하는 명분으로 삼았던 것이다. 그리고 이와 같은 도식은 오늘날 한국 사회 내에서 다시 외국인 노동자들에게 적용되고 있는 형편이다.

특히 자신들의 이익을 위해서 '강한 자와의 동일시'라는 최면을 걸고 있는 지배 계급과 대부분의 지식인 계층의 활약으로 인해 우리 사회의 오리엔탈리즘은 사회 전반에 걸쳐 만연해 있다. 2만 명이 넘는 미국 유학파 교수들과 지식인들에 힘입어 제도와 법률 등 문화와 사회의 구성 방식, 가치관, 세계관의 서구 중심적 경향이 날로 심화되고 있는 상황이다. 이러한 경향은 우리 문화가 열등하다는 인식을 심어줄 뿐만 아니라 서양의 문화와 언어, 역사의 우수성을 찬탄하는 지경에 이르게 한다. 결국 사회 전반에 걸쳐 이상화된 서양에 대한 강한 선망이 당연한 일이 되었다.

하지만 한편으로 우리에게는 부정적인 옥시덴탈리즘으로 드러나는 모습도 있다. 1970년대 이후 뚜렷한 양상을 보이고 있는 반미감정이 그것이다. 1970년대의 반미감정은 분단 고착화의 원인으로 미국이 지목되었기 때문이었다. 1990년대 이후 미국이 자신들의 이익을 위해 세계 경제를 재편하는 과정에 한국이 희생되고 있는 상황에서 옥시덴탈리즘적 태도도 더욱 불거지고 있다.

여럿이 함께 살아간다는 것은 선택의 문제가 아니다

오리엔탈리즘과 옥시덴탈리즘이 문제가 되는 것은 상대의 실체를 바로 인식할 수 없기 때문이다. 부정적 관점이나 이상적으로 부풀려진 왜곡된 이미지로는 상대를 바로 알 수 없다.

서양은 사회 구성원 모두가 자유와 평등을 누리는 등 민주주의가 실현되고 경제적으로도 풍족한 이상적인 사회인가? 그 안을 들여다보면 서양은 계급적·국가적 위계질서가 철저한 곳임을 알 수 있다. 민족주의나 인종주의의 담론으로는 넘기 어려운 수많은 경계선들이 그어진 극히 다층적인 공간이다. 게다가 그 이상적이고 멋진 서양은 제3세계에 대한 착취를 바탕으로 존재해왔다. 재생산되는 오리엔탈리즘의 확대 속에서 실제 서양의 모습도 사라지고 우리 자신의 모습도 사라진다.

오리엔탈리즘과 옥시덴탈리즘의 관점에서 서양과 동양은 엄격하게 나뉜 이항대립 개념이다. 서로 간에 공통점은 없으며 대화할 수 있는 여지도 없다. 어느 한쪽은 우수하니까 옳고, 다른 한쪽은 열등하므로 틀리다는 사고방식이다. 하지만 세계화 시대에 외부로부터 완전히 격리된 문화나 문명은 존재하지 않으며, 각각의 문화와 문명은 지금 이 순간에도 끊임없이 변화하고 있다. 그런데도 다양하고 다층적인 상대의 모습을 각자가 유리한 대로, 편한 대로 왜곡하고 이를 다시 확대하는 일은 현시대의 산적한 문제를 함께 해결해나가기 위해서 절대적으로 피해야 할 일이다.

특히 오리엔탈리즘의 사고방식은 지식과 권력의 문제를 근원적으로 다시 검토해야 할 필요성을 일깨운다. 오리엔탈리즘이 어떻게 타인을 지배하고 그 지배를 유지하는 방식으로 기능했는지 철저하게 파헤쳐야 타인을 억압하거나 조작하지 않고도 서로 다른 문화나 민족을 연구할 수 있는 방법을 마련할 수 있기 때문이다.

오리엔탈리즘에 의한 사고방식을 인정하는 것은 인종차별, 문화차별, 국수주의, 맹목적 애국주의가 낳는 비민주주의를 인정하는 것이다. 또 한편으로 이 세계의 민중이 평등과 자유를 누리는 것은 불가능하다는 대답을 내놓는 행위다. 세계의 여러 문화가 지배와 착취의 관계가 아니라 소중한 동반자로 공생하기 위해서는 오리엔탈리즘이 가지고 있는 헤게모니의 해체가 반드시 필요하다.

옥시덴탈리즘이 현실적인 폭력으로 드러나고 있는 문제에 대한 해결책도 여기서부터 출발해야 한다. 상대의 생각이 옳지 않기 때문에 무력을 써서라도 바로잡아야 한다고 주장한다면 다시 순환 논리에 빠질 뿐이다. 필요한 것은 서로 다른 문화를 내 방식대로 이해하거나 하나로 통합하는 것이 아니라, 서로의 문화가 다르다는 점을 인정하는 것이다. 각기 다르다는 것을 인정할 때 상대에게 나를 어떻게 이해시킬 수 있을지 그 방법을 진심으로 고민해볼 수 있다. 그리고 이러한 과정을 통해 서로를 이해하고 공존하는 방법을 찾을 수 있을 것이다. 진정한 민주주의란 지배권력에 의구심을 가지고 반대 의견을 내는 것이다. 역사는 힘의 권위와 관습이 되어버린 윤리에 항거함으로써 창조되기 때문이다.

고전 속으로

에드워드 사이드와
이언 바루마·아비샤이 마갈릿

에드워드 W. 사이드 Edward W. Said (1935~2003)

팔레스타인 출신으로 미국의 대표적인 문명비판가이자 문학비평가. 컬럼
비아 대학 영문학 교수를 지낸 사이드는 서양 학문 체계와 담론의 관계를
날카롭게 분석한 명저 《오리엔탈리즘Orientalism》(1978)으로 유명하다. 그는
서구의 중심부인 미국 한복판에서 오리엔탈리즘을 비판함으로써 동양에
대한 서구의 왜곡된 시각과 편견을 고발했으며, 서양 중심의 폭력적 인식
체계를 설득력 있게 해부했다는 점에서 명실공히 세계적 석학이라는 평가
를 받고 있다. 그 밖에 《문화와 제국주의Culture and Imperialism》(1994), 《권력과
지성인Representations of the Intellectual》(1996) 등 20여 권의 저술이 있다.

> 에드워드 W. 사이드, 박홍규 옮김,
> 《오리엔탈리즘》, 교보문고, 2007.

오리엔탈리즘에 대한 논의의 출발점을 18세기로 잡는다면, 오리엔탈리즘
은 동양을 다루기 위한 방법이라고 볼 수 있다. 즉 동양에 관한 견해에 권
위를 부여하거나, 동양에 관해 무엇을 서술하거나 묘사하거나 강의하거나

또는 그곳에 식민지를 세우거나 통치하기 위한 방법이다. 간단히 말하자면 오리엔탈리즘이란, 동양을 지배하고 재구성하여 위압하기 위한 서양의 방식이다. 나는 오리엔탈리즘의 본질을 밝히기 위해서 미셸 푸코가 《지식의 고고학L'Archeologie du Savoir》과 《감시와 처벌》에서 설명한 '담론'이라는 개념을 사용하는 것이 적절하다고 생각한다. 담론으로서 오리엔탈리즘을 검토하지 않는 한, 계몽주의 시대 이후의 유럽 문화가 정치적·사회적·군사적·이데올로기적·과학적 상상력으로써 동양을 관리하거나, 심지어 동양을 생산해온 거대한 단위라고 하는 점을 이해할 수 없다. 더욱이 오리엔탈리즘은 상당한 권위를 인정받았기 때문에 누구라도 동양에 관하여 쓰거나 생각하거나 행동하는 경우에는 오리엔탈리즘의 영향을 받을 수밖에 없었다. 요컨대 오리엔탈리즘 때문에 누구도 동양을 자유로운 사고와 행동의 대상으로 삼을 수가 없었으며, 지금도 여전히 그러하다. 하지만 그렇다고 해서 오리엔탈리즘이 동양에 관한 발언을 일방적으로 규제했다고 말하려는 것은 아니다. 오히려 오리엔탈리즘이란, '동양'이 문제가 되는 경우에는 항상 어쩔 수 없이 표준이 되는 관심의 네트워크 총체라고 할 수 있다.

이러한 상황에서 동양인이 인지하는 세계와 자기 확인은 동양인 자신의 노력에 의한 것이 아니다. 오히려 서양은 곧 동양이라고 동일시하는 조작을 통하여 얻어진 복합적인 절차의 총체에 의한 것이다. (…) 곧 동양의 지식은 서양의 힘을 배경으로 하여 발생한 것이기 때문에 어떤 의미에서 동양과 동양인 그리고 동양세계는 '창조되는' 것이다. 크로머와 밸푸어의 언어에서 동양인은 마치 법정에서 재판받는 존재이거나, 아니면 커리큘럼에 따라 학습되고 묘사되는 존재로, 혹은 학교나 감옥에서 훈련을 받는 존재로, 마치 동물도감에서 도해되는 존재로 묘사된다. 요컨대 동양인은 어떤 경우에도 지배를 체현하는 틀 속에 포함되어 표상되는 존재이다.

언뜻 보면 인간의 복잡하고도 다양한 현실을 순수하게 몇 가지로 나눌 수
있을 것 같기도 하다. 하지만 인간의 현실을 몇 가지 문화, 역사, 전통, 사
회 또는 몇 가지 인종으로 나누고 나아가 그 나눔의 결과에 관계없이 인간
답게 사는 것이 과연 가능할까? 그 결과에 관계없이 인간답게 살 수 있느
냐고 묻는 것은, 곧 인간을 소위 '우리들'과 '다른 사람들'로 나누는 과정에
서 생겨나는 적대성을 피할 수 있는 방법이 있는가 하는 물음이다. 개괄에
불과한 구분을 구체적인 역사나 현실에 적용해보면, 사람들 사이를 구분
하는 것만 강조될 뿐이고 좋은 결론에 이르지 못하는 것이 일반적인 상황
이다. 동양인과 서양인이라고 하는 범주를 분석이나 연구 또는 국가 정책
의 전제나 목표로 이용하면 그 범주의 구별 때문에 서로가 극단적으로 나
뉘고, 다른 문화나 전통 사회에 속하는 인간들의 만남이 어려워진다. 요컨
대 이국적인 것을 다루는 사고 양식으로서의 오리엔탈리즘은 그 시초로부
터 오늘에 이르기까지 '동양'과 '서양'이라고 하는 엄격한 구분 위에 만들
어진 지식 특유의 지극히 개탄할 만한 경향을 전형적으로 보여주었다. 그
것은 사고를 서양이냐 동양이냐 하는 구분 속에 집어넣은 결과이다. 이러
한 경향이 서양 오리엔탈리즘의 이론과 실천 및 가치관의 핵심을 이루고
있는 이상, 동양을 위압하는 서양의 권력이라고 하는 사고방식은 너무도
당연한 것으로서 과학적 진리라고 하는 위치를 차지하고 있다.

오리엔탈리즘은 서양이 동양을 바라보는 방식이며 동양을 마음대로 지배하기 위해 만들어낸 관점이다. 오리엔탈리즘의 본질은 담론으로서 오리엔탈리즘을 검토할 때 분명히 밝혀진다(푸코가 《지식의 고고학》에서 이야기한 '담론'은 단순히 하나의 주제나 문제를 둘러싸고 이루어진 언술들의 집합체이거나 특별한 제도적 장치로부터 발생한 단순한 언술들의 모음이 아니라, 담론 자체에 고유한 내적 규칙들을 갖는 언술이나 진술들이 고도의 규칙성에 입각해서 모여 있는 것이다. 이러한 의미에서의 담론은 개인들 간의 교환에 의해 규정되는 것이 아니라 익명성의 층위에 존재한다. 즉 담론은 사고하고 인식하는 주체의 표현이라기보다는 '~라고 말해진다'의 층위에 존재하는 것이다).

오리엔탈리즘은 단순히 동양이라는 주제에 대해 개개인들이 펼쳐 놓은 단순한 경험담이나 인상, 소감이 아니라 익명의 서양이 동양을 관리하기 위해 새롭게 만들어낸 작업의 총체다. 이러한 오리엔탈리즘은 권위를 상당히 인정받았기 때문에 이를 벗어나서 동양을 주체적으로 바라보기란 힘들었다. 오리엔탈리즘은 동양을 주체적으로 볼 수 없게끔 하는 어떤 틀이자 기준이었다.

오리엔탈리즘은 동양을 실제 모습과는 다른 것으로 '창조'했다. '이런 것이 바로 동양'이라는 서양의 조작으로 실제와는 다른 동양이 진정한 동양으로 둔갑한 것이다. 크로머Evelyn Cromer와 밸푸어Balfour of Whittingehame는 동양인을 학습자, 재판받는 자, 훈련받는 자로 묘사하여 피지배자일 수밖에 없는 동양인의 모습을 만들어냈다.

한편, 복잡하고 다양한 현실을 몇 가지 유형으로 구분하는 것은 어리석은 일이다. 그러한 구분은 결국 '우리편'과 '상대편'으로 편 가르기를 하는 것이다. 그러면 상대는 적이 되고, 모두가 자신의 가치를 인정받는 인간다운 삶은 힘들어진다. 동양과 서양을 엄격하게 구분하는 오리엔탈리즘은 이런 의미에서 각기 다양한 존재들이 만나고 소통하는 것을 방해해왔다. 그런데도 이런 엄격한 구분에 의한 오리엔탈리즘은 너무나 당연하게 진리로 인정되고 있으며, 서양의 권력을 수호해주는 역할을 하고 있다.

이언 바루마 Ian Buruma (1951~)

미국의 저널리스트이자 문화평론가, 아시아 문화 전문가. 뉴욕의 바드 대학 교수로 재직하고 있다. 저서로는 《가면의 뒤Behind the Mask》(1984), 《아우슈비츠와 히로시마The Wages of Guilt : Memories of War in Germany and Japan》(1995), 《게임놀이Playing the Game》(1999), 《신의 티끌God's Dust》(2000), 《선교사와 자유인 The Missionary and the Libertine》(2001), 《근대 일본Inventing Japan》(2004), 《옥시덴탈리즘Occidentalism : The West in the Eyes of Its Enemies》(2005) 등이 있다.

아비샤이 마갈릿 Avishai Margalit (1939~)

예루살렘 헤브루 대학의 철학과 교수로 재직하고 있다. 저서로는 이언 바루마와 함께 쓴 《옥시덴탈리즘》을 비롯해 《품위 있는 사회The Decent

Society》(1998), 《우상숭배Idolatry》(1998), 《기억의 윤리The Ethics of Memory》(2004) 등이 있다.

이언 바루마·아비샤이 마갈릿, 송충기 옮김,
《옥시덴탈리즘》, 민음사, 2007.

서구 정신이 문제가 있다는 사고방식은 정신적인 신체기관이 지성과 영혼으로 분리되어 있다는 생각에서 비롯되었다. 우리는 현재 영혼을 비논증적 사고, 지성을 논증적 사고라는 의미로 사용한다. 지성을 지나치게 강조하다 보면 직관적이고 비논리적인 사고가 사라진다. 직관적 사고가 논리적 사고보다 낫다는 것은 낭만주의적 사고방식이다. 옥시덴탈리즘은 바로 이러한 범주 나누기로부터 시작되었다. 서구 정신은 비논리적 사고를 할 수 없으며, 심지어 서구인들은 비논리적 사고의 존재를 부정하는 오만함과 경솔함까지 갖고 있다는 것이다.

옥시덴탈리스트의 관점에서 보면 서구 정신은 불완전한 정신이며, 주어진 목표를 성취하는 최선의 방식을 찾는 데에는 유용하지만 올바른 방식을 찾는 데에는 전혀 쓸모가 없다. 서구 정신은 이성을 주장하지만 반쪽짜리 진리일 뿐이다. 즉 다른 반쪽이 결여되어 있는 것이다. 만약 우리가 목적에 맞는 수단을 찾는 도구적 이성과 올바른 목적을 선택하는 가치적 이성을 구분한다면, 서구 정신의 경우 전자는 풍부하나 후자는 빈약하다. 이러한 견해를 따르면 서구인은 잘못된 목적에 올바른 방법을 계속 찾아 헤매는 매우 분주하고 바쁜 사람이다.

서양이 옥시덴탈리스트들에게 위협적인 까닭은 다른 가치체계를 제시하거나 혹은 이상향에 이르는 다른 길을 열어주기 때문이 아니다. 서양은 무엇보다도 물질적 안락, 개인의 자유, 그리고 평범한 삶의 의미를 약속함으로써 유토피아에 대한 기대감을 사라지게 하기 때문에 위험한 것이다. 서구 자유주의의 반영웅적이고 반유토피아적인 특성은 종교적 근본주의자, 제사장 그리고 순수성과 영웅적 구원을 좇는 집단에게는 가장 큰 적이다. 자유를 추구하는 문명은 부르주아적이고 종종 속물적이며, 비영웅적이고 반유토피아적인 성격으로 인해 스스로를 지켜내기 어려울 수도 있다. 미국과 같이 자유시장이 지배하는 곳에서 지식인들은 스스로를 주변인이자 인정받지 못한 존재라고 느끼게 되고, 따라서 거대한 야심을 품고 정치에 뛰어드는 경향이 있다. 이들은 자유가 너무나 익숙하기 때문에 그것을 당연하게 여긴 나머지 서구 적대자들의 논리에 휘말린다.

서양을 싫어하고 심지어 증오하는 것은 그 자체로 심각한 문제가 아니다. 다만 옥시덴탈리즘이 정치권력의 도구로 전락했을 때가 가장 위험하다. 정치권력이 진리의 유일한 원천이 될 경우에는 독재가 등장한다. 그리고 독재의 이데올로기가 서양을 증오하면 치명적인 것이 된다. (…) 정치적·종교적·지적인 자유가 이미 확립되어 있는 곳에서도 이들의 적에 대항하여 확신을 갖고 있어야 하며, 필요하다면 무력을 사용해서라도 자유를 지켜내야 한다. 하지만 우리가 이 책에서 피력한 내용은 한 문명이 다른 문명과 전쟁을 치르고 있다는 식의 마니교적 사고방식이 아니다. 오히려 나쁜 사상의 전파, 즉 상호 오염에 관한 이야기다.

만약 우리가 무력에는 무력으로 맞서려는 충동에 빠지면, 다시 말해 우리가 이슬람에 불관용으로 대처한다면, 결국 우리는 나쁜 사상에 오염되는 것이다. 특히 미국에서 종교 집단은 이미 국정 운영의 방향에까지 위험스러운 영향을 미치고 있다. 우리마저 다른 폐쇄적 사회에 대한 방어를 명목으로 내세워서 우리 사회를 폐쇄적으로 만들 수는 없다. 왜냐하면 우리가 모두 옥시덴탈리스트가 된다면 방어해야 할 만한 내용은 아무것도 남지 않을 것이기 때문이다.

옥시덴탈리즘의 관점은 인간의 정신이 지성과 영혼으로 나뉘어 있다는 것에서부터 출발한다. 지성은 논증적이고 논리적인 사고이며, 영혼은 비논증적이고 비논리적인 사고이며 직관적인 사고다. 그런데 서구인들은 지나치게 지성만을 강조하므로 비논증적이거나 비논리적이지 못하고 직관적인 사고도 하지 못하며, 심지어 이러한 사고 자체를 부정한다. 옥시덴탈리즘을 형성하게 된 주요한 당사자인 낭만주의자들이 보기에 직관적 사고는 지성을 강조하는 논리적 사고보다 훨씬 나은 것인데도 말이다.

이들의 관점에서 서구 정신은 효율적으로 목표를 이루는 데는 유용하지만, 불완전하며 올바르지 않다. 즉 목적에 맞는 수단을 찾는 도구적 이성은 발달했으나 올바른 목적을 선택하는 가치적 이성은 빈약하다. 결국 서구인은 올바른 목적이 무엇인지 모르기에 잘못 설정한 목표를 이루기 위해 적합한 방법만을 계속 찾아 헤매는 어리석은 사람이다.

서양이 위협적인 까닭은 물질적 안락을 제공하며 개인의 자유를 보장하고, 평범한 삶에도 의미가 있다고 주장하기 때문이다. 평범한 삶에 만족한다면 유토피아를 기대하지 않을 것이다. 이는 매우 위험하다. 순수성과 영웅적 구원을 좇는 종교적 근본주의자, 제사장 등의 집단을 무력화시키기 때문이다. 서양 문명은 부르주아적이고 속물적이며 비영웅적이고 반유토피아적이기 때문에 스스로를 보호하지 못할 수도 있다. 자신들을 인정받지 못하는 주변인이라 생각하는 지식인들은 그야말로 자유롭게 서구의 정신을 공격하거나 비판하는 논리에 휘말릴 가능성이 크기 때문이다.

서양을 싫어하거나 증오하는 감정 자체는 심각한 문제가 아니다. 다만, 옥시덴탈리즘이 정치권력의 도구로 전락했을 때가 가장 위험하다. 특히 독재 이데올로기로 인해 서양이 적이 되면 치명적인 결과를 낳는다. (⋯) 정치적·종교적·지적인 자유가 확립된 사회에서라도 자유를 해치는 적이 있다면, 확신을 가지고 그것을 물리쳐야 한다.

이것은 우리와 다른 문명과는 반드시 전쟁을 치러야 한다는 마니교적 사고방식에서 나온 것이 아니다. 무력에 무력으로 맞서려는 충동에 빠지면, 우리마저 다른 폐쇄적인 사회에 맞서 스스로를 방어해야 한다는 이유로 우리 사회를 폐쇄적으로 만들어버린다. 우리 모두가 옥시덴탈리스트가 된다면 소중히 지켜야 할 어떤 가치나 의미도 남지 않을 것이기 때문이다.

아파트 광고, 인도 신비주의, 옥시덴탈리즘

아파트 광고에 서양 귀족이 출현한 까닭은?

최근에 나온 한 아파트 광고는 '숲속의 작은 유럽'이라는 문구와 함께 그 배경으로 호수와 서양식 건물, 그리고 영국 근위병을 내세우고 있다. 또 다른 아파트는 '캐슬'이라는 단어와 함께 서양 귀족풍의 남녀를 모델로 등장시키고 있다. 모델 뒤편으로는 푸른 숲 한가운데 자리한 웅장한 성이 보인다. 우아한 드레스를 입은 여주인이 여유로운 미소를 머금고 아파트 거실에서 만찬을 이끄는데 초대된 사람들은 모두 서양인들이다. 또 다른 광고에는 자신들의 아파트에서 유럽의 삶을 누릴 수 있다는 직접적인 문구까지 나온다. 이처럼 대부분의 건설업체가 아파트 고급화 전략을 '유럽 본뜨기'에 초점을 맞추고 있는 상황이다.

유럽에서 아파트는 경제 사정이 넉넉지 않은 서민들이나 이주노동자들의 거주지로 인식되고 있다는 사실이 꽤 알려졌는데도 이 같은 광고들이 넘쳐나는 이유는 무엇일까? 이는 바로 서구 귀족의 삶이 우리에게 가장 이상적인 모델이라는 자기 고백이나 마찬가지다.

국내 대기업이 자사의 아파트 광고에 귀족적인 이미지를 부여 하기 위해 사용한 〈그랑드자트 섬의 일요일 오후〉. 편안하게 휴식을 즐기는 파리지앵의 풍경처럼 보이지만, 당시 열악한 노동 조건 아래 신음하던 파리 시민들의 무표정한 얼굴과 기계처럼 부자연스러운 자세가 보이는가? 우리의 이상적 모델은 언제까지 서구와 미국을 비롯한 서양이 되어야 하는가?

한 아파트 광고에는 프랑스 화가 쇠라Georges Seurat의 〈그랑드자트 섬의 일요일 오후〉라는 그림이 인기 여배우가 조깅하는 장면의 배경으로 사용 되었다. 이 그림은 1800년대 후반 파리 근교의 섬에서 일요일 한낮의 휴식 을 즐기는 파리지앵의 모습을 점묘법으로 묘사한 것이다. 인상주의 화풍 이라는 평가에 걸맞게 빛과 그늘이 대조를 이루고 다양한 인물들이 화면 가득 담겨 있어 눈길을 끄는 그림이다.

그러나 작품의 배경이 된 1800년대 후반의 파리는 열악한 노동 조건 아 래 신음하던 초기 자본주의 사회였다. 그림에 나타난 인물들은 부유층이 나 귀족이 아니라 일주일에 하루 휴식하게 된 평범한 노동자 계급이다. 인 물들은 무표정하고, 자세는 기계처럼 부자연스럽고 꼿꼿하다. 화가는 물 질화와 비인간화로 대변되는 현대 사회의 이면을 드러내고자 했다고 한다.

상호 연관되어 소통하지 못하는 무수한 개인들을 감정이 결여된 '점'의 파편으로 상징해서 기계화와 산업화가 초래한 비인격화를 표현한 그림인 것이다. 서구 중심주의가 내재된 우리에게 이상적 삶의 배경으로 묘사된 이 그림은 사실상 서구의 합리적 이성이 초래한 산업화의 문제점을 드러내고 있었던 것이다.

언제까지 우리의 이상적 모델이 서구와 미국을 비롯한 서양이 되어야 하는가? 자신에게 이러한 오리엔탈리즘적 태도가 있다는 것을 인정할 수 있는가? 오리엔탈리즘을 확대 재생산하고 있는 주체는 누구인가? 고가의 수입 명품과 '콩다방', '별다방'이라 불리는 세계적 커피 체인점을 선호하는 상황에서 비판적 소비의 출발은 무엇이어야 하는가? 오리엔탈리즘이 만연해 있다고 해서 비판하기를 그만둔다면 어떤 결과를 가져오게 될까?

그런 인도는 어디에도 없다

■

가난하고, 불결하고, 열등한 나라

야만적인 나라이며 어둡고 불안한 나라

질병이 만연한 땅

적의 나라

더러움과 빈곤이 가득한 곳

이해할 수 없는 나라

명상에 가득 찬 신비하고 그리운 나라

■

몇 년 전 한국 사회에도 인도 바람이 분 적이 있었다. 가난해도 궁기를 풍기지 않는 사람들이 사는 나라, 신비롭고 명상적이며 거리 전체가 종교적인 나라. 그래서 자기를 성찰할 수 있게 해주는 인도 여행 한 번 다녀오지 않으면 지식인이 아니라는 신화까지 만들어졌던 시기가 있었다.

그러나 이러한 이미지는 과거 영국의 식민지였던 인도에 대한 박제화이자 우리가 스스로 만들어낸 신화에 불과하다. 우선, 서구인의 눈에 비친 야만스러운 인도는 영국의 지배가 빚어낸 환상이다. 《정글북》의 작가 키플링Rudyard Kipling은 인도를 어둡고 불안한 곳으로 묘사했고, 《소공녀》의 작가 프랜시스 버넷Frances Burnett은 인도를 질병이 만연한 땅으로 그렸다. 작가들이 생산해낸 인도 이미지는 이제는 고전이 되어버린 이런 책들을 통해 세기가 바뀐 오늘날에도 독자들에게 '만들어진 인도'의 이미지를 심어주고 있다. 서양이 상상하고 날조한 동양의 이미지를 우리도 무의식중에 복제하고 있는 것이다.

이러한 태도는 바로 동양인 내부에 존재하는 오리엔탈리즘의 대표적인 사례다. 자의든 타의든 동아시아에서 근대화를 제일 먼저 받아들인 일본은 이중적인 자세를 취했다. 서구에 비하면 자신이 속한 아시아는 열등하다는 의식에 괴로워하던 일본은 아시아와 서구를 존재론적·인식론적으로 구별하는 사고방식, 즉 오리엔탈리즘에 기초한 사고방식으로 아시아에서 '문명의 우두머리'가 된 자신들과 미개하고 고루한 중국이나 한국과의 경계를 구분했다. 미개하고 열등한 나라들을 대신해서 아시아를 대표해야 한다는 식민지 지배의 문화적 사명으로 스스로를 불살랐던 것이다.

이렇게 아시아와 서구의 '존재론적·인식론적 구별에 기초를 둔 사고방식'은 아시아에서 '문명의 우두머리가 된' 일본과 미개하고 고루한 인접 국가인 한국 및 중국과의 경계를 고착화하고, 결국 아시아를 대신해서 그들을 대표해야 한다는 도착된 자부심식민지 지배의 문화적 사명을 강화했던 과거가 있다.

서양의 오리엔탈리즘을 받아들여 이중적인 자세를 취했던 일본의 태도에서 현재 우리의 모습을 발견할 수 있다. 미국과 서구를 제외한 이슬람 문화권이나 동아시아의 여러 나라들은 못살고 미개한 나라라고 우월감을 갖는다. 그들의 문화가 진정 어떠한 것인지 알려는 노력은 하지도 않은 채 서양의 관점으로 이미 평가되고 재단된 눈으로 그들 나라를 바라보고 있다.

인터넷 기술과 금융자본의 세계화로 여러 나라 간의 접촉이 더욱더 활발해지고 있는 이러한 상황에 오리엔탈리즘은 어떤 역할을 하는가? 한국 내의 제3세계 노동자들을 대하는 우리의 태도에도 오리엔탈리즘이 뼛속 깊이 박혀 있지는 않은가?

북한과 중국의 옥시덴탈리즘

- 서방세계에 대한 옥시덴탈리즘은 중국 정부와 반정부 지식인들 모두에게 사용되었다.
- 북한의 옥시덴탈리즘은 미 제국주의에 반대하는 이데올로기였다.

미국 오하이오 주립대 비교문학 교수인 샤오메이 천Xiaomei Chen은 현대 중국을 연구 대상으로 삼아서 오리엔탈리즘의 반동이랄 수 있는 옥시덴탈리즘을 연구했다. 샤오메이 천은 에드워드 사이드의 작업을 높이 평가하면서도 "타자에 의해 이식된 문화는 어떻게 토착화되더라도 나쁜 결과를 낳는다"는 그의 주장을 비판한다. 옥시덴탈리즘을 사용해서 반관변 담론을 만들 수 있다는 이유에서다.

샤오메이 천은 옥시덴탈리즘을 두 가지로 나눈다. 정부가 만들어낸 관변 옥시덴탈리즘과 지배 정권에 반대하는 지식인들의 반관변 옥시덴탈리즘이 그것이다. 우선, 관변 옥시덴탈리즘도 대외적인 측면과 대내적인 측면으로 나눌 수 있다. 대외적으로는 서양에 비해 중국이 더 우월하다는 인식을 심어주기 위해서 '서양에 대한 왜곡된 이미지'를 이용하는 경우다. 한편 대내적으로 이용된 관변 옥시덴탈리즘은 중국 국민을 지배하고 억압하는 기능을 하는 민족주의를 지탱하기 위해서 이용하는 경우다.

예를 든다면, 대외적으로 마오쩌둥은 제1세계의 초강대국들인 구소련과 미국이 아시아, 아프리카 그리고 라틴아메리카를 포함하는 제3세계 국가들을 착취하고 억압한다고 주장했다. 이러한 이론은 문화대혁명의 극단적인 이데올로기의 산물인데, 겉으로 보기에는 억압당하고 있는 국가들에 대한 관심의 표명으로 보인다. 하지만 여기에는 마오쩌둥 자신을 제3세계의 "위대한 지도자"로 합리화하는 데 주요한 목적이 있었다. 그렇게 함으로써 마오쩌둥은 중국 공산당 내부에서 위태로웠던 입지를 확고히 했으며, 북한의 종주국으로서 중국의 지위를 효과적으로 회복했다. 그리고 대내적으로 이용된 관변 옥시덴탈리즘은 "우리 중화민족은 위대한 정신을 지닌 민족이므로 물질적이고 세속적인 서양에 지지 않기 위해서는 정부를 중심으로 똘똘 뭉쳐야 한다"는 식의 구호로 나타났다.

이러한 맥락에서 북한도 중국과 더불어 서양 제국주의에 대항하는 담론을 수행했다. 우선, 대내적으로는 남한을 식민지로 만들어버린 미 제국주의에 맞서 만반의 전투태세를 갖추어야 함을 북한 주민들에게 호소함으로써 내부 결속력을 강화하고 체제 비판적인 문제 제기를 사전에 봉쇄하는 도구로 사용했다.

한편, 반관변 옥시덴탈리즘은 반정부 세력이 정부에 민주화를 요구하며 서구를 이상적인 사회로 왜곡하는 것이다. 보통 비민주적이고 부당한 권력을 행사하는 정권에 대항해서 서양의 민주적 정책이나 제도를 빗대어 비판하는 행위에 사용된다. 서구를 왜곡하고 타자화하는 옥시덴탈리즘이라고 해도 국내 민주화에 긍정적인 수단으로 사용될 수 있다는 점을 지적한 것이다. 이러한 상황에서 서양의 문화제국주의에 무조건적으로 저항해야 한다고 주장하는 것은 정치적으로 위험할 수도 있다. 서양의 제국주의가 특수한 상황에 처한 나라에서는 저항 이데올로기의 동맹군이 될 수도 있기 때문이다.

그러나 민주화를 위해 전략적으로 사용한다고 해서 옥시덴탈리즘이 정당화될 수 있을까? 상대를 왜곡하여 목적을 이루는 행위는 윤리적으로 부당하지 않은가? 상대를 왜곡하는 행위는 진리를 포기하겠다는 선언이 아닐까? 옥시덴탈리즘이 오리엔탈리즘의 반동인 만큼 전적으로 서양에게 책임이 있는 것일까? 다양한 모두가 함께 살아가야 하는 이 시대에 옥시덴탈리즘과 오리엔탈리즘의 문제를 해결하려면 무엇부터 시작해야 할까?

가상토론

동서양을 넘어선
하나의 지구는 불가능할까?

결혼하는 신부들이 우리의 전통 예복인 활옷과 족두리보다 새하얀 웨딩 드레스와 티아라를 더 좋아하는 이유는 무엇일까? 전통 한옥보다는 동화 속에 나옴직한 새하얀 전원주택이 더 인기 있는 이유는? 전통이 담긴 우리 것보다 유럽식이나 미국식이 더 세련되고 멋져 보이는 이유는 모두 오리엔탈리즘적 태도의 결과라고 볼 수 있다. 하지만 이것은 또 긍정적인 옥시덴탈리즘적 태도에서 비롯된 것이기도 하다.

부정적 옥시덴탈리즘의 대표적인 사례는 2001년 뉴욕에서 일어난 9·11 테러 사건이다. 부정적 옥시덴탈리즘은 우리 사회에서도 반미감정에 따른 점거 농성이라든가 시위의 형태로 나타나기도 한다. 그렇다면 과연 오리엔탈리즘과 옥시덴탈리즘의 정확한 정의는 무엇일까? 단순히 서양을 좋아하거나 싫어하는 감정에도 어떤 배경이 있는 것일까? 이러한 태도는 근본적으로 어떤 문제를 안고 있을까? 호기심 많은 고등학생 성빈은 이러한 질문에 대한 답을 찾고자 그 분야를 연구해온 이언 바루마와 에드워드 사이드에게 급히 도움을 청했다.

서양에 대한 동양의 왜곡된 이미지, 옥시덴탈리즘

성빈   안녕하세요. 친구가 소개해줘서 찾아왔는데요. 내공 같은 거 안 걸어도 영양가 있는 답변을 들을 수 있고, 학식 높으신 분들이 많다고 하더라고요. 사실은 오늘 제가 여동생이랑 말다툼을 좀 했거든요. 아, 글쎄 동생이 미국 애랑 사귄다는 거예요. 저는 미국이 진짜로 싫거든요. 우리보다 좀 잘산다 뿐이지 그네들은 영혼이 없잖아요, 영혼이. 대신 우리 동양의 전통은 정말 유구합니다. 미국 애들은 뭐 역사나 있나요? 역사라고 해봤자 다른 나라 침략한 것과 내정 간섭한 것, 다른 나라에 자기들 안 먹는 쇠고기나 수출하고 전쟁 부추긴 역사밖에 없죠. 바로 세계 역사의 암적 존재라고요. 그래서 그런 자식들은 다 폭파시켜버려야 한다고 제가 그랬거든요. 그랬더니 동생이 저더러 옥시덴탈리스트라는 둥, 그런 태도도 오리엔탈리즘의 또 다른 맥락으로 볼 수 있다는 둥, 이딴 소리를 하면서 잘난 척하는 거예요. 아무튼 제가 궁금한 건 옥시덴탈리즘과 오리엔탈리즘이란 게 도대체 뭔가요?

바루마   허허허! 굉장히 과격한 학생이군요. 미국이 세계 역사에서 차지하고 있는 위치와 특수한 한 개인의 문제는 다르지 않겠어요? 제가 학식이 깊은 것은 아니지만, 《옥시덴탈리즘》이라는 책도 썼으니 성의껏 답변을 해드리지요.

성빈   와우! 정말로 책을 쓰셨어요? 이 사이트 정말 대단하군요. 저는 작가를 처음 만나봐요. 격하게 환영합니다. 반갑사와용~

바루마   고맙습니다. 문제가 되는 옥시덴탈리즘은 서양에 대한 동양의 왜곡된 이미지 또는 견해랍니다. 일반적으로 서구 사회에 대한 부정적 인식이나 맹목적 증오심, 고정관념 등 적대적 편견을 뜻하지요. 성빈 님처럼 미

부정적인 옥시덴탈리즘의 대표적인 사례는 2001년에 일어난 뉴욕의 9·11 사태다. 부정적인 옥시덴탈리즘은 우리 사회에도 반미감정에 의한 점거 농성이라든가 시위의 형태로 드러나기도 한다.

국의 긍정적인 측면은 외면하고 부정적인 측면만을 주목해서 미국을 왜곡하는 태도도 옥시덴탈리즘이라고 볼 수 있어요.

성빈 　사실 대부분의 서양 선진국들이 원성을 살 만한 짓을 하지 않았나요? 서양의 선진국이라는 나라치고 남의 나라를 식민지로 삼지 않은 나라가 없으니까요.

바루마 　상대가 잘못했다고 해서 폭력으로 되갚아도 된다는 정당성이 확보되는 것은 아니지요. 사실 옥시덴탈리즘의 사상적 연원은 서양에서 찾을 수 있습니다. 자본주의적 성공과 이윤추구만을 목적으로 하는 상인들에게 반대하는 독일 낭만주의와 러시아 슬라브주의에서 비롯된 것이 옥시덴탈리즘이거든요.

성빈   네? 뭐라고요? 옥시덴탈리즘은 서양에 대한 동양의 왜곡된 이미지라면서요. 그런데 그것도 서양에서 나왔다고요? 서양에 대해 갖는 반감이나 부정적인 태도는 서양이 근대에 식민지 지배를 했기 때문이라든가, 뭐 그런 이유 때문 아닌가요?

바루마   그건 성빈 님이 잘 모르고 하는 소리예요. 근대 일본의 군인들이나 이슬람 전사들이 죽음을 숭배했던 것은 바로 낭만주의적 전통에서 나온 태도입니다. 공부를 좀 하셔야겠네요. 사실 성빈 님처럼 개인적으로 서구 사회에 반감이나 편견을 가지고 있는 것 자체는 큰 문제가 되지 않아요. 하지만 9·11 테러에서 볼 수 있듯이, 서구 사회에 대한 반감이 종교나 권력과 연결되어 폭력으로 치달으면 인류 파멸로 이어지게 될 것입니다. 나쁜 사상의 전파는 막아야 합니다.

우리 안의 오리엔탈리즘을 극복하려면

사이드   오오! 한창 이야기하시는데 제가 왔군요. 옥시덴탈리즘과 오리엔탈리즘을 이야기하는 자리에 제가 빠져선 안 되죠. 에드워드 사이드입니다.

바루마   오호! 반갑습니다!!! 서양 학문의 체계와 담론의 관계를 날카롭게 분석한 명저 《오리엔탈리즘》으로 세계적 명성을 얻으신 석학을 뵙다니, 정말 반갑습니다.

성빈   오오옷! 그렇게 훌륭한 분이시라고요? 이 사이트 킹왕짱이네요.

사이드   그럼 본론으로 들어가지요. 저는 상황이 이렇게 악화된 것은 고정 관념이나 편견으로 상대를 단정 짓는 태도에서부터 비롯되었다고 생각합니다. 해결의 실마리는 이항대립적 사고방식에서 벗어나는 것이고, 이를 이용하는 권력의 속성을 분명히 밝히는 것부터 시작해야 한다고 봅니다.

성빈   도대체 오리엔탈리즘이란 게 뭔가요? 한마디로 명쾌하게 설명해 주시겠어요?

사이드   성빈 님에게 실망을 안겨줘서 미안합니다만, 애매모호하고도 복잡한 현실을 명쾌하게 단정 짓는 행위는 사실 모두 사기랍니다. 오리엔탈리즘도 사실은 서구인들의 눈에는 이해할 수 없는 다른 존재를 명쾌하게 이해하기 위한 단정 짓기에서 시작되었으니까요. 예를 들어 동양은 이렇다, 저렇다, 라고 고정시켜서 생각하는 것들이지요. 하지만 성빈 님도 알다시피 동양은 범위가 무척 넓잖아요? 인도와 중국이 다르고, 일본과 한국이 각각 다릅니다. 그리고 동양은 끊임없이 서양과 관계 맺으며 변화하고 있습니다. 한국인, 한국적 성격, 한국적 심성, 한국인의 의식 구조 따위와 같이 전혀 변화하지 않는 고정된 성질이란 없습니다. '변하지 않는 고정된 무엇이 있다'는 전제 자체가 무리인 거죠.

성빈   예…… 좀 머쓱해지네요. 그래도 잘 모르는 저를 위해서 좀 설명해주세요. 오리엔탈리즘이 무엇인가요?

사이드   저는 제 책에서 "오리엔탈리즘은 동양과 서양이라고 정의 내린 사이에서 만들어지는 존재론적·인식론적 구별에 근거한 하나의 사고방식이다", "오리엔탈리즘은 동양을 지배하고 재구성하여 위압하기 위한 서양의 체계이며 스타일이다"라는 표현을 썼습니다.

성빈   켁! 갑자기 땀이 다 나네요. 너무 어렵습니다. 존재론, 인식론, 스타일은 또 뭔가요? 단순히 동양에 대한 부정적 시각이나 이미지가 아니라 더 추가된 내용이 있는 것처럼 보이는데요?

사이드　그렇죠. 오리엔탈리즘은 기본적으로 동양의 실제를 제대로 보지 못하면서 동양이라는 곳을 바라보고 인식하는 어떤 관점을 말합니다. 대체로 서양은 우월한 문명을 지녔고, 동양은 가르침을 받아야 하는 야만적이고 수동적인 곳으로 보았죠. 이것은 동양을 지배하려는 제국주의적 관점에서 비롯된 것입니다. 동양을 식민지화한 역사가 있는 만큼 동양을 지배하고 통치하기 위해서 위압할 필요가 있었던 거죠.

성빈　역시! 선생님께서는 우리 동양을 억압하려고 하는 극악무도한 서양의 제국주의적 음모를 오리엔탈리즘이라고 보고 계신 거군요.

사이드　물론 그런 측면도 있습니다만, 좀더 보충할 내용이 있네요. 오리엔탈리즘적 자세는 제국주의적 음모 아래 계획된 것이기도 하지만, 제국주의적 결과를 낳게 한 원인이 되기도 했다는 점입니다. 다시 말해 오리엔탈리즘은 우리와는 다른 세계를 이해하고, 경우에 따라서는 지배하고 조종하고 통합하려는 일정한 '의지'나 '목적의식' 그 자체라고 할 수 있습니다. 무엇보다도 오리엔탈리즘은 하나의 담론입니다. 다종다양한 정치권력이라든가 지적 권력, 문화적 권력 혹은 도덕적 권력과의 교환 속에서 형성된 것입니다. 그렇기 때문에 동양이라는 대상만이 아니라 '우리의' 세계와 더 깊은 관계를 맺고 있다고 볼 수 있습니다

성빈　여전히 땀이 나네요. 평소에 책을 좀 읽어야겠다는 생각이 듭니다. 음…… 그냥 보는 눈이 아니라 거기에는 지식이라든가 권력이라든가 하는 차원의 문제가 있는 건가요? 뭔가 굉장히 정치적으로 들리는데……

사이드　바로 그렇습니다. 성빈 님 이해가 빠르네요. 무엇보다 문제인 것은 식민지 지배 구조에서 사용된 오리엔탈리즘이 여러 가지 이유에서 다

시 수용되고 있다는 사실입니다. 서양이 재구성한 것을 동양이 자신들의 모습으로 받아들이고 있다는 점은 크나큰 문제입니다. 옥시덴탈리즘에는 서양을 지나치게 미화해서 긍정하는 태도도 포함됩니다. 한마디로 미화해서 왜곡하는 것이지요. 이러한 옥시덴탈리즘은 오리엔탈리즘과 같은 것으로 표현되곤 하지요.

바루마   사실 문제가 되는 것은 종교를 내세워 성전을 치르는 세력들과 폭력을 일삼게 하는 부정적인 옥시덴탈리즘이 아니겠습니까? 우리는 긍정적인 서양의 이념이 나쁜 사상에 오염되는 것을 두고 볼 수는 없습니다.

성빈   유대인이신 바루마 선생님께서는 긍정적인 옥시덴탈리즘은 별로 문제가 안 된다고 생각하시겠죠. 하지만 저는 서구 중심적 관점을 그대로 가지고 있는 동양 내의 오리엔탈리즘, 그러니까 옥시덴탈리즘이 더 무서운데요? 이 문제는 어떻게 해결할 수 있을까요?

사이드   사실 오리엔탈리즘이나 배타적 민족주의는 같은 의식 구조에서 나온 것입니다. 나와 타자를 끊임없이 분리하는 이분법적 사고와 더불어 타자를 끊임없이 대상화하려는 생각이죠. 아까도 이야기했지만, 오리엔탈리즘과 옥시덴탈리즘을 극복하려면 먼저 이항대립적 사고부터 해체해야 합니다. 지켜야 할 서양의 이념이라든가 적대적인 동양이라든가 하는 수식어도 빼고, 동양과 서양이라는 대립항도 잊어야 합니다. 문명의 화해와 공존을 위해서는 차이를 인정하고, 나와 다른 타자를 포용하며, 공동체 간에 긍정적 관계를 만들어나가야 한다는 것입니다.

성빈   주옥같은 말씀이세요. 그런데 이를 어쩌죠. 흑흑! 아까부터 엄마가 컴퓨터 그만하고 자라며 계속 눈치를 주시네요. 아쉽지만 저는 이만 나가봐야 할 것 같습니다. 바루마 님과 사이드 님, 좋은 말씀 감사합니다.

책

■ 강상중, 임성모 옮김, 《오리엔탈리즘을 넘어서》, 이산, 1998.

서구의 오리엔탈리즘과 '일본적 오리엔탈리즘'을 비판한 정치사회학 연구서. 한국 국적으로는 처음 도쿄대 정교수가 된 재일교포 2세 학자 강상중의 논문들을 묶은 것이다. 에드워드 사이드의 오리엔탈리즘을 좀더 넓고도 깊게 살펴볼 수 있다. 특히 제도와 권력으로서 지식의 의미라든가, 일본 식민정책학과 오리엔탈리즘의 관계를 자세히 살필 수 있다.

■ 박노자, 《하얀 가면의 제국》, 한겨레신문사, 2003.

현재 오슬로 국립대학 부교수로 재직 중인 박노자가 쓴 사회비평 에세이다. 여기서 '하얀 가면'은 서구에 대한 맹목적 추종으로 스스로를 알지 못한 채 살아가는 한국 사회를 비유한 것이다. 오리엔탈리즘을 그대로 내면화해버린 우리 모습에 대한 비판이 아프게 실려 있다.

■ 샤오메이 천, 정진배 옮김, 《옥시덴탈리즘》, 강, 2001.

옥시덴탈리즘, 특히 마오쩌둥 이후 중국에서의 옥시덴탈리즘에 대한 포괄적인 연구서이다. 저자는 마오쩌둥 이후 중국에서 나타난 서양 문화에 대한 두 가지 상반된 태도_{극단적 부정과 극단적 호감}와 관련해 통찰력 있는 설명을 제공한다. 아울러 "동양에 의해 구성되고 오해되고 날조된 서양"

에 대해 이야기한다.

■ 조용훈,《그림의 숲에서 동·서양을 읽다》, 효형출판, 2000.
국문학을 가르치는 교수가 펴낸 유럽 미술관 기행이다. 미술 작품을 통해 식민지 사회를 체험한 제3세계 지식인의 오리엔탈리즘 비판을 엿볼 수 있다. 작품과 작가에 대한 해석보다 그 작품들이 우리에게 미친 영향과 가치를 반성적으로 살펴본다. 동서양을 넘나드는 인문적 지성과 날카로운 감수성으로 탈오리엔탈리즘이라는 주제에 접근한다.

영화
■ 데이빗 크로넨버그, 〈M. 버터플라이〉, 1993.
실화를 바탕으로 한 데이비드 황의 희곡을 영화로 만들었다. 영화는 동서양의 문화 충돌과 오리엔탈리즘을 구체적으로 확인할 수 있는 텍스트로서 손색이 없다. 특히 서구인이 상상하는 동양, 그들이 매료되는 동양의 이미지를 살펴볼 수 있다.

■ 롭 마셜, 〈게이샤의 추억〉, 2005.
일본의 상류층이 즐기던 유희를 담당하는 게이샤 역에 중국 여배우를 쓰고 게이샤를 그리면서도 실제 일본의 모습은 어디에도 없는 영화. 영상미와 음악이 서양의 눈으로 미화된 동양을 새롭게 창조하는 데 큰 역할을 한다.

■ 첸 카이거, 〈황제와 암살자〉, 2000.
사마천의 《사기》 중 〈시황제본전〉을 바탕으로 청년 시절 진시황제의 모습을 그린 영화다. 첸 카이거가 이 영화를 만든 동기는 서구인의 눈으로 철저하게 재단된 베르톨루치 감독의 영화 〈마지막 황제〉 때문이라는 이야기도 있다. 로마제국보다 앞선 시기에 거대한 제국을 건설했던 중화주의를 엄청난 스케일로 그려 중국의 옥시덴탈리즘을 반영했다는 평가를 받고 있다.

8

환 경

사라진 미래

김문정 (인제대학교 인문의학연구소 연구교수)

생각 속으로 | 인류의 문명은 영원할 수 있을까?
고전 속으로 | 한스 요나스와 피터 싱어
역사와 현실 속으로 | 투발루 섬과 우리의 밥상
가상토론 | 기후변화, 어떻게 대처할 것인가?

생각 속으로

인류의 문명은 영원할 수 있을까?

미래가 사라지고 있다?

과학기술의 진보로 말미암아 인간의 삶이 획기적으로 변화했다. 이전 세대에는 꿈도 꾸지 못했던 풍요의 정점에 도달해 있고, 원하기만 한다면 무엇이든 이룰 수 있을 것 같은 시대에 살고 있다. 장밋빛 희망으로 넘쳐나는 미래를 꿈꾸지만 현실은 과연 우리에게 희망의 내일을 약속해주는가?

유감스럽게도 오늘날 인류는 다양한 위기에 직면해 있다. 특히 전 지구적 환경오염과 생태계 위기는 갈수록 심각한 양상을 띠면서 인류에게 새로운 도전과제를 던져주고 있다. 더욱이 환경문제의 심각성은 인류 전체뿐만 아니라 지구상에 살고 있는 모든 생명체의 생존마저도 위협할 정도에 이르렀다.

지구 반대편에서 연일 들려오는 우울한 소식들은 인류의 종말을 예고하는 듯하다. 하룻밤 사이에 엄청난 규모의 밀림이 사라지고, 예측하기 힘든 강력한 지진과 허리케인이 인간의 도시를 휩쓸고 있다. 매년 더워지고 있는 지구 환경에 적응하지 못하는 동식물들이 하루에도 수백 종씩 멸종해간다. 지구에서 사라지는 것이 비단 이름을 알 수 없는 동식물뿐이랴. 머지않아 남태평양에 있는 아름다운 섬나라가 바다 속에 완전히 잠길 것이라는 소식도 들려오고 있다. 그럼에도 우리는 인류 전체의 생존을 위협하는 것들에 둘러싸인 채 덤덤하게 하루하루를 살아간다. 도대체 무엇이 문제이고, 어디서부터 잘못된 것일까?

〈투모로우〉가 우리의 내일이 되지 않기 위해

2004년에 개봉된 영화 〈투모로우〉는 환경재앙으로 인해 인간이 처할 수 있는 최악의 시나리오를 보여주고 있다. 지구온난화의 가속으로 극지방의 빙하가 녹아 바닷물의 온도를 낮추고 해류의 흐름을 바꿔놓는 것으로 영화는 시작된다. 그리고 장면이 바뀌어 일본의 어느 도시에서 이유를 알 수 없이 갑작스레 쏟아지는 거대한 우박, 모든 것을 당장이라도 집어삼킬 듯 LA 지역 전체를 휩쓸어버리는 토네이도, 그리고 이어지는 급격한 기온 강하. 결국 지구 전체가 빙하로 뒤덮이는 엄청난 재앙이 시작된다. 물론 과장된 부분도 있지만, 단지 영화라고 치부하기에는 우리 현실과 어딘가 닮은 데가 있다.

　과학기술의 발전과 지칠 줄 모르는 인간의 욕망은 인류에게 가공할 만한 권력을 선사했다. 인간은 과학기술을 이용해 물질의 무제한적 생산에 총력을 기울여왔고, 그러한 노력의 결과들은 물질적 풍요로움으로 나타났다. 그리고 인간은 점점 더 새롭고 더 희망찬 목표를 지향해왔다. 이제 드디어 희망의 세기가 도래했는가?

　인간이 땅에서 무한성장이라는 목표에 도취해 있을 때, 각종 산업먼지와 온실가스는 우리의 하늘을 덮어가고 있다. 산업화의 찌꺼기는 강을 따라 흘러가고, 광활한 원시림은 수많은 야생동물들과 함께 사라져간다. 인

LIFESPAN: 14 DAYS   LIFESPAN: 5 DAYS

Every year 1 million five-day old calves are slaughtered to supply the veal market. Please reconsider your order of veal products. www.animal-lib.org.au ANIMAL LIBERATION

파리의 수명보다 못한 송아지의 수명을 풍자한 동물해방협회의 캠페인 광고. 인간이 동물에게 고통을 주는 대표적인 방식 중에 하나가 바로 동물을 음식물로 섭취하는 것이다. 그렇다면 이제부터 우리 모두 육식 섭취를 중단하고, 채식주의자가 될 각오가 서있는가?

간의 끝없는 욕망은 자연 환경에 대한 더 많은 변형을 요구했고, 결국 인류를 포함한 전 생태계의 미래를 위협하고 있다. 유감스럽게도 그 징후들은 이미 세계 도처에서 나타나고 있다. 이제 환경문제는 어느 한 지역, 한 국가만의 문제가 아닌 전 지구적 관심사로, 인류의 가장 심각한 도전과제로 떠오르고 있다.

"당장 내일은 아니더라도 곧 닥칠 수 있는" 생태계 위기와 환경문제의 심각성에 대해 독일의 철학자 한스 요나스Hans Jonas는 그의 저서 《책임의 원칙Das Prinzip Verantwortung》에서 절박하게 호소하고 있다. 지금까지 인간은 근대화와 무한진보라는 미명 아래 과학기술을 끊임없이 발전시켜왔지만, 역설적이게도 기술 진보의 지나친 성공이 오히려 인간을 파국으로 몰아간다고 경고한다. 자신의 운명을 개선하고 끊임없이 더 나은 세상을 꿈꾸도록 강요받은 인간의 욕망은 이제 인류를 포함한 모든 생명체의 몰락을 재촉하고 있다. 지금이라도 서둘러 인류가 처한 위기 상황이 무엇인지, 그리고 그것이 얼마나 심각한지를 분명히 깨달아야 한다. 위협이 알려지지 않는 한, 무엇을 왜 보호해야 하는지 알지 못하기 때문이다. 따라서 인류는 현대 과학기술문명의 기형적 비대화가 초래한 종말론적 상황을 직시하면서 파국으로 질주하는 인간의 욕망에 제동을 걸고 방향을 수정해야 한다. 그리고 인간과 인간 사이의 평화뿐만 아니라 인간과 자연 사이에 평화를 회복해야 한다. 황폐해진 자연은 곧 인류의 황폐화를 의미하기 때문이다.

인간의 최고 발명품인 과학기술문명이 자연환경과 생태계의 많은 부분을 돌이킬 수 없을 만큼 훼손했다는 사실은 새삼스러울 것이 전혀 없다. 심각한 위기 상황은 여전히 진행 중이다. 그러한 문제들이 누적되어 먼 훗날 어떤 결과로 우리 눈앞에 펼쳐질지 정확하게 예측하기란 불가능하다.

이때 요나스는 기술문명이 제시하고 있는 희망의 약속이 오히려 인류의 종말을 재촉할 수 있다는 최악의 시나리오를 마음속에 그려볼 것을 제안한다. 우리의 '사려 깊은 경고자'는 "의심스러울 때는 좋은 말보다는 나쁜 말에 귀 기울여" 거기에 상응하는 공포의 감정을 불러일으키도록 재촉한다. 이제 우리는 과학기술문명이 떠벌리는 미래의 구원보다는 그것이 가져올 수 있는 불행들을 이야기함으로써 미래 인류가 처하게 될 운명을 진단해야 한다. 지상낙원을 건설하려는 헛된 욕망에 모험을 걸기에는 인류가 치러야 할 대가가 너무도 엄청날 수 있기 때문이다.

지구 전역에서 자행되고 있는 착취와 종의 소멸, 환경오염과 천연자원의 고갈 그리고 회복 불가능한 기후 변화 등 종말의 예고편은 이미 시작되었다. 서서히 드러나고 있는 불길한 징조를 통해 우리는 미래를 '두려워할 줄 아는 자'의 모습으로 돌아와, 지금 내가 여기서 무엇을 할 수 있고, 무엇을 해야만 하며, 무엇을 해서는 안 되는지를 진지하게 물어야 한다. 그리고 인간의 모든 선택과 결정은 오직 하나의 목표를 향해 나아가야 한다. 그것은 이 땅에서 최고의 악을 피해가는 것이다. 앞선 세대가 그러했던 것처럼 우리도 다음 세대가 이 땅에서 살아갈 권리를 보장해주어야 한다. 현재의 근시안적 이익과 필요 때문에 미래 인류의 삶 전체를 저당 잡히는 행위는 결코 정당화될 수 없다.

지구상에서 으뜸가는 권력의 소유자로서 인간은 현재의 자신만을 생각해서는 안 된다. 탐욕스러운 기술문명이 더 이상 인간에게 재앙이 되지 않도록 자신의 권력을 제어하고 검소한 발전 목표를 새롭게 정해야 할 때이다.

인종차별? "안 돼!", 성차별? "안 돼!", 그럼 종차별은? "음···"

인간은 자신을 둘러싸고 있는 자연 환경 안에서 다른 생명체들과 서로의 영역을 지키면서 더불어 살아가는 존재이다. 다양한 생명체들의 상호작용을 통해 지구라는 삶의 터전은 전체적으로 훌륭하게 조화를 이뤄나간다. 그러나 인간은 지구상에 존재하는 많은 것들이 마치 자신의 소유물인 양 필요할 때마다 임의로 이용해왔다. 자신의 욕망을 위해서 인간 아닌 다른 존재들을 희생시키는 것도 주저하지 않았다. 가장 대표적인 예로 동물에 대한 착취를 꼽을 수 있다.

오늘날 대량 사육되는 가축들은 태어나자마자 몸조차 가눌 수 없을 정도로 좁은 공간에서 자신의 배설물더미 위에 갇혀 살다가 짧은 생을 끔찍하게 마감한다. 그들의 존재 목적은 인간의 미각을 만족시키는 것이다. 가혹한 생체실험 대상이 되어 고통 속에서 죽을 날만 기다리고 있는 실험실의 동물들, 심지어 인간의 쾌락을 위해 피 흘리며 죽어가는 동물들도 있다. 그 목적이 식량 확보든 의학 연구든 간에 인간이 동물에게 저지르는 살상행위나 학대는 상상조차 할 수 없을 정도이다. 다행스럽게도 오늘날 대다수의 사람들은 동물들에게 필요 이상의 고통을 가하거나 학대하는 행위가 도덕적으로 분명 잘못된 일이라고 생각한다.

그렇다면 더불어 살아가는 생명체로서 동물들을 어떻게 바라보아야 할까? 그들도 우리 인간처럼 대우해야 할까? 인간에게 유익한 각종 동물실험도 중단해야 할까? 혹은 우리 모두 채식주의자가 되어야 할까?

자신과 같은 피부 색깔을 가진 인종은 더 우월하며 자신과 피부 색깔이 다른 인종은 차별 대우해도 괜찮다고 생각하는 것을 인종차별주의라고 부른다. 예를 들어 백인 인종차별주의자들은 유색인종에 비해 자신들의 지적 능력이 훨씬 뛰어나기 때문에 우월한 대우를 받아 마땅하다고 생각한다. 이러한 차별적 생각은 인류 역사에서 숱한 비극으로 나타나기도 했다.

과연 모든 백인이 흑인이나 황인보다 더 뛰어난 지능지수를 가졌는가? 전혀 그렇지 않다. 인종에 따른 지적 능력의 차이를 댈 만한 그 어떠한 근거도 찾아볼 수 없다. 설령 과학적 근거를 제시할 수 있다 하더라도 인종차별주의가 정당화되는 것은 아니다. 지능지수의 차이와 인종차별은 전혀 관계가 없는 별개의 문제이기 때문이다.

성차별주의는 또 어떠한가? 단지 여자라는 이유만으로 억압의 세월을 보내야만 했던 시대가 있었다. 인종차별주의와 마찬가지로 성차별주의 역시 어떤 방식으로도 정당화될 수 없다. 남자가 여자보다 지능지수가 더 뛰어나다고? 힘이 더 세다고? No! 남녀 구분 없이 개인 간의 차이는 항상 존재하는 법이다. 백인과 흑인의 지능지수가 어떠하든, 남녀의 지능지수가 어떠하든, 그러한 차이에 따른 차별 대우가 어떻게 정당화될 수 있단 말인가.

설령 인종차별주의자나 성차별주의자라고 할지라도 공공연하게 자신의 입장을 드러내기란 쉽지 않을 것이다. 왜냐하면 오늘날 그러한 행동은 대단히 위험한 일이며, 혹독한 비판과 비난을 각오해야 할 일이기 때문이다. 그런데 동물에 대해서는 어떠한가? 지금까지 그러했던 것처럼 여전히 동물들을 차별하고 고통에 빠뜨려도 괜찮은가? 도대체 무슨 이유로?

인간이 동물보다 지적 능력이 뛰어난가? 물론 그렇다. 대부분의 인간은 동물보다 지능이 뛰어나다. 그렇다면 지능이 떨어지는 존재는 모두 동일한 취급을 받아도 괜찮은가? 더욱이 몇몇 고등동물보다 지능이 떨어지는 인간들은 어떻게 할 것인가? 동물에 비해 지능이 떨어진다는 이유만으로 그들을 착취할 권리가 있다고 생각하는 사람은 아마 없을 것이다. 그렇다면 지능이 떨어지는 동물에 대해서도 마찬가지가 아닐까? 인간은 동물보다 언어사용 능력이 뛰어난가? 당연히 그렇다. 그렇지만 소통 능력을 가지는 것은 비단 인간만의 특징은 아니다.

동물 연구 결과에 따르면, 동물 역시 그들만의 기초적 언어를 습득하거나 상대방과 소통할 수 있는 능력을 갖추고 있다. 인간이라고 해서 모두가 언어사용 능력을 가지고 있는 것은 아니다. 만약 그러한 능력이 없는 인간들을 여타의 동물들과 같이 취급해도 된다면, 언어 사용 능력을 가진 인간들만이 우선적으로 대접받을 수 있을 것이다. 그렇지만 이것은 매우 위험한 생각이며, 그것을 뒷받침할 만한 어떠한 근거도 찾을 수 없다. 그렇다면 다른 존재들에 비해 인간만이 가지는 능력은 무엇인가? 과연 어떠한 능력을 앞세워 인간 아닌 다른 존재들에 대한 무한 이용 권리를 주장할 수 있는가?

우리는 이 질문에 당당히 답한다. "우리는 인간이고 그들은 인간이 아니다. 그러므로 우리는 그들을 마음대로 이용할 수 있다!" 얼핏 그럴듯한 대답인 것 같다. 고개가 끄덕여질 만하다. 그러나 피터 싱어는 단호히 고개를 내젓는다. 왜냐하면 이 말은 백인들이 흑인들을 무자비하게 다루면서

"그들은 우리와 같은 백인이 아니니까 차별하는 게 당연해"라고 말하는 것과 마찬가지이기 때문이다. 혹은 다수의 남성들이 여성들을 착취하면서 "그들은 여자야. 우리와 같은 남자가 아니야"라고 말하는 것과 같이 정당하지 못한 대답이기 때문이다.

우리가 단지 인간이라는 이유만으로 동물들의 고통을 외면한다면, 그것은 인종차별주의자나 성차별주의자와 크게 다르지 않다. 인간과 마찬가지로 동물도 고통과 쾌락을 느낄 수 있는 존재들이다. 그들도 인간과 유사한 신경체계를 가지고 있으며, 고통을 느낄 때 괴로운 표정을 짓거나 신음소리를 내기도 하고, 동공이 팽창하며 땀을 흘리고 맥박이 빨라지기도 한다. 우리 인간의 모습과 크게 다르지 않다. 나와 피부 색깔이 다르다는 이유로, 나와 성이 다르다는 이유로 상대방을 차별해도 될 만한 근거를 찾을 수 없듯이, 우리와 같은 호모사피엔스 구성원이 아니라는 이유로 다른 존재들을 차별하거나 착취할 만한 그 어떠한 정당한 근거 역시 쉽게 찾을 수가 없다.

그렇다면 지금 당장이라도 우리 안에 갇혀 있는 돼지와 닭, 소를 모두 해방시켜서 따뜻한 보금자리를 마련해주고 좋은 식사를 제공해야 하는가? 그들에게 교육받을 기회라도 주어야 하는가? 이러한 질문들은 우스꽝스럽다. 종차별주의를 넘어선다는 것은 동물을 인간과 모든 면에서 동일하게 대접해야 한다는 의미가 아니다. 백인과 흑인이 다르고 여성과 남성이 다르듯이, 인간과 동물 사이에는 분명한 차이가 존재한다. 그런데 그러한 차이는 차별이 아니라 다름이며 상호인정이다. 따라서 종차별주의를 넘어선다는 것은 우리 인간이 언제나 자신의 이익을 중요하게 생각하는 것만큼 동물의 이익 역시 평등하게 고려해야 한다는 뜻이다.

인간은 누구든지 고통을 싫어하고, 먹고 자는 것과 같은 기본적인 욕구를 충족시키고, 가족이나 친구들과 더불어 사랑과 우정을 나누고 싶어하며, 타인의 불필요한 간섭을 원하지 않는다. 이 정도의 이익은 인간이라면 누구든지 바라는 것이다. 비록 인간이 아닌 동물이라 할지라도 고통과 쾌락을 느낄 수 있다면 이와 같은 이익은 충분히 고려되어야 한다. 생김새나 성별 그리고 능력, 더 나아가 우리와 같은 호모사피엔스 구성원이 아니라는 이유에 의해서 좌우되어서는 안 된다는 사실이다. 이것이 바로 싱어가 말하는 동물해방의 시작이다.

한 점의 고기를 씹기 전에 생각해야 할 것들

지금 당신은 분위기 좋은 레스토랑에 앉아 메뉴판을 보고 있다. 많은 요리들 가운데 값비싸고 맛있어 보이는 암송아지 스테이크를 주문한다. 잠시 후에 웨이터가 요리를 가져온다. 한눈에 봐도 육질이 좋은 것이 아주 먹음직스러워 보인다. 과연 그 맛은 어떨까? 여기서 잠깐! 이 근사한 요리가 어떻게 해서 식탁 위에 오를 수 있었을까 하는 엉뚱한 생각이 떠오른다. 그렇다면 지금부터 암송아지의 행적을 추적해보기로 하자.

푸른 초원 위에서 한가로이 풀을 뜯는 어미 소와 송아지들의 모습을 상상하는가? 아직은 이르다. 지금 당신의 눈앞에는 광활한 밀림이 펼쳐져 있다. 끝없이 펼쳐진 거대한 밀림! 그런데 별안간 요란한 굉음을 울리면서 불도저들이 밀려온다. 기세등등한 이 기계들은 순식간에 나무들을 밀어 쓰러뜨린다. 그리고 장면이 바뀌어 당신 눈앞에는 엄청나게 넓은 들판이 펼쳐진다. 수천 그루의 나무들이 쓰러져 나간 그 자리에는 가축들이 먹을 곡식이 자라고 있다. 사람들은 가축들이 마실 강물을 퍼내기 시작한다. 도대체 무슨 일이 벌어졌는가? 밀림은 어디로 사라졌는가? 그 많던 야생

동물은 어디로 가버렸는가?

그렇게 몇 해가 지나자 땅이 척박해지고 목축지는 잡초지로 변하기 시작한다. 인간의 불도저는 또 다른 비옥한 땅을 찾아 나서고, 그들이 휩쓸고 지나간 숲은 다시 드넓은 들판으로 변신한다. 사육농장의 가축들은 부지런히 곡식을 먹어치우고 강물을 들이마신다. 그리고 연신 매탄가스를 뿜어댄다. 또 그렇게 몇 해가 지나면 어김없이 불도저가 밀림을 지나고 수풀을 다시 돌아오지 않는다.

아직도 한가로이 풀을 뜯고 있는 어미 소와 송아지들을 상상하는가? 유감스럽게도 대부분의 소들은 일생 동안 들판을 제대로 걸어보지도 못하고 생을 마감한다. 햇빛도 마음대로 보지 못하고, 몸을 뒤척이기도 힘든 비좁은 사육장 안에 갇힌 채로 살아간다. 새끼들은 태어나자마자 어미로부터 격리되어 오로지 '최고의 육질'을 자랑하는 육우로 사육된다. 초원의 풀 대신에 철분과 섬유소가 부족한 유동식을 먹는다. 송아지들의 원초적 욕구는 모두 차단된다.

이 모든 일들은 사육자가 철저히 계획한 것이다. 그에게는 빈혈 걸린 송아지가 필요하다. 창백한 분홍빛을 띠는 송아지 고기는 소비자의 입맛을 돋울 것이며, 사육자에게는 짭짤한 수입을 보장해줄 것이다. 송아지들은 결코 운동을 해서 근육을 만들어서도 안 된다. 그 이유는 '육질'이 떨어지기 때문이다. 가능한 한 최단 시간에, 최대의 무게가 나가기만 하면 된다. 고통과 쾌락을 느끼는 생명체가 아니라 고가의 육류로 변신하기 위한 고깃덩어리 취급을 받는다. 인간의 미각을 만족시키기 위해 그렇게 고통 속에서 살다가 16주라는 짧은 생애를 마감한다. 그런 삶을 살다가 도살된 송아지가 지금 먹음직스러운 스테이크로 변신하여 당신 앞에 놓여 있다.

여기까지다. 자, 이제 암송아지 스테이크를 마음껏 즐기시라!

고전 속으로

한스 요나스와 피터 싱어

한스 요나스 Hans Jonas (1903~1993)

독일 뮌헨글라트바흐의 유대인 가정에서 태어났다. 나치가 정권을 잡은
뒤 독일을 떠나 미국으로 이주하여 1955년부터 1976년까지 뉴욕의 사회
과학연구소New School for Social Research 교수로 재직했다. 주요 저서로 오늘날
과학기술문명의 위기를 진단하고 이 시대에 적합한 새로운 윤리학을 정
초하고자 했던 《책임의 원칙Das Prinzip Verantwortung》(1979)이 있다. 이 책에
서 그는 인간의 윤리적 행위 대상을 인간에서 자연으로 확장함으로써 현
대철학의 생태학적 전환에 결정적인 기여를 했다. 그 밖에 《생명의 현상
The Phenomenon of Life》(1966), 《주체성의 권력 혹은 무력?Macht oder Ohnmacht der
Subjektivitaet?》(1981), 《기술, 의학 그리고 윤리Technik, Medizin und Ethik》(1985) 등
이 있다.

> 한스 요나스, 이진우 옮김, 《책임의 원칙》,
> 서광사, 1994

　이제까지 전혀 알려지지 않았던 힘을 과학으로부터 부여받고, 경제로부

터 끊임없는 충동을 받아 마침내 사슬에서 풀려난 프로메테우스는 자신의 권력이 인간에게 불행이 되지 않도록 자발적인 통제를 통해 자신의 권력을 제어할 수 있는 하나의 윤리학을 요청한다. 이 책은 현대 기술의 약속이 위협으로 반전되었거나, 또는 적어도 이 둘 사이가 밀접하게 연결되어 있다는 명제를 출발점으로 삼는다.

인간의 행복을 위해 고안되었던 자연 정복은 이제 인간 본성 자체에까지 확장된 그 과도한 성공의 결과 때문에 가장 커다란 도전을 야기했다. 그런데 인간 존재에 대한 이 도전은 인간 자신의 행위에 의해 생겨난 것으로, 이 도전에서 나타나는 모든 점은 그 종류와 규모에 있어서 전혀 새로운 것이며, 이제까지의 그 어떤 것과도 유사하지 않다. 오늘날 인간이 행할 수 있는 것과 이러한 능력의 불가피한 행사를 통해서 계속 행하도록 강요되고 있는 것은 과거의 경험에서는 전혀 견줄 만한 것이 없다.

무엇이 나침반 역할을 할 수 있는가? 그것은 바로 미리 사유한 위험 자체이다! 미래에 있을 수 있는 심상치 않은 상황 변화, 위험이 미칠 수 있는 전 지구적 범위, 그리고 인간의 몰락 과정에 대한 징조를 통해서 비로소 윤리적 원리들이 발견될 수 있다. 이러한 원리들로부터 새로운 권력에 대한 새로운 의무들이 도출될 수 있는 것이다. 나는 이것을 '공포의 발견술'이라고 명명하고자 한다. 미리 예견된 인간의 왜곡은 우리로 하여금 이러한 왜곡으로부터 보존해야 할 인간의 개념을 찾을 수 있도록 도와준다.

이제 전적으로 다른 책임의 개념이 있는데, 그것은 행해진 것에 대한 사후적 책임 부과와 관련된 것이 아니라, 행동해야 할 것의 결정과 관련된 것이다. 그 개념에 따라 나는 우선적으로 나의 행동과 그 결과에 대해 책임이 있다고 느끼는 것이 아니라, 나의 행위에 대한 요청권을 제기하는 사태에 책임이 있다고 느낀다. (…) 무엇에 대한 책임이 있는 대상은 앞에서 언급한 자기중심적인 유형의 것과는 분명히 다른 의미를 지니고 있다. 그 무엇을 위한 대상은 나의 밖에 놓여 있기는 하지만 나의 권력에 의존하고, 또 나의 권력에 위협을 받음으로써 나의 권력의 영향권 안에 있다. 그 대상은 자신이 존재하거나 존재할 수 있다는 사실에서 자기의 실존 권리와 나의 권력을 대립시킨다. 그리고 그것은 도덕적 의지를 통해 그 권력에 의무를 지운다.

해설

기술시대 인류의 능력은 그 이전에는 감히 상상조차 할 수 없었던 일들을 가능하게 만들고 있다. 예를 들어 몇 개의 단추만 누르고도 인류 전체를 없앨 수 있을 만큼 인간의 권력은 거대해졌다. 그뿐만이 아니다. 유전자 조작은 우리 스스로를 신의 위치에까지 올려놓았다. 우주여행을 위해서 우리는 약간 변형된 인간 장기를 필요로 하게 될지도 모르는데, 간단한 유전자 조작으로 이를 계획할 수도 있게 되었다. 또 변변찮은 인간을 위한 유전자 변형 실험으로 미래 인류를 더 똑똑하고 대단하게 변화시킬 수 있는 잠재적 능력을 보유하고 있다.

한스 요나스는 우리가 어떤 일을 해야 하는지, 혹은 어떤 일을 해도 되는지를 결정하기 전에 먼저 우리가 하는 일이 먼 훗날 어떤 결과를 가져오게 될지 심사숙고할 것을 충고한다. 또한 재앙이나 참사를 미리 염려해 우리 스스로 막강한 권력을 제어해야 한다고 말한다. 미래의 사태를 악화시키지 않는 것이 바로 우리 세대의 책임이기 때문이다.

피터 싱어 Peter Singer (1946~)

호주 멜버른의 유대인 가정에서 태어났다. 현재 미국 프린스턴 대학교 인간가치연구소The Center for Human Values의 생명윤리학 석좌교수로 재직 중이다. 싱어는 실천윤리학 분야의 거장이자 동물해방론의 선구자로, 2005년 《타임》 선정 '세계에서 가장 영향력 있는 100인'에 이름을 올렸다. 그는 현대 공리주의 대표주자로서 동물해방뿐만 아니라 안락사, 임신중절, 빈부 문제 등에 대해 자신의 윤리적 신념을 과감하게 펼침으로써 '가장 위험한 인물'로 불리기도 한다. 채식과 기부를 생활화함으로써 자신의 철학을 몸소 실천에 옮기고 있다.

주요 저서로 《동물해방Animal Liberation》(1975), 《실천윤리학Practical Ethics》(1979), 《사회생물학과 윤리Expanding Circle》(1981), 《이렇게 살아도 괜찮은가?How Are We to Live?》(1993), 《삶과 죽음Rethinking Life and Death》(1994), 《세계화의 윤리One World : The Ethics of Globalization》(2002), 《죽음의 밥상The Ethics of What We Ea》(2006) 등이 있다.

> 피터 싱어, 김성한 옮김, 《동물 해방》, 인간사랑, 1999.

인종차별주의와 성차별주의에 유비적으로 "종차별주의"라고 부르는 차별 또한 비난의 대상이 되어야 한다.

고통이나 즐거움을 느낄 수 있는 능력은 적어도 이익을 갖는다는 것의 전제조건이며, 그 이익을 의미 있는 방식으로 논하기 위해서는 우선 그러한 능력이 갖추어져 있어야 한다. 가령 학생이 돌멩이를 찼는데, 이것이 돌의 이익을 고려하지 않은 처사라고 말하는 것은 허튼소리가 될 것이다. 돌은 이익을 갖지 않는다. 왜냐하면 돌은 고통을 느낄 수 없기 때문이다.

한 존재의 본성이 어떠하든, 평등의 원리는 그 존재의 고통을 다른 존재의 고통—만약 대략적으로나마 비교가 가능하다면—과 동일하게 취급할 것을 요구한다. 한 존재가 고통을 느낄 수 없다면, 또는 즐거움이나 행복을 누릴 수 없다면, 거기에서 고려해야 할 바는 아무것도 없다.

고기에 대한 수요로 인해 야기되는 어리석은 행동 가운데 첫 번째로 손꼽히는 것이 바로 산림을 마구잡이로 개발하는 것이다. 역사적으로 볼 때 동물에게 풀을 먹이려는 욕구는 산림 개척의 중요하고도 직접적인 원인이었다. 이것은 오늘날까지도 변함이 없다. (…) 산림이 파괴되면 탄소는 대기에 이산화탄소의 형태로 방출된다. 그와 반대로 새롭게 자라나는 산림은 대기로부터 이산화탄소를 흡수하여 이를 생존을 위한 물질로 전환시킬 것이다. 기존의 산림 파괴는 온실효과를 가속화할 것이다.

해설

피터 싱어에 따르면, 단지 우리와 같은 인간이라는 이유만으로 우리가 인간의 고통에만 관심을 가지고 동물들의 고통을 외면하거나 그들을 부당하게 대우한다면 그것은 도덕적으로 분명히 잘못된 일이다. 왜냐하면 어떤 누군가가 특정 집단에 소속되어 있다는 사실이 그에게 권리나 지위를 보장해주는 것은 아니기 때문이다. 중요한 것은 어떤 존재가 고통이나 행복을 느낄 수 있느냐 하는 것이다. 만약에 그것을 느낀다면 그 존재가 인간이든 동물이든 상관없이 공평하게 취급되어야 한다. 싱어는 이를 '이익 동등 고려의 원칙'이라고 부른다. 만약 이러한 원칙을 따르게 된다면 우리는 채식주의자가 될 수밖에 없다. 싱어는 오늘날 환경위기와 지구적 빈곤 문제에 직면한 인류가 육식을 피하고 채식주의자가 되는 것이 바로 이러한 난제를 해결하는 지름길이라고 주장한다.

투발루 섬과 우리의 밥상

바다 속에 가라앉는 섬나라

■

"전 세계 지도자들이 지금 당장 지구온난화를 막기 위한 적극적인 행동에 나서지 않으면 때는 이미 늦습니다. 지금 당장 결정을 내리고 행동에 옮겨야 합니다."

지구온난화에 따른 해수면 상승으로 국가 전체가 침몰 위기에 처한 투발루의 아피사이 이엘레미아 총리가 18일 인천 송도컨벤시아에서 열린 '2009 세계도시물포럼'에 참석해 전 세계인에게 지구온난화의 심각성을 알렸다. 이엘레미아 총리는 이날 인터뷰에서 "인구 1만 1,000명의 소국인 투발루 국토는 이제 수면 위 1m 높이밖에 유지하지 못할 정도로 절체절명의 위기에 처해 있다"며 "강력한 태풍이 불면 바닷물이 도시 안쪽까지 밀려들 정도로 침수 피해가 상당히 심각해 2040년 수몰 위기에 처했다"고 실상을 전했다. 그는 또 "내륙 깊숙한 곳까지 밀려들어 온 바닷물이 다시 해안가로 빠져나가면서 토양을 침식시키고 침수 피해를 가중시키는 악순환이 이어지고 있다"며 "양에 남은 염분이 농작물 성장을 방해하면서 식량난이라는 2차 문제까지 일으키고 있다"말했다. 이엘레미아 총리는 "투발루 국민들은 해수면 상승에 따른 위협을 이미 50~60년 전부터 느끼기 시작했다"면서 "이 같은 국제포럼에서 기후 변화로 인한 해수면 상승, 해수면 상승에 따른 물·식량 부족 등 문제를 적극적으로 알리는 것도 그 때문"이라고 덧붙였다. 그는 "이 같은 홍보활동이 결실을 맺어 유럽연합EU과 일본 등 선진국에서 눈에 보이는 도움을 많이 받았다"며 "한 세대가 충분히 사용할 수 있을 정도의 대형 물탱크를 지급받아 각 가정에 공급했고, 바닷물을 식수로 전환할 수 있는 기술도 전수받았다"고 설명했다.

—《매일경제》, 2009. 8. 18

■

투발루는 남태평양 호주 북동부 4,000km 지점에 위치한 작은 섬나라이다. 원래는 9개의 산호섬으로 이루어졌는데 지금은 두 곳이 바다에 가라앉아 이제 7개의 섬만 남아 있다. 유감스럽게도 남은 섬들마저 가라앉고 있는 중이어서 50년 후에는 영원히 사라질 운명이라고 한다.

꾸준한 해수면의 상승과 잦은 사이클론으로 이 섬나라는 해마다 2, 3월이면 국토 대부분이 물에 잠기기 시작한다. 사이클론이 지나가도 물은 빠지지 않고 그대로 바다가 되어버린다. 다행히 바닷물에 잠기지 않은 마을이라 해도 지하수 염도가 높아져서 마실 수 없는 지경이고, 토양의 염분화가 진행되면서 농사를 포기한 지 이미 오래다. 툭하면 물에 잠기는 나라이지만 정작 필요한 물은 턱없이 부족하다. 사람들은 빗물을 마시며 살아가고 나무들은 서서히 죽어간다.

2001년, 투발루 정부는 결국 국토를 포기할 수밖에 없는 상황에 이르렀다. 지구온난화가 초래한 재앙의 상징이 된 투발루 국민들은 이제 '환경난민'이 되어 세계를 떠돌아 다녀야 할 처지에 놓였다. 그런데 투발루와 가까

■■■■ 남태평양 적도 부근에 있는 투발루는 기후 변화에 따른 해수면 상승으로 피해를 보고 있다. 바닷물에 쓸린 쓰레기와 폐목들이 어지럽게 쌓여 있다.

운 호주와 피지 등은 투발루 국민들이 이주해오는 것을 거부했고, 뉴질랜드는 단계적으로 1년에 75명씩 까다로운 심사 조건을 통과한 사람들뉴질랜드에 직장을 가진 40세 이하에 한해서만 이주를 허가해주고 있다.

　이러한 상황에서도 투발루 국민들은 지구온난화를 막기 위한 절박한 노력을 하고 있다. 이산화탄소 배출을 줄이기 위해 자동차와 오토바이 이용을 자제하고, 가축으로부터 발생하는 메탄가스를 줄이기 위해 가축의 분뇨를 가정용 연료로 전환하는 사업을 추진하고 있다. 그리고 투발루의 지도자들은 각종 국제 환경 회의에 참석해서 자신들이 처한 입장과 지구온난화에 대한 국제적 관심을 호소하고 있다. 잠시 그들의 목소리를 들어보자.

■

우리나라는 조만간 인간이 야기한 지구온난화로 인해 바다 속으로 침몰할 것입니다. 우리로서는 해수면 상승을 막을 도리가 없습니다. 선진국뿐 아니라 전 세계 모든 국가가 이산화탄소 배출을 줄여야 합니다. 미국은 협약 비준을 거부함으로써 우리 조상들이 수천 년에 걸쳐 살아온 땅에서 투발루의 다음 세대가 살아갈 자유를 박탈하려고 합니다. 미국을 비롯한 강대국들과 선진국들이 지구온난화를 초래하고도 정작 책임을 지지 않고 있습니다. 우리에게는 죽느냐 사느냐의 문제입니다. 우리는 희생자입니다.

■

2004년 국제에너지기구 자료에 따르면, 미국의 국민 1인당 이산화탄소 배출량은 19.73t이며, 호주는 17.53t, 한국은 9.6t, 뉴질랜드는 8.04t에 이른다고 한다. 이에 반해 투발루 국민의 1인당 이산화탄소 배출량은 0.46t에 불과하다. 게다가 미국의 인구가 3억이 넘는 데 비해 투발루는 1만 명 정도라니, 투발루의 입장에서는 충분히 억울할 수밖에 없는 상황이다.

1992년 6월 브라질의 리우데자네이루에서 개최된 유엔 환경개발회의에서 154개국의 서명으로 기후변화협약이 채택된 이래, 2005년 교토의정서가 발효되어 2008년부터 2013년까지 선진국 중심으로 온실가스 감축의 의무를 이행해야 할 상황에서 온실가스 최대 배출국인 미국과 호주가 돌연 교토의정서 서명을 거부하고 있다. 그런데 오늘날 심각한 지구온난화가 바로 선진국의 산업화에서 기인한다는 사실을 감안할 때, 미국과 호주의 태도는 자국의 경제와 산업만을 생각하는 극히 이기주의적인 처사라고 할 수 있다.

이기적인 태도로 일관하고 있는 미국과 호주는 투발루 국민들의 처지를 지금 당장은 실감할 수 없겠지만, 머지않아 자신들도 투발루와 같은 상황에 놓일 수도 있음을 간과하고 있다. 비단 미국과 호주만의 모습이겠는가. 지구가 더워지는 데 나름대로 일조하면서 무덤덤하게 살아가는 우리 모두의 모습이기도 하다. 자, 현실이 이런데도 〈투모로우〉를 단지 영화 속 이야기라고만 치부해버릴 것인가?

소박한 밥상이 지구를 살린다

■

지구온난화와 싸우기 위해 육식을 덜 하는 것을 고려해볼 필요가 있다고 유엔 정부 간 기후변화위원회(IPCC) 라젠드라 파차우리 의장이 제안했다. 파차우리 의장은 영국 동물복지단체 '세계영농에 대한 연민(CIWF)'의 초청으로 8일 저녁 런던에서 할 연설에서 온난화를 완화하기 위해 식단의 변화를 고려할 필요가 있다고 호소할 것이라고 BBC가 7일 전했다.

■

지난 2일 6년 임기의 IPCC 의장에 재선된 파차우리 의장은 육류의 생산이 교통수단보다 더 많은 온실가스를 배출한다고 지적했다. 육류 생산에서 나오는 직접적인 온실가스 배출량은 세계 전체 온실가스 배출량 가운데 약 18%를 차지한다는 게 유엔 식량농업기구FAO의 추산이다. 18%는 농토용 삼림 개간, 비료 생산과 수송, 농장 차량의 화석연료 소비, 소와 양 등 가축 배설물 등 육류 생산 과정에서 배출되는 이산화탄소, 메탄, 아산화질소를 합한 것이다. 파차우리 의장을 초청한 CIWF의 조이스 드실바 대사는 "기후 변화를 막기 위해 사람들은 생활 습관을 바꿀 필요가 있다"며 "사람들은 개인의 이산화탄소 소비를 줄이고, 자동차 여행을 자제하는 것에 대해 걱정하고 있지만, 접시의 메뉴를 바꾸는 게 훨씬 더 큰 영향을 미칠 수 있다는 것은 아직 잘 모를 수 있다"고 말했다.

수백만 에이커에 달하는 열대우림 지역이 소 방목용 목초지로 개간되고, 사육장에서 흘러나온 축산 폐수는 지하수 오염의 주요 원인이 되고 있다. 그뿐인가. 소가 내뿜는 메탄가스는 지구온난화를 초래하는 잠재적 요인으로서, 지구 대기에서 열기가 빠져나가는 것을 차단하고 있다는 사실을 아는가? 식량이 부족해서 수백만 명이 기아에 시달리고 있는 와중에도 축우들과 가축들은 지구상에서 생산되는 전체 곡식의 3분의 1을 먹어치우고 있다는 사실은 또 어떤가?

갈수록 증가하는 육류의 소비가 미래의 지구와 인류의 행복을 위협할 수 있음을 더 이상 간과해서는 안 될 것이다. 소박한 밥상 앞에 앉는 일이 지구의 건강을 회복하고, 기아에 허덕이는 지구 반대편 누군가의 배고픔을 달래줄 수 있는 일임을 기억해야 할 것이다. 미각을 만족시키기 위해 지금 우리가 무엇을 희생시키고 있으며, 앞으로 어떠한 대가를 치르게 될지 깊은 성찰이 필요한 시점이다.

가상토론

기후변화, 어떻게 대처할 것인가?

2009년 12월 덴마크 코펜하겐에서 열린 유엔 기후변화협약 제15차 당사국 총회COP15에 세계의 이목이 집중되었다. 기후 변화에 대한 전 지구적 조치의 필요성을 실감하고 있는 오늘날, 그 어느 해보다 기후변화회의에 대한 관심이 대단했다. 매년 열리는 회의지만 이번에는 193개국 가운데 130개국 정상이 참석, 14일간의 일정으로 진행되었다. 그러나 선진국과 개발도상국 간의 입장이 첨예하게 대립하면서 회의는 초반부터 난항에 봉착했다. 급기야 회의 폐막을 하루 연장하며 막판 협상을 벌인 끝에 결국 법적 구속력도 없는 '코펜하겐 협정Copenhagen Accord'에 합의하고 총회의 막을 내렸다. 평소 환경에 지속적인 관심을 가져온 한스 요나스와 피터 싱어가 이 소식을 접하고는 기후변화에 대해 자신들의 생각을 이야기하는 시간을 가졌다.

미국은 왜 교토의정서 서명을 거부했을까?

요나스   싱어 교수! 혹시 소식 들었나요?

싱어   무슨 소식 말입니까?

요나스   코펜하겐에서 열린 기후변화회의가 성과 없이 끝나버렸다고 하네요. 서로의 입장 차이만 확인한 채로 말입니다.

싱어   이번 회의에 전 세계의 이목이 쏠렸지 않습니까? 역대 가장 많은 정상들이 참여한 만큼 실질적인 합의에 대한 기대가 컸었는데 말이지요.

요나스   그랬지요. 각국 정상들이 일정을 하루 더 연장해서 마라톤 회의를 했는데, 개발도상국과 선진국의 입장을 대변하는 중국과 미국의 신경전이 치열했다고 합니다.

싱어   기후 변화가 회복할 수 없는 단계에 들어섰다고 우려의 목소리가 높은데 말입니다. 지금이 어느 땐데 아직도 자국의 이익만을 따지는 건지 원…… 도대체 그들이 내세우고 있는 입장이란 게 뭔가요?

요나스   개발도상국의 기본 입장은 기존의 기후변화협약과 교토의정서 체제를 유지하자는 겁니다. 선진국의 지원을 받아 해당 국가들이 자발적으로 이산화탄소를 감축해가겠다는 얘기지요.

싱어   오늘날 기후 변화의 주범인 온실가스를 주로 배출하는 것이 선진국 아닙니까? 개발도상국 입장에서는 충분히 그렇게 주장할 만합니다.

요나스   물론 그렇지요. 그런데 미국의 입장은 교토의정서 체제를 무효화하고 개발도상국까지 감축 의무에 포함하는 새로운 단일 의정서를 채택하자는 겁니다.

싱어   쯧쯧! 기후 변화 대응을 위해 서로가 노력해도 부족할 판에 자기 입장만 앞세우며 한 치도 물러서지 않으니 미래가 암담합니다.

요나스   그렇지만 그 와중에도 환경 선진국이라고 할 수 있는 스웨덴과 스칸디나비아 반도 국가들의 태도는 주목할 만하다는 생각이 듭니다. 스웨덴은 세계 최초로 환경 변화에 관심을 보이며 1968년에 환경청을 설립하

고 국가적 차원에서 대책을 마련해왔지요. 그런 스웨덴은 선진국이 2020
년까지 이산화탄소 배출량을 1990년 대비 약 30% 감축해야 한다는 안을
주장했습니다.

싱어   그런가요?

요나스   그런데 문제는 미국이에요. 스웨덴의 주장에 유럽연합 국가들은
동의했지만 기술선진국으로 분류되는 미국은 다른 안을 제시해서 빈축을
샀거든요. 2020년까지 2005년 대비 17% 감축안을 내놓았는데, 이 얘기인
즉 1990년보다 고작 4%만 줄이겠다는 말이거든요.

싱어   온실가스 배출은 경제 발전과 깊은 연관성이 있기 때문에 각국
이 민감하게 반응할 수밖에 없습니다. 하지만 지금 기후 변화가 심각한 상
태를 넘어 통제 불가능한 상황으로 치닫고 있다는 것을 모두가 잘 알고 있
지 않습니까? 지금은 기후 변화에 대해 인류가 결단을 내려야 할 때입니
다. 그럼에도 여전히 경제적 이익만을 앞세우고 있으니 안타깝기 짝이 없
네요.

요나스   내 말이 그 말입니다! 오늘날 인간을 위협하고 있는 징후들을 생
각해보면 인류의 오랜 염원인 지상낙원은커녕 인류 종말의 예고편 같지 않
습니까? 자연이 황폐해지면 인간의 삶도 황폐해질 수밖에 없습니다. 그런
데 우리는 너무 쉽게 망각하고 당장의 현실만을 보려고 하는 것 같습니다.
우리 앞에 무슨 일이 기다리고 있는지도 모르고 말입니다.

싱어   1990년에 비해 전 세계 온실가스 배출량이 20% 이상 증가했다고
합니다. 이제 온실가스 감축은 인류의 중대한 과업이고, 그런 만큼 각국의
차별화된 책임이 절실하다고 생각합니다.

요나스   그럼요. 미래 세대의 운명이 우리에게 달렸습니다. 우리의 후손들
이 이 지구상에서 계속 살아갈 수 있도록 우리 세대가 책임을 져야 합니

미국의 전 부통령이며 환경운동가인 엘고어는 그의 강의들을 편집한 다큐멘터리 영화 불편한 진실(An Inconvenient Truth)에서 인류에게 남은 시간은 고작 10년 정도에 불과하다며 이대로 지구 온난화를 방치할 경우 다시는 돌이킬 수 없는 경우를 맞이하게 될 것이라고 경고한다.

다. 그런데 싱어 교수, 좀 전에 얘기한 차별화된 책임과 관련하여 무슨 좋은 생각이라도 있습니까?

온실가스로부터 지구를 구하라

싱어   지구온난화의 주범은 선진국들입니다. 선진국들은 세계 인구의 4분의 1에 불과하지만 전 세계 온실가스의 4분의 3을 방출하고 있습니다. 그런데 정작 피해를 보는 것은 선진국과 아무 상관없는 사람들입니다. 오염을 시킨 쪽이 당연히 책임을 져야 하는데도 말입니다.

요나스   그래서 개발도상국들이 기후 변화 피해에 대해 적극적인 보상을 요구하고 있지 않습니까?

싱어   개발도상국의 입장에서는 당연한 요구입니다. 그런데 무엇보다 중요한 것은 새로운 기후 변화 시대를 준비하기 위한 공동의 출구 전략이라고 생각합니다.

요나스   공동의 출구 전략이라니요?

싱어   예를 들어 선진국들은 이미 기후 변화에 대해 큰 빚을 지고 있는 입장이기 때문에 거기에 상응하는 만큼 온실가스 배출량 감축 목표를 최대한으로 정해야 합니다. 그리고 신흥 산업국을 이끌고 있는 중국과 인도 같은 국가들 역시 감축에 적극적으로 동참해야 합니다. 물론 합리적인 수준에서 개발도상국을 지원하는 방안이 선행돼야 하고요.

요나스   그래요. 기후 변화는 전 지구적 문제이니만큼, 효과적인 전 지구적 제도가 마련되지 않으면 어떠한 성과도 내기 힘들다고 봅니다.

싱어   아주 중요한 지적입니다. 그래서 온실가스 방출에 대한 권리를 매매하도록 허용하는 것이지요. 이런 의미에서 교토의정서는 그 자체로는 충분하지 않지만, 문제 해결의 첫걸음이라는 점에서 중요한 의의가 있다고 생각합니다.

요나스   그런데 싱어 교수, 개발도상국들은 교토의정서에 따른 제한 분량의 1단계에서는 의무적인 할당량이 없기 때문에 팔 것 역시 아무것도 없지 않습니까?

싱어   그래서 교토의정서 내용을 조금 수정할 필요가 있는 겁니다. 예를 들어 평등한 1인 할당량에 근거한다면, 개발도상국은 얻는 게 많습니다. 인도의 경우 10억 가까운 인구에 비례하는 할당량을 가지게 된다면,

현재 방출량으로 볼 때 3분의 1 정도는 자기 나라를 위해 쓰고 나머지는 세계 시장에 방출권을 팔 수 있습니다. 그러면 다른 선진국들이 인도의 방출권을 살 수가 있는 거지요.

요나스 그렇게 되면 선진국이 가진 부의 일부가 자연스레 개발도상국으로 넘어갈 수 있겠군요.

싱어 바로 그겁니다!

요나스 2012년에 효력이 만료되는 교토의정서를 대체하거나 보완할 수 있는 체제를 만드는 것이 무엇보다 시급했는데, 이번 'COP15'는 그런 점에서 실패한 것 같습니다. 지구를 구할 수 있는 좋은 기회를 어이없이 놓쳐버리다니……

싱어 오는 2010년 12월 멕시코시티에서 제16차 기후변화협약 당사국 총회가 열린다고 합니다. 이번에는 꼭 법적 구속력이 있는 합의를 이끌어내고 실효성 있는 전 지구적 대책이 마련돼야 할 것입니다. 이제 더 이상 물러설 수가 없습니다.

요나스 그래요. 더 늦기 전에 우리 모두가 행동에 나서야 합니다.

싱어 지금 바로, Action now!

책

- 피터 싱어·짐 메이슨, 함규진 옮김, 《죽음의 밥상》, 산책자, 2008.

  윤리학자 피터 싱어와 환경문제를 고민하는 농부이자 변호사 짐 메이슨이 인간의 먹을거리에 관한 진실을 파헤친다. 각기 다른 입맛과 식습관, 식품 구입 방식을 가진 세 가족의 집에서 함께 식사하며 각 가족의 먹을거리가 어디서 왔는지를 깐깐하게 추적해나간다. 그 세 가족은 전형적인 마트 쇼핑족이자 육가공식품 애호 가족, 유기농 식품과 해산물을 주로 먹는 선택적 잡식주의 가족, 완전 채식을 실천하는 가족이다. 이들을 통해 윤리적인 식품 소비의 길을 모색한다.

- 레이첼 카슨, 김은령 옮김, 《침묵의 봄》, 에코리브르, 2002.

  전 세계인들의 환경학 교과서로 손꼽히는 책. 출간 당시 언론의 비난과 화학업계의 거센 방해에도 불구하고 환경오염에 대한 대중적 인식과 정부의 정책 변화를 이끌어내는 등 환경운동에 지대한 영향을 끼쳤다. 선구적인 환경운동가인 저자는 환경을 파괴하는 화학물질의 폐해를 고발하면서, 다행스레 아직은 오지 않은 '침묵의 봄'을 경고하고 있다.

- 존 라이언 외, 고문영 옮김, 《녹색시민 구보씨의 하루》, 그물코, 2002.

  평범한 시민에게 하루 동안 일어나는 일들을 통해 우리가 별 생각 없이 소비하는 생활용품들의 이면에 감추어진 생태학적 문제를 추적해 보여준다. 커피, 신문, 티셔츠, 컴퓨터, 햄버거 등이 소비자에게 오기까지 그 이력을 따져보며 녹색시민이 되고자 하는 독자들에게 대안적 소비를 제안한다.

영화

■ 알래스테어 포더길·마크 린필드, 〈지구〉, 2007.

아름다운 자연과 종種의 보존을 위해 사투를 벌이는 동물들의 모습을 담은 감동의 다큐멘터리 영화. 영화의 처음과 끝에 등장하는 북극곰 가족의 이야기 등 지구 온난화가 생태계에 야기한 재난을 카메라에 생생하게 담았다. 지구의 주인은 모든 생명이라는 강력한 메시지를 전하고 있다.

■ 데이비스 구겐하임, 〈불편한 진실〉, 2006.

미국의 전 부통령이자 환경운동가인 앨 고어가 천여 차례에 걸쳐 강연했던 슬라이드 쇼를 바탕으로 지구온난화에 대해 다루고 있다. 지구온난화가 불러온 심각한 환경위기를 고발하며, 더 이상의 파국을 막기 위해 지금 당장 환경보호를 실천해야 한다고 강조한다.

■ 롤랜드 에머리히, 〈투모로우〉, 2004.

급격한 지구온난화로 빙하가 녹아 해수 온도가 낮아지면서 해류의 흐름이 바뀌고, 결국 지구 전체가 빙하로 덮이는 재앙이 시작된다. 점점 파국으로 치닫는 영화 속 상황은 지구온난화의 징후들을 충분히 실감하고 있는 오늘날 인류에게 중요한 메시지를 던진다.

9

문 명

문명, 네 속엔 야만도 들어 있어!

김시천 (인제대학교 인문의학연구소 연구교수)

생각 속으로 | 문명은 진정 인간을 인간답게 하는가
고전 속으로 | 새뮤얼 헌팅턴과 아마르티아 센
역사와 현실 속으로 | 아시아의 싱가포르, 인도의 간디
가상토론 | 광화문의 촛불, 문명의 표현인가 다른 정체성인가?

생각 속으로

문명은 진정 인간을 인간답게 하는가?

문명과 야만, 르완다에서 생긴 일

"바퀴벌레를 모두 쓸어버리자!"

1994년 아프리카 르완다에서 후투족이 투치족을 대량으로 학살하는 참극
이 일어났을 때, 정부와 라디오 방송국에서 내보낸 호소였다. 학살 사건에
대한 국제사회의 항의가 표면화되자 강경한 문구는 슬그머니 "적으로부터
르완다인 스스로를 보호하자"라는 온건한 표현으로 바뀌었다. 1994년 4월
부터 6주간의 짧은 기간 동안 르완다 인구의 11%, 투치족의 75%나 되는
80만 명이 순식간에 학살되었다. 달나라를 오가는 최첨단 문명의 시대에
어찌 이런 야만적인 학살이 여전하단 말인가!

　20세기 후반 인류 역사상 가장 끔찍한 참극 가운데 하나로 꼽히는 르완
다 대량학살에 대해 인권감시단은 이렇게 정리한다. "이 대량학살은 '부족
간의 해묵은 증오'에 사로잡힌 사람들이 분노에 휩싸여 저지른 일이 아니
다. 이것은 현대의 엘리트가 권력 유지를 위해 주도면밀하게 증오와 공포
를 조장한 결과이다. 이 특권 그룹은 정치적 반대 세력의 성장을 막기 위

해 다수파로 하여금 소수파에 맞서게 했다. 그들은 투치족 제거운동이 후투족의 단결을 가져다주고 전쟁을 승리로 이끌어주리라 믿었다."

1962년에 독립한 르완다와 브룬디는 후투족 85%, 투치족 15% 그리고 세계적으로 잘 알려진 피그미족이 일부 포함된 국가이다. 제국주의의 교묘한 통치 전략에 의해 소수였던 투치족이 지배하는 사회였던 이곳에서 다수인 후투족은 독립과 더불어 자신들이 지배하는 세계로 만들고자 했다. 르완다에서는 1963년 후투족이 2만 명의 투치족을 죽인 뒤 주도권을 잡았다. 그러나 브룬디에서는 투치족이 여전히 지배권을 장악했고, 반란을 꾀했던 후투족 수십만이 살해되기도 했다. 얼핏 보면 1994년의 대량학살은 이러한 종족 전쟁의 연장으로 보이지만, 사실은 정치적 주도권을 다투던 엘리트들의 치밀한 계획의 결과라는 것이다.

인간은 문명을 창조하고 향유하는 존재라고 한다. 아주 이른 고대 사회에서부터 '문명'은 야만적인 것, 폭력적인 것과 대립하는 어떤 것이란 의미를 갖고 있었다. 고대 로마의 철학자 키케로Cicero는 '문명'을 인간다움과 연결시키며, "폭력을 통해서 어떤 것을 해결하려는 것보다 반문명적이고 반인간적인 것은 없다"고 말한 바 있다. 또 고대의 현자 암피온Amphion은 "바위 위에 사는 사람들과 거친 풍속을 지닌 사나운 사람들을 달콤한 언변으로 순종과 문명의 교화를 받아들이는 가르침으로 이끌었기" 때문에 찬란한 도시국가 테바이를 건설할 수 있었다고 말한다.

본래 '문명civilization'이란 공동체의 나아갈 길을 의미했던 'civilitas'에서 새로운 포괄적 의미로 문명화된 삶과 문명화된 습속이라는 의미를 지니게되면서 유래한 말이다. 문명은 오늘날 '문화culture'와 일정하게 구분되어 쓰이면서도 언어권에 따라 조금씩 구분되는 양상을 보인다. 하지만 현재에는 둘 다 인간이 자기 자신과 타인 그리고 자신을 둘러싸고 있는 자연에 대해 행하는 활동 전체를 가리키는 포괄적인 의미를 갖고 있다. 더욱이 거기에는 개명된 인간의 모습, 개척된 자연의 모습 그리고 문화적으로 생산된 모든 결과물을 가리키는 의미도 있다.

그럼에도 문화와 문명을 구분하여 쓰려는 시도는 여전히 있어왔다. 라인홀드 니부어Reinhold Niebuhr는 문화를 문명의 정신으로, 문명을 문화의 육체로 정의한 바 있다. 이때 "문화는 한 문명의 예술·철학·문학·종교의 총합을 나타내며, 문명은 인간의 공동체에 질서를 부여하는 사회적·경제적·정치적·법적 장치들을 대표한다"고 표현한다. 아놀드 토인비Arnold J. Toynbee는 그의 독특한 문명사관을 발전시키면서 "현격하게 고양시켜놓은 통일체들"을 지목하여 일관되게 문명이라는 말을 적용했다. 토인비의 '문명'은 오늘날 우리가 사용하는 의미 가운데 중요한 의의를 지니게 되었다.

▬▬▬▬▬ 르완다 학살 추모관. 르완다에서는 1994년 다수 부족인 후투족이 소수 부족인 투치족 약 100만 명을 학살한 사건이 있었다. 이는 90년대 최악의 학살 사건으로 기록됐다. 달나라를 오가는 최첨단 문명의 시대에 어찌 이런 야만적인 학살이 일어날 수 있단 말인가.

그러나 다른 한편 문명은 여전히 '물질문명' 같은 용어에서처럼 자연과 대립되는 인간의 영역 혹은 인간의 창조물을 가리키는 말로 쓰이기도 한다. 또한 문명이 야만과 대립되는 개념으로 쓰이는 것처럼, 반문명적이란 말은 '비인간적' 혹은 '반인간적'이란 의미를 여전히 함축하고 있다. 즉 문명이란 말에는 '인간다운 가치와 방향'이라는 의미가 여전히 살아 있는 것이다. 르완다에서 일어난 잔혹한 학살에 대해 반문명적이고 야만적이라 말할 때의 의미가 그러하다. 그런데 이제 문명은 인간다움과의 관련을 떠나 국제정치와 개인의 정체성을 규정하는 그 무엇으로 서서히 사용되어가고 있다.

문명'들' 간의 충돌?

1989년 베를린 장벽이 무너지면서 냉전이 종식되자, 자본주의의 승리는 자명한 것처럼 여겨졌다. 일본계 미국인 정치학자 프랜시스 후쿠야마Francis Fukuyama는 '역사의 종말'이란 이름을 부여하기도 했다. 자본주의의 승리가 명확해진 이상 세계는 더 이상 새로운 사회로의 변화가 없으며, 따라서 '역사'라는 새로운 변화는 아무런 의미가 없다는 뜻으로 자본주의의 승리를 표현했다. 하지만 미국의 정치학자 새뮤얼 헌팅턴Samuel Huntington은 《문명의 충돌The Clash of Civilizations and the Remaking of World Order》에서 경제적 가치가 지배하던 시대는 가고 이제는 문명 간의 갈등이 터져 나올 것이라는 충격적 전망을 하여 세계적인 논란을 불러일으켰다.

헌팅턴은 공산주의 대 자본주의와 같은 이념적 대결은 종식되었으며, 앞으로 세계에서 상호 경쟁하고 대항하는 주체는 '문명들'이 될 것이라고 예견했다. 이때 문명이란 야만적인 것과 대립하는 것이 아니다. 그것은 언어와 종교 등 여러 가지 문화적 특질들의 집합체로서 세계의 여러 지역에 있는 문명권을 의미한다. 그리고 무엇보다 이를 구분하는 가장 일차적인 기준은 종교이다. 헌팅턴에 따르면 기독교권, 그리스정교권, 이슬람권, 유교권, 불교권, 힌두교권 등이 이에 해당하며, 그 이외에 종교에 따른 것은 아니지만 라틴아메리카권, 아프리카권, 일본권으로도 나뉜다.

1994년 4월 18일, 헌팅턴은 사라예보에서 2000여 명의 군중이 집회를 가졌다는 사실을 지적하면서, 이들 보스니아-헤르체고비나의 수도 사라예보 시민들이 사우디아라비아와 터키의 국기를 흔들면서 자신들이 이슬람 세력과 연대하고 있고 누구를 진정한 친구로 생각하는지를 밝혔다고 지적한다. 또 같은 해 10월 16일, 로스앤젤레스에서 7만여 명의 군중이 불법체류자와 그 자녀들의 복지 혜택을 박탈하는 법안에 대한 투표에 항의하여 멕시코 국기를 들고 행진을 벌인 사건을 예로 든다.

이렇게 국기와 같은 상징물들은 문화적 정체성을 드러내는 것으로서, 이제 문화적 정체성이 그 무엇보다 중요하게 받아들여지고 있다는 게 헌팅턴의 분석이다. 문화 또는 문화적 정체성은 탈냉전 세계에서 전개되는 결집, 분열, 갈등의 양상을 규정하는 것이 되었다는 얘기다. 게다가 비서구 문명들이 전반적으로 자신들의 고유한 문화적 가치를 적극 내세우고 있으며, 자신들의 정체성을 찾고 민족성을 재확립하려는 민족은 반드시 적수가 필요하다는 것이다. 결국 이러한 정체성을 세우려는 문명에 기반을 둔 세계 질서가 태동하고 있고, 세계 주요 문명들 사이의 단층선에서 가장 위험한 적대감이 불거진다는 것이다.

1980년대 말 냉전 체제가 붕괴한 뒤 탈냉전의 세계로 접어든 시점에서 사람과 사람을 가르는 가장 중요한 기준은 이념이나 정치, 경제가 아니라 문화 혹은 문명이라는 것이 헌팅턴의 핵심 주장이다. 그는 이러한 의미에서 "세계의 정치는 문명의 정치학이다. 강대국의 경쟁은 문명의 충돌로 바뀐다"고 예견한다. 이때 문명권을 구분하는 가장 일차적인 기준은 바로 종교이다. 그는 이러한 문명이 광범위한 의미에서 문화적 실체라고 주장한다. 그에 따르면 문명이란, "우리가 저 밖에 있는 '그들'과는 구별되게, 그 안에 있으면 문화적으로 친숙감을 느끼는 가장 큰 '우리'다."

이제 문명은 자연과 관계 맺는 인간 삶의 방식이라는 의미도 아니고, 인간다움을 실현하는 영역과의 관계에서도 벗어나 사람들이 서로를 친숙하게 여기거나 적대하는 '우리'로서의 정체성이란 의미를 획득하게 된 것이다. 세계에는 8~9개의 문명권이 있으며, 여기에서는 주로 기독교권, 이슬람권, 유교권과 같이 무엇보다 종교에 의해 문명의 성격이 규정된다. 이들 문명권은 서로 각축하고 경쟁하며 새로운 세계 질서를 만들어가는 주된 원인이 된다. 물론 헌팅턴의 《문명의 충돌》은 최근 일어난 국제정치적 사건들을 잘 설명해주는 측면이 있다. 그러나 과연 그게 다일까?

문명, 정체성과 폭력

하버드 옌칭연구소 소장을 지낸 뚜웨이밍杜維明은 《문명들의 대화對話與創新》에서 문명들 사이의 대화가 중요함을 역설한다. 특히 그는 '근대화' 혹은 '서구화'를 추종하며 동아시아 사회가 축적해온 문명 간 상호 이해의 과정을 중요시한다. 그리고 이러한 문명 간의 대화를 통해 서로를 이해하기 위해서는 전통 유교적 가치인 '서恕'의 덕목이 중요하다고 강조한다. 이에 대해서는 세계적인 신학자이자 윤리학자인 한스 큉Hans Kueng 같은 학자들도 마찬가지다. 어느 세계, 어느 문명에서든 유사한 방식의 금언으로 존재하는 '서의 윤리'는 문명 간 대화의 중요한 덕목이자 태도라는 것이다.

뚜웨이밍은 '서의 가치'가 외교적으로 잘 실현된 경우로 싱가포르의 사례를 소개한다. 싱가포르는 동남아시아에 위치한 화교 국가로, 중국어가 아닌 영어를 공용어로 채택함으로써 언어에 따른 종족 갈등을 예방했고, 자국의 우수한 대학과 병원을 주변 국가들에게 개방함으로써 그들과 호의적인 외교관계를 수립했다. 게다가 강대국으로 부상하는 중국과의 관계에서도 혈통상 가까운 점을 이용하지 않고 주변국들과 보조를 맞추어 함께 수교를 맺음으로써 주변국들과 마찰을 빚지 않았다. 이것은 바로 '서의 윤리'가 국제관계에까지 적용된 것이라고 한다.

"자신이 원하지 않는 일을 남에게 하지 말라"는 원리에 입각한 '서의 윤리'야말로 개인 간의 윤리는 물론이고 국가 간의 관계에서도 평화적이고 조화로운 관계를 수립하는 데에 적극적인 의미를 갖는 관계 방식이라는 것이 뚜웨이밍의 설명이다. 그는 이를 확장하여 전 세계가 모두 이러한 유교적 가치와 윤리를 실천함으로써 문명들 간에 빚어질 수 있는 갈등과 오해를 제거할 수 있다고 생각한다. 인간이라면 누구든 자기가 원하지 않는 것을 타인에게 행하지 않는 것처럼, 국제관계에서도 자국이 원하지 않는 일을 타국에게 행하지 않는다는 단순한 '서의 원리'는 세계화 시대에 중요한 의미와 가치를 갖는다는 것이다.

그러나 노벨 경제학상을 수상한 학자 아마르티아 센Amartya Sen은 이러한 입장에 반대한다. 새뮤얼 헌팅턴의 '문명충돌론'에 대해 센은 이렇게 비판한다. "현대 사회에서 일어나고 있는 잠재적 갈등은 사람들을 종교나 문화에 따라 독보적으로 범주화할 수 있다는 추정에서 비롯된다." 우리 모두에게는 여러 가지 이름이 있는데, 도대체 각각의 우리를 하나로 묶어주는 정체성이란 대체 무엇인가 하고 그는 묻는다. 우리 각자는 누구의 아버지이거나 어머니이고, 기독교도이거나 불교도이면서, 남자이거나 여자이고, 노동자이거나 회사원이며, 재즈를 좋아하거나 힙합을 좋아하는 다양한 정체성을 갖고 있다고 한다.

그런데 종교를 기준으로 하여 세계의 모든 사람들을 어떠한 문명이나 문화의 집합체로 간주한다면 젠더사회적 성, 직업, 언어, 과학, 도덕 등등 인간이 가지고 있는 다양한 정체성과 그 가치는 무시된다. 아마르티아 센은 자신이 겪었던 1940년대의 참혹한 기억을 떠올리며, 1월까지 관대했던 사람들이 7월이 되자 갑자기 무자비한 힌두교도와 흉포한 무슬림으로 변하여 참혹한 폭동이 일어나 수십만이 죽어갔다고 회고한다. 어수룩한 사람들에게 단일하고 호전적인 정체성을 부여할 때 초래되는 것은 폭력이며, 실제로 최근에 세계에서 일어나는 갈등과 폭력은 이러한 단일한 정체성으로부터 온다고 센은 힘주어 경고한다.

물론 센도 공동체에 대한 소속감이 중요하다는 것은 인정한다. 공동체 안에서 개인은 서로 얼굴을 마주하고 살아가면서 연대하고 공동으로 문제에 대처하는 등 긍정적인 기능을 한다는 점을 지적한다. 그러나 훌륭한 공동체가 그 지역에 들어온 이주자들의 창문에 돌을 던지는 배타적 공동체일 수도 있다는 점을 놓치지 않는다. 잘 통합된 공동체는 내부의 성원들에게는 긍정적일 수 있지만, 외부인이나 새로운 사람에 대해서는 적대적일 수 있다는 것이다. 르완다에서 일어난 대량학살, 세르비아에서 일어난 참혹한 집단강간과 살육 등은 바로 선동된 단일한 정체성이 조장한 폭력이라는 것이다.

1994년 르완다 사태 때 정부와 방송이 선전했던 "바퀴벌레를 모두 쓸어버리자"라는 구호가 말해주듯, 후투족은 고상한 인간이지만 투치족은 바퀴벌레이고 사라져야 할 존재라는 뒤틀린 선동은 스스로를 후투족이라는 단일 정체성 속에 가둬둔 결과이다. 마찬가지로 문명충돌론을 주장하는 헌팅턴의 주장이나 문명 간의 대화를 말하면서도 각각의 개인들을 특정 종교나 지역으로 분할하여 부여하는 정체성은 오늘날 일어나는 갈등과 폭력의 원인이 되고 있다.

아마르티아 센에 따르면, 인간 개개인은 여성이고 회사원이면서 수영과 독서를 즐기고 일요일에는 교회에 나가는 누군가일 수도 있고, 아니면 남성이고 실업자이면서 자식이 둘인 누군가일 수도 있는 것처럼 다원적인 정체성을 가진다. 물론 상황에 따라 특정 정체성이 주도할 수 있으나 우리는 이러한 정체성들을 선택할 수 있으며, 실제로 매순간 다양한 정체성을 선택하며 살아간다. 검사가 뇌물을 받는 순간 그는 공인으로서의 정체성을 버린 것이며, 버스에서 남의 지갑을 훔치는 소매치기를 잡는 것은 건전한 시민으로서의 정체성을 선택하는 것이다.

문명, 인간다움과 좋은 사회

동아시아에서 '문명文明'이란 본래 아주 독특한 의미와 맥락을 갖는 것이었다. 흔히 알려진 것과 달리 고대 유교에서 말하는 문명은 자연과 대립되는 것이 아니라, 오히려 인간의 타고난 본성을 실현하는 좋은 상태를 서술하는 말이었다. '문文'이란 한자가 본래 옥의 결을 의미하는 것처럼, 인간에게는 인간을 인간답게 하는 타고난 결로서 본성이 있다고 믿었다. 유가는 이러한 본성이 밝게 실현된 것을 "문채가 밝게 빛난다"고 표현했고, 성선설을 주장했던 맹자는 인간의 선한 본성이 실현된 아름다운 사회가 문명이라고 했다.

따라서 문명은 자연과 대립되는 것이 아니라 짐승이나 야만과 구별되는 인간다운 품격을 지닌 삶과 사회의 모습을 말하는 것이었다. 이러한 문명이 근대 서구 문명의 단계에 들어서면서 자연세계를 물질로 간주하고 파괴를 자행하면서 마침내 자연과 대립되는 것으로 간주하기 시작했다. 그래서 한동안 문명은 인위 혹은 작위의 산물로서 인간의 고유한 창조물이라는 비판의 초점이 되기도 했다. 그러나 문명이 반드시 그렇게 부정적 의미만을 갖는 것은 아니었다. 문명은 문화와 구분되면서도 거의 유사한 의미로 사용되기도 했던 것이다.

최근에는 종교와 언어 같은 것들이 문명을 구분하는 잣대로 이용되면서 문명이 인간의 정체성을 규정하는 것으로 쓰이기 시작했다. 문명의 충돌을 이야기하는 새뮤얼 헌팅턴이나 문명 간의 대화를 이야기하는 뚜웨이밍이 그 대표적인 예이다. 그런데 이러한 문명의 의미는 한 사회가 지닌 다양한 성격을 하나의 정체성으로 환원하고 각 개인을 상자 속에 가두는 폭력적인 방식이라고 아마르티아 센은 경고한다. 모든 사람을 한국인이라고 규정하는 순간 부자와 가난한 자, 여성과 노약자, 소수자와 같은 이들이 받는 부당한 차별과 억압이 은폐된다는 것이다.

이제 우리는 비인간적이고 반인간적인 제도와 행위, 행태에 대해 야만이라 경계했던 고대인들의 지혜를 다시 떠올려야 한다. 문명은 참다운 인간의 본성을 실현하는 그 무엇이고, 폭력과 전쟁, 기아와 질병을 인간의 삶에서 몰아내는 것, 즉 반인간적이고 반본성적인 것으로부터 벗어나 인간다운 삶을 꾸려가는 행위와 산물을 다시 문명이라고 부르는 것이 바람직하지 않을까.

새뮤얼 헌팅턴과 아마르티아 센

새뮤얼 P. 헌팅턴 Samuel P. Huntington (1927~2008)

세계적인 정치학자로서 하버드 대학 교수와 존 올린 전략문제연구소 소장을 지냈다. 군사정치학과 비교정치학 분야에서 왕성하게 활동한 헌팅턴은 1993년 《포린 어페어스Foreign Affairs》에 〈문명의 충돌〉이란 논문을 기고하면서 세계적인 화제를 불러일으켰다. 1996년에 같은 제목으로 출간된 《문명의 충돌》은 냉전 이후의 상황에 대해 하나의 대안적 시각을 제안한다. 이 책에서 그는 인류의 가치 체계가 하나로 통일될 수 있다는 입장이나 냉전과 다른 형태의 대립으로 바뀔 것이라는 입장과 달리 문명, 특히 종교를 단위로 하는 다양한 가치 체계를 기반으로 복잡한 상호관계를 보이며 전개될 것이라는 전망을 제시하고 있다. 《문명의 충돌》은 찬사와 더불어 다양한 비판을 받는 책이지만, 오늘날 하나의 고전으로서 무시할 수 없는 영향력을 행사하고 있다.

새뮤얼 헌팅턴, 이희재 옮김,《문명의 충돌》,
김영사, 1997.

강대국 간의 경쟁은 문명의 충돌을 부른다

1980년대 말 공산 세계가 무너지면서 냉전 체제는 역사의 뒤안으로 사라졌
다. 탈냉전 세계에서 사람과 사람을 가르는 가장 중요한 기준은 이념이나
정치, 경제가 아니다. 바로 문화다. 민족과 국민은 우리가 누구인가 하는,
인간이 직면할 수 있는 가장 근본적인 물음에 답하기 위해 부심하고 있다.
그리고 인류가 지금까지 그런 질문 앞에서 내놓았던 전통적인 방식으로 답
변을 제시하고 있다. 그것은 자기들에게 가장 의미 있는 대상에 관심을 기
울이는 것이었다. 사람들은 조상, 종교, 언어, 역사, 가치관, 관습, 제도를 가
지고 스스로를 규정한다. 그들은 부족, 민족 집단, 신앙 공동체, 국민, 가장
포괄적인 차원에서는 문명이라고 하는 문화적 집단에 자신을 귀속시킨다.
사람들은 자신의 이익을 추구하는 데만이 아니라 자신의 정체성을 확인하
는 데도 정치를 이용한다. 우리는 자신이 무엇이 아닌지를 알 때만, 아니 자
신의 적수가 누구인지를 알 때만 내가 누구인지를 알게 된다.

국민국가는 세계 정치에서 중추적 역할을 맡고 있다. 국민국가의 활동
은 예나 지금이나 권력과 부의 추구로 규정하지만, 한편으로는 문화적 선
호, 동질성, 이질성 따위로 규정하기도 한다. 가장 중요한 국가군은 더 이
상 냉전 시대의 세 블록이 아니라 세계의 일곱 내지 여덟 개에 이르는 주
요 문명이다. 비서구 사회, 특히 동아시아는 경제력을 키우면서 군사력과
정치적 영향력을 확대할 수 있는 토대를 쌓아가고 있다. 힘과 자신감이 축
적되면서 비서구 사회들은 점차 자신의 문화적 가치를 주장하고 서구에
의해 '강요된' 가치를 거부하고 있다. (…) 이 새로운 세계에서 지역 정치는
민족성의 정치학이며 세계 정치는 문명의 정치학이다. 강대국의 경쟁은 문

명의 충돌로 바뀐다.

　세계 정치는 문화와 문명의 패선을 따라 재편되고 있다. 여기서 가장 전파력이 크며 가장 중요하고 위험한 갈등은 사회적 계급, 빈부, 경제적으로 정의되는 집단 사이에 나타나지 않고 상이한 문화적 배경에 속하는 사람들 사이에서 나타날 것이다. 종족 전쟁이나 민족 분쟁은 한 문명 안에서도 여전히 발생할 것이다. 그러나 상이한 문명에 속하는 국가나 집단 사이의 폭력은 이들 문명에 소속된 여타 국가나 집단이 자기네 '친족국kincountry'을 돕기 위해 결집하면서 확전으로 치달을 수 있는 잠재력을 늘 지니고 있다. (…) 보스니아, 코카서스, 중앙아시아, 카슈미르에서 벌어지는 문명 간의 유혈 충돌은 더 큰 전쟁으로 전개될 수 있다. 유고슬라비아 내전에서 러시아는 세르비아를 외교적으로 지원하고 사우디아라비아, 터키, 이란, 리비아는 보스니아를 경제적·군사적으로 지원했다. 그것은 이념이나 정치적 역학관계, 경제적 이득이 아니라 어디까지나 문화적 동질성에서 우러나온 조치였다. 가장 위험한 문화적 분쟁은 문명과 문명이 만나는 단층선에서 발생한다.

　문명마다 철학적 전제, 밑바탕에 깔린 가치관, 사회관계, 삶을 바라보는 총체적 전망은 크게 다르다. 세계 전역에서 불고 있는 종교의 부흥 바람은 이런 문화적 차이를 더욱 조장하고 있다. 문화는 달라질 수 있고 문화가 정치와 경제에 미치는 영향의 성격도 시대마다 다를 수 있다. 그러나 문명들 사이에서 나타나는 정치·경제적 발전의 중요한 차이는 상이한 문화에 명백히 뿌리를 두고 있다. 동아시아의 경제적 성공은 동아시아 문화에서 원인을 찾을 수 있으며, 동아시아 사회가 안정된 민주 정치 체제를 이룩하는 데서 직면하는 어려움 역시 그 문화에 뿌리를 두고 있다. 이슬람 세계의 대부분 지역에서 볼 수 있는 민주주의의 좌절 현상은 대체로 이슬람 문화의 울타리 안에서 그 원인을 설명할 수 있다. 동유럽과 옛 소련처럼 과거 공산주의 체제를 겪었던 사회의 발전은 그들이 가지고 있는 문명적 정체성의 맥락에서 이해될 수 있다. 서구 크리스트교의 전통 아래 있는 나라들은 경제 발전과 민주 체제의 확립을 향해 나아가고 있는 반면, 그리스정교권에 속한 나라들의 정치·경제적 발전은 불투명하다. 이슬람권 국가들의 정치·경제적 장래도 어둡다.

　서구는 지금도 그렇지만 앞으로도 당분간은 가장 강력한 문명의 위치를 고수할 것이다. 그러나 다른 문명들과 비교했을 때 서구 문명의 상대적 힘은 줄어들고 있다. 서구가 자신의 가치관을 주장하고 자신의 이익을 수호하기 위해 나설 때 비서구 사회들은 선택의 기로에 놓인다. 어떤 나라들은 서구를 모방하여 서구에 합류하거나 편승하려고 한다. 유교와 이슬람 국가들은 경제력과 군사력을 확대하여 서구에 맞서고 서구를 견제하려고 한다. 탈냉전 세계 정치의 중심축은 따라서 힘과 문화의 차원에서 전개되는 서구 문명과 비서구 문명의 상호작용이라는 양상으로 나타날 것이다.

해설

냉전 시대는 미국과 소련을 중심으로 하는 이데올로기의 대립 시대였다. 그런데 베를린 장벽의 붕괴와 더불어 냉전 체제가 허물어진 뒤 이를 대체할 새로운 세계 질서의 방향에 대해 새뮤얼 헌팅턴은 '문명의 충돌'이라는 화두를 제안한다. 르완다와 같은 지역의 내전은 더 이상 외부로 파급되지 않지만, 유고슬라비아 내전에서 러시아는 세르비아를, 이슬람권 국가들은 보스니아를 지원했던 것과 같이 문명, 특히 종교를 단위로 하는 새로운 정체성이 국가의 벽을 넘어서 새로운 국제 질서를 만들어내고 있다고 보는 것이다.

헌팅턴은 또 각 문명은 나름의 세계관과 가치관을 가지고 있으며, 그것은 민주화 및 경제 성장과도 밀접한 관계를 맺고 있다고 주장한다. 동아시아 사회처럼 경제 성장에는 성공했으나 민주화에 어려움을 겪는 것도 문명을 통해 설명할 수 있다고 한다. 더 나아가 앞으로 서구 사회가 자신들의 가치를 강요할 때 유교권과 이슬람권은 이에 대항할 것이며, 이것이 앞으로 세계 질서를 재편하는 중요한 요인이 될 것이라고 내다본다.

아마르티아 센 Amartya Sen (1933~)

1998년 아시아인으로서는 최초로 노벨 경제학상을 수상한 경제학자이자 철학자. 인도 벵골의 천민 카스트 출신이지만 캘커타 대학을 졸업하고 영국 케임브리지 대학에 유학했다. 빈곤의 근본적인 메커니즘과 기아, 불평등 문제, 소득 분배와 경제윤리, 후생경제학 등을 연구하여 유명세를 얻었다. 케임브리지 트리니티 칼리지의 학장을 지냈고, 현재 하버드 대학 교수로 재직 중이다.

철학자로서도 왕성하게 활동하는 센은 《정체성과 폭력Identity and Violence》 (2007)에서 종교나 민족, 문화나 문명 같은 특정 정체성으로 인간을 규정하고 타인을 보게 될 때, 인간 존재는 끔찍하게 축소된다고 주장한다. 특히 오늘날 빚어지는 다양한 폭력과 갈등은 '단일한 정체성'이라는 환영에서 비롯된다고 역설한다. 그는 《정체성과 폭력》에서 '다원적 정체성'과 '이성적 추론'에 대한 신뢰를 바탕으로 종교적 근본주의, 테러리즘, 정치적 다문화주의, 역사적 탈식민주의 등의 다양한 논의들을 검토, 평가하고 있다.

아마르티아 센, 이상환·김지현 옮김,
《정체성과 폭력》, 바이북스, 2006.

'우리'의 정체성은 이것과 저것 사이에 있다

"문명의 감금"

실로 문명의 충돌이라는 논제는 이른바 문명권이라는 것에 의거해 분류한 단일 '범주'의 지배적 힘에 개념적으로 의존하고 있다. 그런데 이 범주는 공교롭게도 별도의 관심이 가는 구분인 종교적 구분을 충실히 따르는 것처럼 보인다. 헌팅턴은 서구 문명을 '이슬람 문명', '힌두 문명', '불교 문명' 등과 대조하고 있다. 종교적 차이에 의한 대립이 있다는 주장은 하나의 지배적이고 확고한 편 가르기라는 날카롭게 가공된 시각으로 통합되는 것이다.

물론 세계의 사람들을 분류할 수 있는 다른 분할 체계는 많이 있다. 국적, 지역, 계급, 직업, 사회적 지위, 언어, 정치 등 그 각각은 우리 삶에 어떤 관련성을, 보통은 광범위한 관련성을 갖고 있다. 종교적 범주가 최근 많은 조명을 받고 있기는 해도 다른 구별들을 없애지는 못할 것이며, 또한 전 세계 사람들을 분류하는 유일한 체계로 간주될 수 없을 것이다. 세계 인구를 '이슬람권', '서구권', '힌두권', '불교권' 등에 소속된 것으로 분할할 때, 이러한 분류적 우선순위가 발휘하는 분열의 힘은 사람들을 엄격히 분리된 단 하나의 상자 속으로 밀어 넣는 데 암암리에 사용될 것이다.

이 같은 분할법은 사람들 사이의 차이를 파악하는 근본적인 분류 방식으로 주장되어 다른 분할 방식, 가령 가난한 사람과 부유한 사람의 구별,

다른 계층 및 직업 사이의 구별, 정치적 신념이 상이한 사람들 사이의 구별, 국적이 다른 이들의 구별, 사는 지역이 다른 이들의 구별, 언어 집단 간의 구별 등을 모두 가려버린다. 문명충돌론이 안고 있는 난점은 불가피한 충돌에 대한 논쟁이 벌어지기도 전에 시작된다. 그러한 단일의 분류 방식이 독보적으로 적절하다는 가정을 미리 하는 것이다.

(…) 이러한 환원주의적 견해는 유감스럽게도 다음과 같은 다소 불확실한 역사관과 전형적으로 결합되어 있다. 우선, 문명의 범주 내에 있는 '내적' 다양성의 정도를 간과하고 있으며, 다음으로 이른바 문명이라고 하는 지리적 경계를 가로지르는, 물질적이면서도 지적이기도 한 '상호작용'의 범위와 영향마저 간과하고 있다. 그리고 우리를 당혹스럽게 하는 그러한 역사관에는 서구 우월주의자들에서 이슬람 근본주의자들에 이르기까지 문명충돌론을 지지하고자 하는 다양한 사람들뿐 아니라, 그것을 '논박'하고자 하지만 참조할 용어들이 미리 지정되어버려 용어들의 구속복에 갇힌채 대응하려고 애쓰는 사람들까지도 곤경에 빠뜨릴 만한 힘이 있다.

이성의 우선순위

오래전인 1590년대 이성과 신앙에 관해 주목했던 인도 황제 악바르Akbar는 핵심 쟁점을 아주 명료하게 제기했다. 무굴 제국의 황제 악바르는 무슬림으로 태어나 무슬림으로 죽었지만, 신앙이 이성에 대해 우선순위를 가질수 없다고 주장했다. 어느 누구든 물려받은 신앙을 정당화하거나 거부하는 일이 필요할 때는 이성을 통해서만 가능하기 때문이다. 직관적 신앙을 옹호하는 전통주의자들에게 공격을 받자, 악바르는 자신의 친구이자 신임하는 부관인 아불 파즐Abul Fazl에게 다음과 같이 말했다.

"이성을 추구하고 전통주의를 거부하는 것은 논증할 필요가 없을 정도로 아주 명백하다. 만약 전통주의가 타당하다면 그 예언자들은 단지 그 조상들을 따르기만 하면 되었을 것이다. 그리고 새로운 메시지를 가져오지 않아도 되었을 것이다." 이성이 최고가 되어야 했다. 왜냐하면 이성을 논박할 때조차 우리는 이성을 사용해 근거를 대야 하기 때문이다.

다문화적인 인도의 다양한 종교에 진지하게 관심을 가져야 한다고 확신한 악바르는 16세기의 주류인 힌두교도와 이슬람교도뿐만 아니라 기독교도, 유대인, 파르시인, 자이나교도, 심지어 기원전 6세기 무렵부터 2000년 넘게 인도에 왕성하게 번창했던 무신론적 사유를 하는 학파인 차르바카 추종자들과 끊임없는 대화를 시도했다.

악바르는 어느 한 신앙에 대해 타협의 여지가 없는 "전부 아니면 무"의 관점을 취하기보다, 다방면을 가진 각 종교 특유의 요소들에 관해 논리적으로 파고들기를 좋아했다. 예를 들어 악바르는 자이나교도들과 논쟁하면서, 그들의 종교 의식에 대해서는 여전히 회의적이었으나 채식 주장에는 수긍하게 되었으며, 마침내 육식을 개탄하기에 이르렀다. 이 모든 것이 종교적 신념을 이성적 추론이 아닌 신앙에 바탕을 두려는 사람들을 격분케 했음에도 악바르는 자신이 "이성의 길"이라 불렀던 것을 고수했으며, 열린 대화와 자유로운 선택의 필요성을 역설했다. 악바르는 또한 자신이 가진 이슬람교의 종교적 신념은 "맹목적 신앙"도, "전통의 늪지대"도 아닌 이성적 추론과 선택에서 비롯되었다고 주장했다.

아마르티아 센은 새뮤얼 헌팅턴이 문명, 특히 종교를 단위로 문명권을 구분하는 것은 각 문명권 내부의 다양성과 문명 간의 상호작용이라는 부분을 무시한 잘못된 환원주의라고 비판한다. 더구나 이러한 관점은 각 개인을 규정하는 국적, 계급, 언어 등의 다양한 정체성을 부정하고, 다른 모든 차이를 사장시켜 버린다고 비판한다. 특히 이러한 문명론의 틀은 이를 비판하는 사람들조차 논의의 틀을 한정하는 곤경에 빠뜨린다고 말한다.

센은 인간에 대해 '다양한 정체성'을 가지고 있고, 그러한 정체성들은 순간순간 개인에 의해 선택되는 것이라고 강조한다. 특히 그는 이러한 선택의 과정에서 어떠한 신앙도 이성적 추론보다 우선할 수 없다는 입장을 무굴 제국의 악바르 황제를 예로 들어 설명한다. 자신과 종교가 다르다고 해서 타종교 신자를 억압할 근거는 없으며, 또 타종교의 신념이라 해도 충분한 대화와 이성적 추론을 통해 상호 소통할 수 있다는 점을 강조하고 있다. 센은 이성적 추론만이 단일한 정체성이 조장하는 폭력성과 증오를 멈추게 할 수 있다는 확고한 입장을 밝히고 있다.

아시아의 싱가포르, 인도의 간디

다양성 속의 동질성, 싱가포르 사회

1989년 1월, 싱가포르 대통령은 국회 개원 연설에서 270만 싱가포르 국민에게 싱가포르인의 본질을 고양시킬 필요가 있다는 연설을 했다. 그는 "지난날 우리를 유지시킨 아시아의 전통적 책임감, 도덕에 대한 관점, 사회의식이 서구 사회에서 비롯된 개인주의적이고 자기중심적인 인생관으로 인해 밀려나고 있다"고 지적했다. 그리고 싱가포르를 구성하는 다양한 인종집단과 종교집단이 공통으로 지니고 있는 핵심 가치를 찾아내어 싱가포르인의 본질로서 고양시킬 필요가 있다고 역설했다.

싱가포르 국민은 본래 76%가 중국계 화교, 15%가 말레이계와 이슬람교도이며, 6%가 인도계 힌두교도와 시아파 이슬람교도이다. 싱가포르 정부는 전통적인 유교 가치를 강조하면서도 모든 국민들에게 교육과 영어의 중요성을 강조해왔다. 다수를 차지하는 화교가 있음에도 중국어가 아닌 영어를 공용어로 함으로써 언어에 의한 분쟁과 갈등을 예방했고, 교육과 의료 등 공공서비스를 개방함으로써 성공한 융화정책의 한 사례로 여겨져왔다. 그러한 싱가포르가 다시금 서구적 생활양식과 가치관을 염두에 두면서 네 가지 핵심 가치를 제시한 것이다.

싱가포르 대통령이 제시한 덕목은 "사회를 개인보다 우위에 둘 것, 가족을 사회의 근간 요소로서 뒷받침할 것, 중요한 문제는 논쟁보다 합의로 해결할 것, 종교적 관용과 화합에 역점을 둘 것"이었다. 그로부터 2년 뒤 싱가포르 정부가 공표한 백서는 '개인에 대한 배려와 공동체의 지원'이라는 가치가 덧붙여져 개인의 특성을 존중한다는 점이 강조되었다.

하지만 이 속에서도 정부는 싱가포르가 아시아 사회이며, 아시아 사회로 남아 있어야 한다는 점을 강조했다. 싱가포르 정부는 싱가포르인이 미국인이나 영국인이 아니며, 만약 그들과 구별할 수 없는 상황이 되거나 그들을 모방하는 경우에는 싱가포르의 국제적 지위를 상실할 것이라고 경고한다. 이는 분명 다양한 인종과 문화로 구성된 싱가포르가 서구와 다른 싱가포르의 문화적 정체성을 정의하려는 노력이었다고 헌팅턴은 평가한다.

특히 헌팅턴은 이러한 싱가포르 정부의 선언이 공동체보다 개인과 자유 그리고 정치적 경쟁과 참여, 법치주의에 무게를 두는 미국과 다르다고 해서 싱가포르의 가치관을 가치 없다고 무시할 사람은 드물 것이라고 말한다. 그는 세계의 주요 종교는 그간 인류를 분열시켜온 측면도 있지만, 핵심적인 가치관은 공유하고 있다고 믿는다. 그래서 그는 어떤 문명에서 살든 간에 다른 문명을 가진 사람들과 공유하는 가치관, 제도, 관행을 확대하는 방법을 모색하고 그 방안을 꾸준히 실천에 옮겨야 한다고 주장한다.

간디, "나는 다양한 수백만을 대표하지 힌두교도가 아니다"

1984년 인도의 초대 총리 자와할랄 네루Jawaharlal Nehru의 딸이자 제4대 총리를 지낸 인디라 간디Indira Gandhi가 자신의 시크교도 경호원에게 암살된 뒤, 그 '재판 보고서'를 놓고 의회에서 토론이 벌어졌을 때 인도 총리이자 시크교도였던 만모한 싱Manmohan Singh은 의회에 다음과 같이 답변했다. "나는 시크교 공동체뿐만 아니라 인도 전역에 주저 없이 사과하겠습니다. 왜냐하면 1984년에 발생한 사건은 인도의 국민 개념을, 그리고 우리 헌법에 간직되어 있는 정신을 부정한 것이기 때문입니다."

이에 대해 아마르티아 센은 만모한 싱이 인도의 총리이자 1984년 당시 집권당이었던 국민회의 지도자로서, 그리고 어디서나 푸른색 터번을 쓰는 시크교도이자 한 사람의 시민으로서 전 인도 국민에게 사과했을 때, 그가 갖는 다중적 정체성이 잘 드러났다고 평가한다. 만약 그가 지닌 여러 정체

인도 사회가 지닌 다원적 정체성을 자각하고 포용한 간디의 사상과 전통으로 인해 세계의 거의 모든 나라를 합친 것보다 많은 무슬림이 살고 있는 인도지만, 이슬람의 이름으로 활동하는 테러리스트가 거의 배출되지 않았다.

성 가운데 어느 하나만을 고려했다면, 즉 시크교도로서의 정체성을 우선하거나 총리로서의 정체성만을 고려했다면 그의 행동은 또 다른 불행을 낳았을 것이다.

아마르티아 센은 이러한 만모한 싱의 행동이 간디의 사상으로부터 유래했다고 설명한다. 1931년 영국 정부가 '인도 원탁회의'를 소집했을 때 런던의 회의장에 들어선 간디는 자신이 인도 인구의 절반을 차지하는 카스트 힌두교도들의 대변자로 이해되고 있다는 사실에 분개했다. 나머지 절반도 각각의 공동체 대표자들이 대표하는 방식이었던 것이다. 간디는 영국 정부에게 인도인들이 가진 다양한 정체성을 알아달라고 강력하게 탄원했다. 자신은 "인도 인구의 85%가 넘는 무식하고, 노동에 시달리고, 반기아 상태에 있는 수백만의 사람들을 대변하고자 한다"고 주장한 것이다. 또한 간디는 영국 총리에게 "당신은 여성을 위한 특별 대표를 완전히 묵살했다. 여성은 인도 인구의 절반을 차지한다"고 말했다. 이렇게 인도 사회가 지닌 다원적 정체성을 간디는 일찍부터 자각했고, 인도인을 단지 특정 종교공동체의 성원으로 간주하는 것에 대해 "하나의 국가 전체를 생체 해부하는 것"이라고 규탄했다.

이 때문에 오늘날에도 여전히 인구의 80% 이상이 힌두교도인 인도 사회에서 총리는 시크교도이고, 대통령은 무슬림이며, 집권 정당의 지도자는 기독교도인 사회가 가능하다는 것이다. 아마도 죽은 간디Mohandas K. Gandhi가 살아 돌아온다 해도 안심했을 것이라고 아마르티아 센은 강조한다. 이러한 간디의 사상과 전통으로 인해 세계의 거의 모든 나라를 합친 것보다 많은 무슬림이 살고 있는 인도지만 이슬람의 이름으로 활동하는 테러리스트가 거의 배출되지 않았고, 알카에다와도 관련이 없는 현재의 인도 사회가 가능하다는 것이다.

아마르티아 센은 인도의 민주주의 정치의 성격이 이러한 사회를 가능하게 했다고 분석한다. 그리고 거기에 더해 마하트마 간디가 옹호한 이념, 인도 사회에서 폭넓게 수용되고 있는 이념, 즉 종교와 민족성 외에도 다른 수많은 정체성이 있다는 이념이 인도 사회의 다원성을 유지하는 힘이라는 것이다. 우리가 갖는 다양한 정체성이란 단지 우리가 스스로를 이해하는 데에만 관련되는 것이 아니라, 한 국가 또는 한 사회 내부의 다양한 배경을 지닌 시민들 사이의 관계와도 연관되는 것이라고 아마르티아 센은 강조한다.

광화문의 촛불, 문명의 표현인가,
다른 정체성인가?

21세기 들어서면서 한국 사회에 나타난 갖가지 현상 가운데 특이한 것은, 붉은 티셔츠를 입고 시청 광장에서 응원하는 붉은 악마와 촛불을 들고 시위하는 시민들의 모습이었다. 우연히 '세계문명에 관한 포럼'에 참석하기 위해 한국을 찾은 새뮤얼 헌팅턴과 아마르티아 센 그리고 뚜웨이밍이 한자리에서 식사를 하게 되었다. 이런저런 이야기 중에 한국의 촛불시위가 화제에 오르자, 다시 헌팅턴과 센의 열띤 토론이 시작되었다. 뚜웨이밍은 그 자리에서 자연스럽게 사회를 보기로 했다.

촛불시위와 월드컵 그리고 한국 사회

뚜웨이밍　이렇게 우연스럽게도 뜻 깊은 자리가 되어 저도 반갑습니다. 두 선생님의 책은 저도 잘 보았습니다. 그런데 헌팅턴 선생님! 여기 한국 사회는 어떻게 보시나요? 독특하지 않습니까?

헌팅턴　그렇습니다! 한국은 대단히 역동적인 사회라는 생각이 듭니다. 한국 출신의 경제학자 장하준 교수에 따르면, 한국은 지난 40~50년 동안 영국이 겪은 200여 년, 미국이 겪은 150년에 해당하는 변화를 압축적으로 겪었다고 하더군요.

센　　저도 한국의 놀라운 경제 성장과 민주화에 탄복하고 있습니다. 그렇지만 정말 놀라운 것은 2008년의 촛불시위였습니다. '미국산 쇠고기 수입반대'를 내걸고서 수없이 다양한 사람들이 평화적으로 시위하는 모습에 상당한 감명을 받았습니다.

헌팅턴　　저는 2002년 월드컵 때가 더 흥미로웠습니다. 정확한 이야기인지는 모르겠지만, 당시 한국과 일본이 공동개최한 월드컵인데도 관광객이 거의 일본으로만 쏠렸는데, 나중에 붉은 티셔츠를 입은 거리 응원이 알려지면서 관광객들이 그 모습을 구경하러 한국으로 많이들 왔다고 하더군요!

뚜웨이밍　　하하하! 저도 그런 얘기를 들은 적이 있습니다. 그런데 헌팅턴 교수님, 한국이 이렇게 급속하게 성장한 데에는 역시 유교의 역할이 크지 않았을까요?

헌팅턴　　그렇습니다. 제가 보기에 한국은 크게 보면 중화문명권에 속합니다. 저는 이것을 유교문명이라 부릅니다. 독자적인 문명으로 간주할 수 있는 일본과는 다릅니다.

뚜웨이밍　　정말 그럴까요? 많은 학자들은 그렇게 생각하지 않을 듯한데요.

헌팅턴　　그렇습니다. 하지만 일본은 7세기부터 대륙의 문물을 받아들였으나 이를 창조적으로 수용했고, 그 결과 일본다운 색깔은 바뀌지 않았습니다.

뚜웨이밍　　과연 그럴까요? 중국과 한국, 일본은 지리적으로도 아주 가까우며 역사적으로 늘 영향을 주고받았습니다. 한국과 일본에 전해진 유교나 불교는 모두 중국을 거쳐서 들어간 것이고, 크게 보면 유교와 한자라는 공통의 매개를 통해 각자의 특성을 발전시켜왔다고 보아야 하지 않을까요?

개인보다 공동체를 중시하고 근면과 성실을 강조하는 것은 서양 근대 사회에서 기독교가 자본주의 발전에 영향을 끼친 것과 유사합니다. 마찬가지로, 유교적인 배경으로 인해 자본주의가 발전했던 것이 아닐까요?

변화하는 세계, 문명과 정체성

센　　저런, 저런…… 두 분은 어떻게 한 사회의 모든 성원들을 하나로 규정하려고 하나요? 이미 한국에는 100만 명이 넘는 외국인 노동자들이 함께 살아가며 나름 사회적 역할을 하고 있습니다. 한국 사회도 이미 다문화 사회로 접어든 것이지요. 도대체 두 분이 말씀하시는 '한국인'이란 게 무엇인지 궁금하군요!

헌팅턴　　그렇다면 센 선생님은 한국 사회의 강력한 유교 전통을 부인하려는 것입니까?

뚜웨이밍　　맞습니다! 한국은 그 어느 나라보다 유교 전통이 확고하고, 100여 년 전까지 유교를 이념으로 하는 국가 체제를 500여 년간 유지해온 나라입니다. 아직도 한국에는 유교적인 전통과 문화가 상당히 보존되고 있지 않습니까?

센　　저는 그런 것을 부정하는 것이 아닙니다. 그 내부의 다양성을 보라는 것이지요. 요즘 한국 학계에서 유명해진 러시아 출신의 박노자 교수를 보세요. 그는 분명 한국인입니다. 또 트랜스젠더 연예인 하리수 씨를 보세요. 그녀도 한국인입니다. 이렇게 한국에는 다양한 생각, 다양한 직업, 다양한 특성을 가진 사람들이 있습니다. 기독교도가 있는 반면 불교도도 다수이고, 심지어 최근에는 이슬람교도도 늘어나고 있습니다. 이런 다양

120억을 부양할 수 있는 식량 생산 능력을 가진 세계에서 왜 8억 5000만 명이나 굶주리는 가? 그 이유는 식량이 불공평하게 분배되고 있기 때문이다. 한쪽에서는 굶어 죽어가고 다른 한쪽에서는 농산물 가격을 유지하기 위해 엄청난 식량을 폐기처분하고…… 이것이 무슨 '문명' 인가?

한 정체성을 생각해야 미래를 이야기할 수 있는 것 아닐까요?

헌팅턴　아아! 선생님도 제 말을 오해하셨군요. 저는 그런 차원에서 말하고자 한 것이 아닙니다. 저는 냉전 질서가 해체되면서 앞으로 국제관계가 어떻게 변화할지, 그리고 그러한 변화의 힘은 어디에서 비롯될 것인가에 대해 관심이 많습니다. 이제 과거와 달리 다양한 문명, 다양한 세력이 국제 정세를 움직일 것이고, 지난날 미국과 소련이 주도했던 양극 체제와는 성격이 달라질 것이란 말을 하고 싶었던 것입니다.

센　물론 국제 정세를 보면 선생님의 말씀이 일리가 있어 보입니다. 하지만 선생님은 문명이라는 개념을 지극히 종교적인 관점에서 접근하고 있습니다. 사람들을 어떻게 단일한 정체성으로 분류할 수 있다고 보십니까? 그것이야말로 위험한 논리가 아닐까요? 한국을 유교문명이라고 부르는 순간, 기독교도와 불교도는 한국인이 아니라는 말입니까? 그리고 새롭게 늘어나는 이슬람교도는요? 그건 배제의 논리가 아닐까요?

헌팅턴   저는 그런 뜻에서 한 말이 아닙니다. 유고슬라비아 내전을 떠올려 보세요. 왜 러시아는 세르비아를 지원했고, 사우디아라비아와 터키 같은 이슬람 국가들은 보스니아를 지원했을까요? 그건 아마도 과거의 냉전 이념에서 벗어나 같은 문명, 같은 종교를 가진 나라들끼리 우호관계가 형성되는 것을 보여주는 것 아닐까요? 이제 공산주의냐 자본주의냐 하는 냉전 구도로는 이런 현상을 설명할 수 없으니 문명 단위로 보아야 한다는 거죠.

뚜웨이밍   저도 한마디 하지 않을 수가 없군요. 유교문명이라고들 하는데, 이때 유교는 분명 종교적 성격을 갖지만 그것은 생활종교이고 생활윤리에 가깝습니다. 부모를 잘 모시고, 공동체를 소중히 여기는 사람들은 모두 유교인이라고 말할 수 있습니다. 특히 공자가 말한 '충서忠恕'의 원리는 보편적인 윤리적 가치로 생각할 수 있습니다. 자기가 원하지 않는 것을 다른 사람, 다른 사회, 다른 국가에게 행하지 않는다. 이 얼마나 간단하면서도 의미 있는 가르침인가요? 이런 것이라면 괜찮지 않을까요?

문명이 가린 얼굴들

셴   저도 그런 것을 부정하지 않습니다. 하지만 저는 그런 커다란 규정이 무의미하고, 심지어는 폭력을 부른다고 봅니다. 2008년 촛불시위에 모였던 한국인들을 보세요. 누가 유교도이고, 한국인이란 도대체 무엇입니까? 그들은 단지 자신의 삶에서 받아들일 수 없는 것을 거부했던 것뿐입니다. 그 중에는 기독교도도 있고, 불교도도 있고, 이슬람교도도 있습니다.

1994년 르완다 대량학살 사태의 배경은 단지 종족 간의 증오만이 아닙니다. 당시 살아남은 한 투치족 교사는 이렇게 말했다고 합니다. "아이들에게 신발을 신겨 학교에 보낼 형편이 되지 않는 사람들이 신발을 사줄 여유가 있는 사람들을 죽였다." 거기에는 빈곤과 기아에 시달리던 사람들의 분노와 한이 서려 있었던 겁니다. 그러한 분노를 정치 엘리트들이 선동하고 조작하여 폭력으로 얼룩지게 한 것이지요.

헌팅턴 저도 르완다 사태에 대해서는 아주 슬프게 생각합니다. 그러나 이것은 국제 정세를 보는 것과는 다소 다른 듯합니다. 르완다 사태는 피난민으로 인해 인접 국가로까지 파급되었지만, 그 이상 세계 정세를 바꿀 정도로 커다란 영향을 미치지는 않았습니다. 제가 말하고자 하는 것은 그런 차원과는 조금 다릅니다. 과거에는 자본주의 국가와 공산주의 국가의 대립이 세계관계를 변화시켰지만, 지금은 그렇지 않고 다극화, 다문명화되었다는 것을 말하고자 한 것입니다.

이슬람 테러 조직 알카에다를 보세요. 또 이라크 전쟁에 대한 이슬람권의 태도를 보세요. 그리고 유럽연합의 등장과 같은 눈앞의 현실은 아주 중요합니다. 과거 동구권 국가들까지 가세하고 있습니다. 이젠 이념의 대립이 아니라 문명 간의 대립이라는 것이죠. 특히 중국과 미국이 보이고 있는 긴장, 미국과 이슬람권의 대립은 다른 어떤 것보다 문명의 '충돌'로 볼 수 있다고 생각합니다.

센 역시 군사정치를 전공하신 분답군요. 저는 경제학에서 출발했으니 경제학적인 이야기를 하나 하도록 하지요. 장 지글러Jean Ziegler라는 사람이 《왜 세계의 절반은 굶주리는가La Faim Dans le Monde Expliquee a Mon Fils》라는 책에서 자기 아이에게 말합니다. 120억을 부양할 수 있는 식량 생산 능력을 가진 세계에서 왜 8억 5000만이나 되는 많은 사람들이 굶주리는가? 그 이유에 대해 그는 이렇게 말합니다. "식량 자체는 풍부한데도 가난한 사람들에게는 그것을 확보할 경제적 수단이 없어. 그런 식으로 식량이 불공평하게 분배되는 바람에 안타깝게도 매년 수백만의 인구가 굶어죽고 있는 거야." 도대체 이것이 무슨 문명입니까? 한쪽에서는 수많은 인구가 굶어 죽어가고 있는데, 한쪽에서는 농산물 가격을 유지하기 위해 엄청난 식량을 폐기처분하고…… 그것은 야만입니다. 문명은 전쟁을 설명하는 논리가 아닙니다. 그것은 인간을 인간답게 하는 그 무엇이고, 인류 전체의 고귀한 자산입니다.

헌팅턴　험, 험…… 조금 다른 이야기로 바꿔보도록 하지요. 기왕 한국에 왔으니, 붉은 악마와 촛불시위에 참여한 사람들은 누구로 보이나요?

뚜웨이밍　저도 그게 궁금합니다. 촛불시위에 모이는 사람들이나 월드컵 거리응원단은 어떤 사람들입니까?

센　저는 그들이 한 사람 한 사람의 인간으로 보입니다. 그들 전체가 누구인지는 모르겠습니다. 다만 붉은 티셔츠를 입었다고 그들이 다 같은 사람들은 아니며, 저마다 아픔이 있다는 것은 압니다. 더욱 중요한 것은 그들이 한 목소리로 내는 아픔조차 해결되지 않는데, 개개인의 아픔을 이야기한다는 게 요원해 보일 뿐입니다.

뚜웨이밍　아이고, 시간이 벌써 이렇게…… 식사시간이 다 끝나고 오후 회의가 시작될 시간이로군요. 오늘 정말 뜻 깊은 자리였습니다.

헌팅턴　앞으로 더 많은 대화가 필요하다고 생각합니다. 그럼, 이만……

센　에, 다음에 다시 볼 기회가 있었으면 좋겠네요.

책

■ 외르크 피쉬, 안삼환 옮김, 《코젤렉의 개념사 사전 1 – 문명과 문화》, 푸른역사, 2010.

'문명'과 '문화' 개념과 관련하여 그리스 로마 시대부터 중세를 거쳐 현대에 이르기까지 실제 용례들을 제시하면서 다채롭게 조명하고 있다. 특히 고전어를 비롯하여 프랑스어, 독일어, 영어에 이르기까지 다양한 용례와 의미와 그 변화 과정을 체계적으로 정리하고 있다. 기본적인 의미에서부터 깊이 있는 이해를 원할 때 유용하게 사용할 수 있는 사전 성격의 책이다.

■ 하랄트 뮐러, 이영희 옮김, 《문명의 공존》, 푸른숲, 2000.

프랑크푸르트 대학 국제관계학 교수 하랄트 뮐러가 헌팅턴의 '문명충돌론'에 반박하여 저술한 책이다. 이 책에서 뮐러는 문명 간의 전쟁을 예견하는 세계관은 지나치게 단순하고 비경험적이라고 비판한다. 또 서구를 위협하는 적대적 문명이란 환상의 논리라고 말하며, '우리 대 너희'라는 이분법의 위험성을 경고한다. 그리고 문명 간에 전쟁이 아니라 대화가 세계 공동체의 평화로운 미래를 보장할 수 있고, 그것은 실현 가능하다고 밝히고 있다.

■ 뚜웨이밍, 김태성 옮김, 《문명들의 대화》, 휴머니스트, 2006.

문명 간의 대화를 바탕으로 세계화의 전략을 모색한 책이다. 서구 학계에서 유교 연구를 이끄는 뚜웨이밍이 냉전 종식 이후 문명권 간의 충돌과 대치로 전개되는 새로운 세계 질서에서 동아시아의 유교문명이 갖는 의미와 역할을 조명한다. 특히 중국문화와 서구문화의 관계를 조명하고, 근대화 속에서 전통의 의미를 따지며, 서구 학자들의 오리엔탈리즘적 사고를 드러낸다. 저자는 문명권 간에 대화가 필요하며, 이를 통해 새로운 상생의 공간이 가능하다고 주장한다.

박민미

박민미는 이름이 흔치 않아 나쁜 짓을 하기 힘들다. 네이버에서 '박민미'로 검색하면 박민미와 관련된 내용이 뜬다. 박민미가 한 짓은 단조롭다. 철학을 공부하고, 철학책을 쓰고, 철학과 관련된 강의를 한다. 소박한 소망은 자라나고 있는 어린 박민미들에게 누가 되지 않는 것이고, 거창한 소망은 어린 박민미들이 지표로 삼고 자랑으로 삼는 사람이 되는 것인데, 감히 이를 소망하련다.

서양철학 중 사회 철학을 전공하고 있으며 미셸 푸코의 권력·법 개념으로 동국대학교에서 박사학위 논문을 쓰고 있다. 혼자서 지은 책으로는 《세기의 리더 50》 1권, 2권이 있고, 여럿이 지은 책으로는 《철학을 만나면 즐겁다》 등이 있으며, 여럿이 번역한 책으로는 《자유주의자와 식인종》, 《미셸 푸코의 근대 권력 비판과 성—주체》, 《대학의 글쓰기 교재 연구》 등의 논문이 있다.

여현석

벌거숭이 임금을 바라보며 비겁하게 침묵을 지켰던 어른들과 통쾌하게 웃음을 날렸던 소년의 풍경이 오래도록 그림자처럼 내 주위를 맴돌고 있다. 어른이 되어가면서도 소년을 지향하는 것은 정신적 퇴행일까? 철학이 비판을 넘어 사람들에게 즐거움과 희망이 될 수 있는 길을 모색하고 있다.

고려대학교 철학과를 졸업하고 같은 학교 대학원 철학과에서 석사학위를 받고 박사과정을 수료했다. 안양대학교, 충북대학교, 한국방송통신대학교 등에서 윤리학, 사회철학, 토론과 발표, 논리적 사고와 글쓰기 등을 강의하고 있다. 안양대학교에서 강의평가 우수상을 수상했다. 논저로 〈칸트의 선악개념과 그 규정원리에 관한 연구〉, 《마키아벨리의 군주론》, 《플라톤의 국가》, 《예술, 인문학과 통하다》(공저), 《현실을 지배하는 아홉 가지 단어》(공저), 《논술의 모든 것》(공저) 등이 있다.

이병수 철학 공부에 회의가 들어 손을 놓은 기간이 꽤 길었으나, 지금은 20세기 한국 사상사와 한반도 통일에 관심을 두고 연구하고 있다. 이 땅의 역사와 문화에 뿌리를 내린 철학을 해보고 싶은 탓이다.

〈주체사상의 보편화 및 체계화 과정에 대한 분석〉, 〈1930년대 철학 1세대의 철학함의 특징과 이론적 영향〉 등의 논문을 썼다. 서울대학교에서 〈열암 박종홍의 철학사상〉으로 박사학위를 받았다. 쓴 책으로는 《철학의 철학사적 이해》, 《강좌 한국철학》이 있고, 옮긴 책으로는 《변증법적 논리학의 역사와 이론》 등이 있다.

김선희 인생을 바꿀 만한 책도, 평생을 따르고 싶은 철학자도 만나지 못한 것 같은데 여전히 철학을 공부하고 있다. 끝까지 답을 내겠다는 승부 근성 같은 것도 없는데 아직도 같은 자리를 맴도는 것은 게으르기 때문이라고 생각한다. 그 게으름으로 동양과 서양의 고전들을 들여다보고, 자리를 바꿔가며 비껴서 생각하고, 거기서 배운 것들로 글이든 말이든 다른 사람들과 대화하는 작업을 하고 있다.

지은 책으로 《동양철학 스케치 1, 2》, 《맹자─선한 본성을 향한 특별한 열정》이 있고 다른 사람들 틈에 끼어 쓴 책이 몇 권 더 있다. 이화여자대학교에서 〈중세 기독교적 세계관의 유교적 변용에 관한 연구〉로 박사학위를 받았고 〈영명으로서의 인간—《성학추술》을 통해 본 정약용의 인간론〉, 〈천학의 지평과 지향〉, 〈천, 상제, 리—조선 유학과 《천주실의》〉 등의 논문이 있다.

김범수 인생에 대한 고민은 사춘기 시절에 해야 한다. 그런데 이 고민을 인생 설계할 나이인 스물네 살에 비로소 했다. 그리고 어설프게 철학 공부를 시작했다. 원래는 사회철학을 공부하려고 했지만 존재론의 늪에 빠져서 헤어 나오지 못하고 있다. 지금도 존재론에서 허우적거리며 박사논문은 쓰고 있다. 한국철학사상연구회라는 단체에서 선배들과 어울리며 공부하고 책도 쓰고 있다.

송종서 성균관대학교를 다녔고, 박사학위 논문으로 〈현대 신유학의 형이상학과 문화의식〉을 썼다. 유학을 전공하면서 배우고 가르치며 살아온 이상, 내게도 공부와 삶은 두 가지가 아니다. 다만 천장지구한 세상을 이름 없이 살다 죽은 뭇 생명의 뜻을 헤아리지 못하고 도덕적 천재들의 마음 자락만 왈가왈부한 것이 부끄러웠다. 그래서 지금은 '생태적 인간' 이준모 선생님의 얼굴을 보기 위해 전통의학과 철학이 만나는 곳에서 일하고 공부하며, 단국대학교와 호서대학교에서 강의한다. 지은 책으로 《현대 신유학의 역정》이 있고, 여럿이 함께 《한국유학과 열린 사유》, 《유교대사전(증보판)》, 《삐딱한 소크라테스에게 말 걸기》, 《현대 신유학 연구》 등을 썼다.

신우현 이화여자대학교 철학과에서 공부했고 동대학원에서 석사학위를 받았다. 석사 논문은 중국 청대의 대진이라는 철학자의 사상에 대해 썼다. 한국철학사상연구회 회원, 상지대학교 강사로 활동 중이다. 주로 논증적인 글쓰기와 말하기를 강의하고 있으며, 이를 위해 인문학의 고유 주제에 대해 두루 관심을 놓치지 않으려 공부하고 있다. 아울러 사고를 표현하는 구체적인 방법론을 연구하고 있다.

김문정 불현듯(?) 철학을 평생 해야겠다는 결심을 하고 난 후부터 본격적으로 관심을 가지게 된 철학자들의 고향땅이 궁금해졌다. 그래서 다소 늦은 나이임에도 주위의 반대를 무릅쓰고 1999년 8월 독일 땅을 밟았다. 처음부터 딱히 무엇을 이루리라는 굳건한 목표가 없었기에 독일에서의 유학 생활은 대체로 만족스러웠다. 그러다가 양로원에서 노인 분들을 돌보는 일을 하면서 인간의 삶과 죽음에 대한 진지한 고민이 시작되었고, 그러한 고민이 〈스스로 결정한 죽음? 환자의 자율성과 생명말기에서의 의학적 결정들〉이라는 논문으로 엮어지면서, 2006년 9월 독일 뮌스터대학에서 박사학위를 받았다. '죽음', '환경', '기술' 등의 관련 주제에 대한 연구에 관심을 가지고 있다. 현재 인제대학교 인문의학연구소 전임연구원이며, 동아대학교와 인제대학교에서 강의를 하고 있다.

김시천 책이 단어를 다루듯이 나를 하나의 단어로 말하면 뭐라 하면 좋을까? 어느 선생님에 따르면, 발칙하고 괘씸한 '386 서당개'란다. 때로 훈장님보다 서당개가 더 크게 소리 낼 때가 있기 때문이란

다. 우연히 숭실대학교 철학과에 입학했고, 동양철학을 전공하다가 또 우연찮게 책도 몇 권 펴냈다. 좋은 선생님들을 만나 들은 풍월이 더러 있어, 강의도 하고 글도 쓰고 특히 요즘에는 동양의 고전을 현대인의 삶의 관점에서 읽는 일로 고민한다.

왕필王弼에 관한 논문을 쓴 것이 계기가 되어 노장老莊 사상을 연구하였고, 2003년에 〈노자의 양생론적 해석과 의리론적 해석〉으로 박사학위를 취득하였다. 더불어 동의과학연구소에서 한의학을 위한 철학강의, 철학아카데미에서 여러 강의를 진행하면서 전통 고전을 오늘날의 생동하는 의미로 되살리는 작업에 관심을 두고 있다. 지은 책으로는 《철학에서 이야기로—우리 시대의 노장읽기》, 《기학의 모험 1, 2》(공저), 《이기주의를 위한 변명》, 《번역된 철학 착종된 근대》(공저), 《찰스 다윈 한국의 학자를 만나다》(공저) 등이 있다.